明智光秀与本能寺之变

胡炜权 著

华文出版社
SINO-CULTURE PRESS

图书在版编目（CIP）数据

明智光秀与本能寺之变 / 胡炜权著. —— 北京：华文出版社，2022.3

ISBN 978-7-5075-5525-7

Ⅰ.①明… Ⅱ.①胡… Ⅲ.①历史事件－日本－战国时代(日本) Ⅳ.①K313.36

中国版本图书馆CIP数据核字(2021)第257158号

明智光秀与本能寺之变

作　　者：	胡炜权
责任编辑：	南　洋
出版发行：	华文出版社
社　　址：	北京市西城区广外大街305号8区2号楼
邮编编码：	100055
网　　址：	http：//www.hwcbs.com.cn
电　　话：	总编室 010-58336239　责任编辑 010-58336256
	发行部 010-58336253　58336202
经　　销：	新华书店
印　　刷：	三河市航远印刷有限公司
开　　本：	880×1230　1/32
印　　张：	14.375
字　　数：	247千字
版　　次：	2022年3月第1版
印　　次：	2022年3月第1次印刷
标准书号：	ISBN 978-7-5075-5525-7
定　　价：	78.00元

版权所有，侵权必究

目　录

序　一场历时四百四十年，结而未了的历史悬案 / 1

第一部　明智光秀传——忠与叛之间

第一章　传说与真实 / 3
从批难到反思 / 3
同时代人眼里的光秀 / 6

第二章　明智光秀的前半生之谜 / 11
明智光秀，你是谁？ / 11
落难将军之臣 / 26
血战本国寺 / 33
光秀之才能 / 35

第三章　织田家的大将 / 40
从幕臣到织田家臣 / 40
信长包围网下的光秀 / 48
1573年，人生转捩点 / 57
功勋与争荣 / 62

丹波、丹后征服战 / 68

叛离处处 / 73

第四章　明智光秀与织田信长 / 79

祸福相倚的1580年 / 79

信长的第一重臣 / 90

四国征伐与光秀的忧郁 / 95

走上背叛之途 / 99

◎漫谈光秀的修养、雅好及为人处世 / 102

第五章　光秀的末路 / 115

信长遗言之谜 / 115

信长灰飞烟灭 / 120

秀吉的中国大撤退 / 128

背叛与被背叛 / 134

决战山崎，身死山科 / 138

◎有关光秀的两个谜团和传说 / 146

第二部　本能寺之变考疑

第六章　本能寺之变诸说 / 161

野望之业障 / 163

怨恨之真相 / 170

第七章　阴谋论的虚实 / 175
　　朝廷阴谋论说——天皇自救之圣断？ / 177
　　足利义昭阴谋论说——流亡将军之逆袭？ / 219
　　其他阴谋论说——阴谋之交错 / 238

第八章　替天行道说——为救世之大义？ / 261
　　意识形态的对立？ / 261
　　无道与无理 / 262

第九章　本能寺之变之我见 / 267
　　四国政策转变与信孝的介入 / 269
　　重臣斋藤利三与四国政策 / 284
　　明智光秀之不安 / 298
　◎日本武士社会"忠"与"叛"背后的权力游戏 / 307

终章 / 321

特别专集　典籍里的本能寺之变 / 327
　　《惟任退治记》 / 329
　　《信长公记》 / 336
　　《川角太阁记》 / 343
　　《耶稣会 1582 年日本年报追加》 / 353
　　《本城总右卫门觉书》 / 361

《乙夜之书物》／ 366

《甫庵信长记》／ 371

《明智物语》／ 381

《明智军记》／ 386

附录 ／ 397

  武家纵横 ／ 397

  明智光秀相关逸话 ／ 409

  明智光秀的家族及家臣 ／ 419

  明智光秀、织田信长概略年表 ／ 423

主要参考资料 ／ 440

后记 ／ 447

序
一场历时四百四十年，结而未了的历史悬案

这是一场看似寻常而又匪夷所思的杀人事件。

时间是公元1582年6月21日，当地时间六月二日的清晨，日本"花之都"京都发生了一桩连环命案。详细案情如下：

第一位死者叫织田信长，四十九岁，是一位备受家臣敬畏的君主，生前也是杀人无数，目中无人，风评好坏参半。不过，他被认为是有望统一日本的领袖，未来的霸主。

第二位死者叫织田信忠，二十八岁，是第一位死者的长子，人望颇高，被认为是接班人的不二人选。

父子俩分别在两三天前来到京都，而后在同一天遇害，葬身在熊熊烈火之中，他们手下合共二百多名武士也大多被杀，据说有少数侥幸逃亡，但目前下落不明。

犯案的头目叫明智光秀，年龄不详，是第一位死者的臣子，颇受器重。协助他犯案的是其家臣和士兵，他们分别包围了两个死者和他们家臣所在的地方，然后将他们团灭。不过，士兵们表示只是奉命行事，不知道自己杀的是谁。

这起骇人听闻的连环命案，就这样在光天化日、众目睽睽之下发生了。凶案现场确定了，死者身份弄明白了，凶手也承认责任了，作案时间也清楚了，手段也知晓了。大部分的问题似乎都搞定了。然而，这起案件就是没办法结案，一直拖到了现在（2022），整整四百四十年！这是为什么呢？

因为还有两个问题始终没法搞清楚，恐怕也是永远无法破解的谜团。

第一，凶手的动机到底是什么，至今仍然无法断定。

第二，第一位死者的尸体还没找到，据说被烧成灰烬了，也有说法称他在混乱中逃了。

这两个谜团之上，还有一个困难，就是凶手明智光秀和协助他的团伙在犯案不久后也被杀害了。结果，在受害者和凶手都死去的情况下，这桩连环凶杀案成为了历史悬案，甚至被日本当局判定为"史上最大悬案"，没有之一。而且，因为办案不力，惹来了众多流言蜚语，各种阴谋论铺天盖地，使案情变得更加复杂。

看到这里，请各位读者不要误会，这绝对不是一起精神错乱患者的无差别杀人案。起码我们确定凶手本人神志清醒，案发后也承认自己的责任。用现在的话来说，就是凶手具备负担刑事责任的基本条件。

而且，凶手在案发后曾跟自己的好友说明过自己动手的原因。只不过，这位平常习惯将每日大小事写在日记里的友人，不知道是怕惹事还是其他原因，竟然没有记下这番谈话的内容，而且坚称自己不知情。凶手死了，受害人死了，各种阴差阳错，这个"秘密"也被带到黄土之下。从这里便可以充分体会到"历史永远充满着遗憾"。

当然，说了这么久，表面看来这起凶杀案不过是人类历史上数不尽的杀人案之一。不过，当我们知道凶手明智光秀和第一位死者织田信长曾经联手改变了众多家族的命运，不！应该说，从这一起事件发生的那一个瞬间起，日本这个国家的命运就不再一样了。甚至我们可以大胆地说，十六世纪末以后的东亚历史也从此不再一样了。这场后来被称为"本能寺之变"的事件的重要性也就在于此。

如此重要的事件竟然是这样不清不楚的，不知道各位读者会做何感想呢？

请大家不要担心，事实上熟知世界各国历史的读者都明白，历史上的谜案谜团多如牛毛，很多事件到现在仍然是不明不白的，顶多只能说出一个大概而已。

事实上，每个事情发生后的下一秒钟开始，就不可能再回到过去，所谓的"案件重组"也不过是"尽量复原"而已。除非时光机发明成功。虽然有人会感到遗憾，但起码当下我们还是可以很好地陶醉在推理历史悬案的游戏当中。

不过，站在历史学的角度，既然是真实发生过的事件，不管大小，我们还是要尽量地还原真相，必须以专业的手法、忠于事实的态度对待它。

这场看起来毫无悬念，却谜团重重的历史悬案，究竟还有什么蛛丝马迹可以让我们再贴近一点真相呢？凡事总需要从基本信息开始，那我们就有必要"人肉搜索"一下凶手和受害者的底细、他们相互之间的关系还有犯案前的情况。接着就是要"辟谣"，客观冷静地检视一个又一个的谣言、阴谋论，重新把案件的来龙去脉搞清楚。

来，读者诸君！我们先从了解凶手明智光秀的底细开始，一起来重审这桩"日本史上最大的历史悬案"吧！

第一部

明智光秀传——忠与叛之间

第一章
传说与真实

从批难到反思

自本能寺之变后，后世对明智光秀的评价便直线下降，直至今时今日。"叛徒""野心家""忘恩负义之徒""表里不一"之类的恶评不绝于江户、明治、大正时代的相关著作之中。其实早在秀吉时代，这种唾骂就已经开始，秀吉命秘书大村由己在山崎之战后写下《惟任退治记》，贬抑明智光秀的形象，借机增强自己的人望及政治本钱，由此，秀吉的"司马昭之心"可谓显而易见。

以后的军记小说都沿用了这个"官方设定"去解释本能寺之变及描绘明智光秀，就连唯一以明智光秀为主人公的军记小说——《明智军记》（著者不详）中也大量记述了明智光秀与织田信长在各方面的对立、不和，认为这是导致本能寺之变的真因。其他以织田信长及羽柴秀吉为主题的军记小说,如《川角太阁记》《绘本太阁记》《甫庵太阁记》《甫庵信长记》《总见记》都同样认定了光秀因野心或怨恨而动杀机。因此,在儒家忠君为主流思想的江户时代,明智光秀的形象饱受"忠逆思想"的批判。对比织田信长、丰臣(羽柴)秀吉、德川家康这三位伟大无比的"天下人","逆贼"明智光秀永远背负着"谋逆"的道德大罪。故此,有关明智光秀的前半生,以至他的家族、出身、出生地及生殁享年等都鲜有系统的记录,也没有一致的说法,这可说是道德批判下的宿命。

当然,作为本能寺之变的首谋,以及织田信长的家臣,明智光秀的弑主行为,除了"谋反""以下犯上"外,的确没有更贴切的词语及解释。可是,明智光秀的功绩与谋反并无直接关系。后人的批判责难也并非完全经得起历史考证,而我们也没有必要去衡量明智光秀的行动是否正确;更不能就此否定明智光秀在战国史的影响及贡献,尤其是他在促进织田政权统一日本方面的作用。因此,笔者认为必须将他与本能寺之变分而论之,兼而述之。

虽然江户时代的各史书、军记小说以至现代"二战"前的学术论文都显示,当时人都将明智光秀当作一个很出名的道德反面教材,但在民间却是别有一番现象。基于日本人的乡土情结及"死人无善恶"的观念,现在有关明智光秀的传承、传说及事迹，都在与他有关的地方广泛流传。诸如其中一个传说有关光秀出生地——岐阜县惠那郡明智町明知城址，每年都会举办"光秀祭"来纪念他。另外，传说他效力越前国战国大名朝仓义景时，一直抚恤民众，因此村民在每年的六月十三日（光秀忌日）祭祀这位爱民的武将。此外，还有他在天正八年（1580）八月受封丹波国（今京都府北部）后，为当地民众治水开渠的功绩得到当地民众的表彰。他的死亡也流传着生还说、隐伏说等说法。虽说这些都只是地方民众的传说、传言，但不难发现，民间对明智光秀的观感要比上流知识分子间评价的叛逆形象来得正面，可以说是一个非常有趣的现象。

第二次世界大战后，日本的史学界从古来的绝对忠君观念中得到解放，它不再是治史者研究历史的必然标准，从前对信长近乎神格化的形象塑造也不再重要。因此，以往被矮化的信长的敌人们，都得到战后史学家们的平反，其中最出名的当然有今川义元、武田胜赖等主要的反信长战国大名，还有明智光秀。史学家从庞大的史料中找到不少有关明智光秀的文书及资料，重新对他进行理性的研究。这对光秀来说可能是一个好消息吧。

战后研究明智光秀的领军人物，当推日本战国史研究会初任会长——高柳光寿。他在《明智光秀》一书中提及

"信长与光秀理应是性格、想法相近的两个人，否则根本难以相处数十年"，这确实是极为精辟的意见。说来明智光秀与织田信长初次会面，到本能寺之变的二十年间，光秀要是真的与信长性格不合或理念相背，倒不太可能在二十年后才突然想到以暴力来解决问题。真相永远在暗处，就让我们继续追寻下去吧。

同时代人眼里的光秀

受到大河剧和游戏的影响，现在大多数日本战国史的爱好者，对明智光秀的印象大多是知识分子、重传统的武将，与信长的大胆创新、暴戾、狂妄的性格相比，可说是各走极端、不尽相配的两个人。可是，同时代的人又是如何看明智光秀的呢？先从当时在日本的传教士说起。弗洛伊斯在《日本史》中就有以下有趣的描述："他好背叛及密谈，兴刑罚且残酷独裁，但自身的伪装能力却是拔群且速。另外在战争方面，善谋略、富忍耐力，乃计略、谋策之高人。"

虽然传教士对于日本当时人物的评价，都或多或少为该人物对天主教的态度所左右，但当中也不乏具体敏锐的人物观察。弗洛伊斯对明智光秀的描述，虽然很难说完全准确，但考虑到他是同时代的人，又真的见过光秀，故此不能否定当中的可信性。从此看来，传说与真实的明智光秀很可能存在十分大的差异。

上述已经提及传教士弗洛伊斯对光秀的评价，这个评价可能令早已深入人心的"明智光秀＝重传统的武士、知识分子"的形象遭遇很大的冲击，令不少人大感惊愕。那么，当时的日本人，尤其是明智光秀身边的人们又如何看待明智光秀这个人物呢？与弗洛伊斯的评价不同，当时见过明智光秀的日本人，对他的评价却非常正面。其中最出名，也最引人注目的，当然是身为上司的织田信长对光秀的评价。

在史料上，信长绝少在与家臣的文书往来之间，或在平常的场合中特意称赞某些家臣，可是，例外的情况发生在天正八年（1580）八月的一个事件，即后世有名的"佐久间父子放逐事件"。当时，信长向老臣佐久间信盛、信荣父子送达责难状，借其他家臣的表现指责佐久间父子的无能；当中的第三条就提及光秀的表现（《信长公记》卷十三）：

> 在丹波，日向守（光秀）的奋战，为我在天下面前保住颜面。

此前，明智光秀刚平定了丹波国内反抗信长的赤井氏和波多野兄弟,名震天下。对于光秀平定丹波,信长显然非常满意,也肯定了光秀在织田家中的功劳、地位(详见下章)。另外,在丹波平定战完成之前,战国枭雄松永久秀再次起兵背叛信长,光秀奉命攻下其所在的大和信贵山城(史称"信贵山城之战")。他的表现被当时京都的商人、朝廷的御库负责人立入宗继评为"名誉满天下之大将也"(《立入宗继文书》),证明当时朝廷中人也十分肯定了光秀在此役的军功。

另外,还有《武功夜话》的记载。《武功夜话》是由前野长康以及他的子孙用二百年时间续写的军记文学,虽然《武功夜话》的可信程度一直受到史学家的质疑,但考虑到前野长康是曾经侍奉过信长及秀吉的武士,在此不妨介绍一下当中提到有关对明智光秀的评价:

> 明智光秀自从侍奉信长公以来,于近江之战中尽忠不懈,武功无数,是古今稀有的能人……光秀于信长公麾下,才华出众,与秀吉公堪为织田家中的双璧功臣。

以上的"大获好评"散见于诸史料,然而在本能寺之变发生后,这些有关光秀的功绩就被埋没在"谋反的恶名"之下。后世总是将光秀描绘成一个文治为主的部将，与其他织田家的大将们相比，在武略上略欠一筹。光秀的军功也绝对比不上羽柴秀吉以一军之力，占领了毛利家控制的播磨、但马、备前等国，也没有如水攻高松城、以"渴杀法"迫死别所长治、吉川经家等的高谋远略；就算比较北陆方面的柴田胜家、佐佐成政、前田利家、不破光治，光秀的敌人也好像没有上杉景胜那么棘手、那么有名；光秀的攻略目标也没有泷川一益经略的关东那么复杂多难。

骤眼看这些"切实的比较"，信长对光秀的评价何以出奇地高，甚至得到信长的点名盛赞，这实在令人费解。如上所述，这些疑问部分是由于光秀败给秀吉而被贬抑，另外也因为明智光秀战死后，明智家族几乎全灭，更令他的功绩不能有系统地流传下去。就像柴田胜家、佐佐成政、泷川一益等被秀吉大败的织田家将领们，他们的事绩也散见在地方传说及与他们有关的人的相关书物之中，比如前田利家的《利家夜话》《村井正赖闻书》及伊势地方的《势州军记》《势州四家记》等。但除了在后世流传不广的《信长公记》《细川家记》外，与光秀亲交公卿的私人日记及记载或提及光秀事迹的寺院所藏文书，仍然无法轻易流传。加上光秀攻略的丹波、丹后两国向来因为地缘政治的关系，并没有出现强大的势力，自然引不起后人的兴趣。在以上的客观条件下，光秀的丹波攻略的重要性及信长的评价慢慢被人遗忘。不过，从光秀在织田家中的地位去分析他的重要性，我们就会知道上述这些都绝对不是极度夸张的评价。接下来，我们就来还原、回顾一下光秀的生涯。

第二章
明智光秀的前半生之谜

明智光秀,你是谁?

了解明智光秀在织田政权的地位及贡献之前,首先必须要了解他加入织田家之前的经历。为了让读者们更好地了解光秀的底细,接下来我们先考证一下光秀的出身和家族之谜。

现有的关于明智光秀出身的几个说法,其中最出名的,就是说他是美浓国武家名门——源氏一脉的土岐氏支族明智氏的子孙。在以前的研究里,支持这种看法的史学家大多支持"野心说"。这是因为光秀出兵反叛信长之前的五月二十八日,亲自到京都郊外的爱宕山威德院西坊举办连歌会,并把参会人士所咏作的百句连歌奉纳在社内的殿前,这就是著名的《爱宕百韵》(或《明智光秀张行百韵》)。

《爱宕百韵》的内容整体上看并没有什么特别之处，唯独其发句（光秀所作）惹起了后世的注目：

>　　時は今あめが下な（し）る五月哉

文面的意思是"时值下雨的五月"。表面看来没有什么特别的含意，却因为后来的本能寺之变而变得十分耐人寻味。认为明智光秀是美浓土岐氏出身，又支持"野心说"的史学家们继承江户时代以来的说法，认为这句中隐含了光秀造反的意志。因为"時（とき）"的日文读音是"TO-KI"，与土岐氏"土岐"的日语读音相同。这些支持"野心说"的学者认为，光秀在强调自己是源氏名门土岐氏一族子孙，要阻止当时僭称平氏的信长夺取天下的企图，打破"源氏霸权"。

其实，这种"明智光秀＝土岐氏""源平相克"的说法，自江户时代以来到"二战"前为止都十分著名。"二战"后的日本史学界开始对此持怀疑的态度。其中，著名史学家桑田忠亲在著书《明智光秀》中提到：

>　　以"時"（的读音）以为是明智氏本宗·土岐氏（的读音）的暗示之说，仿佛是后世所作的牵强附会之说。……在确实的古文献及史料之中，（笔者注：

桑田著书时）还没有找到明确记载着（光秀）出身的资料，……故此，只可结论出，光秀的父亲是明智氏一族，但确实的来历不详。

简言之，桑田质疑后世单凭所谓《爱宕百韵》发句的"暗喻"，就认定了光秀出身土岐氏的说法有点武断，这个批评显然有一定的合理性。不过，后面桑田补充说，他也没有找到史料去证明明智光秀乃土岐氏出身。在当时除了江户时代所传的家族系图外，很多一手史料还没被汇总起来，所以桑田才会得出如此模棱两可的结论。平心而论，他作出这样的结论其实是基于一种慎重的态度，也是受客观条件所限的结果。

虽然数十年过去了，史料也陆续被挖掘了，可我们至今仍然没能找到直接地帮助我们断定明智光秀就是土岐氏庶流出身的史料。不过，还是有一些史料可以间接判断这个说法是有点根据的。

例如前面引用过的《立入宗继文书》和跟明智光秀关系密切的熊本细川氏的家传《细川家记》（又称为《绵考辑录》，于1778年完成）里便可看到蛛丝马迹。《立入宗继文书》里提到明智光秀是"美浓国住人，土岐之随分众也。明智十兵卫尉，其后跟从织田信长，成为惟任日向守。"

"随分众"一般指有地位、身份的人物。换言之，立入宗继所认识的光秀是美浓土岐氏的一族及有力者。另外，细川家在江户时代编纂的《细川家记》里提到明智光秀乃"清和源氏土岐下野守赖兼之后"。

单凭以上两个史料的佐证，我们仍然不能就此肯定明智光秀是美浓土岐氏的某一支族，因为立入宗继的话没头没尾，不能否定他可能只是听光秀编说故事，然后把这个说法记录下来；而《细川家记》本身属于编撰类的史书，不是同时代的见闻记录，所以也不能作准。

话虽如此，还有两个材料可以给我们提供一些线索。一个是光秀后来的深交好友、京都吉田神社的神官吉田兼见的日记《兼见卿记》。在元龟三年（1572）十二月十一日的记事里提到光秀跟兼见说自己在美浓国有亲戚。这间接显示光秀本人亲证了自己跟美浓国的关系。

另一个是在近年新发现的一份史料，更能强化我们推断"明智光秀是美浓土岐氏之一族"的可能。

《游行三十一祖京畿修行记》记载了日本净土宗的一个流派时宗（又称为"时众"，开派之祖是镰仓时代的名僧一遍上人）第三十一代游行上人同念在天正六年至八年行走在日本各地的见闻，估计是由陪同同念的人书写的。值得注意的是，记录里天正八年（1580）正月的记事中提到了明智光秀的来历：

惟任者本名明智十兵卫尉，曾是浓州土岐一家牢（浪）人。

关于为何在这里提到光秀，我们会在后面再作说明，这里先探讨上述这句话。首先这个史料的原本已经散佚，目前只有抄写本，写于宽永七年（1630），现藏于镰仓。虽然是抄写本，难以排除后人加添内容的可能性，但是就内容的文脉以及用词来看，起码到现在还没有发现突兀、矛盾的地方。如果我们采用这个记录的说法，那么可以归纳出同念当时对明智光秀的认识，跟上述立入宗继的印象基本一致，明智光秀跟美浓土岐氏有关系，是来自土岐的"一家（支族、旁支）"，后来因故成为浪人。

综上所述，就算我们还不能断言光秀跟土岐家的具体关系，但是我们可以确定起码当时没有人怀疑、否定他是美浓土岐氏之一族明智氏出身的可能性。

话虽如此，为了进一步考察光秀的出身之谜，接下来我们还是尽可能地深挖一下这个谜团。

根据目前研究整理的结果，有关明智光秀的系图（家谱），常用的主要有《续群书类从·土岐、明智系图》《系图纂要·明智系图》《尊卑分脉·土岐系图》《明智氏一族宫城家相传系图书》《美浓明细记·明智系图》五种。

顺带一提，其中的《续群书类从·明智系图》据说是明智光秀的遗孤，一个出家后叫做玄琳的僧人在宽永八年（1631）笔录而成的。他在文末写道"慈父光秀尊灵五十回忌，为追福修善"，"五十回忌"就是笔录完成时的宽永八年与山崎之战（1582）刚好相隔五十年。玄琳当时已经六十五岁，换句话说，本能寺之变和山崎之战的时候，他才十五岁。

不过，由于没有足够的资料证明他跟光秀的关系，不排除他自称光秀儿子的说法是为了增加自己笔录绘制《明智系图》的可信性而编造的。而且上面这几句明显是系图完成后追加的，玄琳身份的真伪目前还是一个谜。

另外，在继续探讨明智氏的来历前，还有一点需要加以说明。那就是美浓国其实有两个明智家族。一个是惠那郡的远山明知（智）氏，另一个是可儿郡的长山明智氏；前者是京都贵族藤原氏的后裔，后者就是我们一直说的土岐氏庶族。

两者虽然来自不同家族，但是地盘位置相近。因此，光秀究竟属于哪一个明智氏，也曾经引起过学界的讨论。不过，我们在史料上看不到惠那郡跟光秀有什么交集，那里也似乎没有传出光秀跟他们有关系。目前来说，基本上可以排除前者的可能性。

然而，上述的五种系图对于土岐氏怎样衍生出庶家明智氏的过程各有不同的描述，更麻烦的是，系图里明智氏各代子孙的名字亦不统一，甚至对光秀父亲的身份也有不同的说法。我们只能重新整理一下这些零碎的线索。

首先，从《尊卑分脉·土岐系图》里，我们大概确认美浓守护土岐氏在室町时代初期（十三世纪末期）左右分出了明地氏（日语里"明地"与"明智"同音）。另外，根据室町时代的资料，这个明智氏后来又分出两个分家，按照他们的官位，史学家将他们分为"兵库头家"和"中务少辅家"。

前者是室町幕府的"奉公众"，后者是"外样众"。所谓的"外样众"就是臣服于将军足利家的诸侯，地位较高；至于"奉公众"则是直属将军的亲卫队，分为五个分队，虽然比"外样众"的地位低一些，但由于担着足利将军的威势，地方守护多少也要给他们一点面子。

从史料来看，这两家因为身负公职，所以长期待在京都。既然如此，他们跟应该在美浓成长的光秀，以及他的家系有什么关系呢？这需要不厌其烦地说明一下。在十五世纪末期，待在京都的"奉公众"明智"兵库头家"的当家明智玄宣，跟待在美浓、侍奉守护土岐家身边的明智上总介赖尚在延德二年（1490）发生过领地争议。明智玄宣指控明智赖尚侵吞自家在美浓国明智庄（长山一带）的领地，赖尚的背后似乎有守护土岐家撑腰。

虽然幕府多次判定明智玄宣胜诉，更声言要动员讨伐违逆幕府裁决的明智赖尚，但结果在五年后的明应四年（1495）双方和解了。至于玄宣和赖尚的关系，目前的研究推断玄宣是明智家嫡系，赖尚是傍支，前者因为一直身在京都，对祖宗之地被夺鞭长莫及，也只能妥协和解。

这个纠纷的发生时间已经贴近光秀出生的年代，所以接下来，我们要尝试讨论一下光秀父亲的问题。前面提到各种系图里，光秀父亲的名字不尽相同，但大体上不外乎"光隆""光国""光纲"三个版本。究竟三个名字里哪一个才是光秀父亲的本名，或者说其实没有一个是真的，都是有可能的。由于没有任何史料帮助我们推断，故而没有一致的说法。因此，有些史学家直指这方面的考究是没有实际意义的。

然而，一些史学家留意到在《明智氏一族宫城家相传系图书》里，光秀之父的名字是"光纲"，旁边的注记补充说"一名'光隆'"。也就是说"明智光纲＝明智光隆"。而"光国"也极有可能是他其中一个名字，又或者是误传的假名而已。毕竟在那个时代，武士频繁改名是十分平常的事情。

我们要留意的是，相比于其他记载光秀出身的系图，《明智氏一族宫城家相传系图书》提供的信息较多，影响也比较深远（例如说光秀的姑母嫁给了"蝮蛇"斋藤道三),但要注意的是这个家谱属于较为后期完成的,里面的说法均没有证据。说"光纲,一名'光隆'"也有可能是制图者参考了其他资料,然后补充进去的注释。也不能就此下定论。

况且,为什么到了光秀父亲这一代,名字里突然取了"光"来当"通字"(注:日本家族里象征家族羁绊的命名方式,代代子孙都用同一个,或者几个限定的汉字来命名),也是让人费解的。因为各个系图里都显示土岐明智家代代子孙大多数人的通字是"赖",在光秀之前几乎就没有一代人用过"光"字。

根据江户时代长山明智氏的后代沼田土岐藩的资料记载,光秀的祖父名叫土岐(明智)赖典,因为企图篡夺父亲——也就是前面提到夺取嫡系宗家(明智玄宣)土地的明智赖尚——的权位失败,被父亲放逐在外。赖典的长子叫光隆,而光隆的长子就是光秀。于是,有史学家认为上面的"通字"问题可以这样解释:被父亲放逐的赖典放弃了"赖"字,因为某个原因,改用"光"字,以示自己和子孙从此跟家族再无瓜葛。不过,这个说明只是推断上的推断而已。

至于赖尚阻止长子叛逆后,决定让另一个儿子彦九郎赖明继承家产,赖明的后代就是刚刚提到的江户时代沼田藩的藩主,苗字从"明智"改为本宗的"土岐",史称

"沼田土岐家"。

这场赖尚和赖典的父子对立事件，以及赖明继承家业的经过在江户时代沼田土岐家保存的史料里均得到确认，事件发生在文龟二年（1502）。只是，赖明之后的明智家动向如何就没有确切的记载，除了前述的赖典—光隆—光秀的简单说明外，也就无从查考了。

虽然考究工作进行到这里出现了瓶颈，但也不是完全没有收获，还有一个小线索可以再补充一下的。庆长十九年（1615），一位八十二岁、名叫森秀利的武士口述而成《明智物语》。前面说到明智赖典被放逐，由其弟明智赖明继承家业，森秀利就曾是赖明的长子明智定明的家臣。就《明智物语》的内容来看，森秀利跟明智光秀没有联系，跟沼田土岐家也似乎没有来往。即便不能百分百肯定他的回忆可靠，但这毕竟是跟明智家有关系的同时代人的记忆，被人为操作的可能性不高，我们难以忽略无视。

据森秀利的说法，赖明有三个儿子：长子定明，次子定衡，以及三子光秀。这个说法跟前面提到的《续群书类从·土岐、明智系图》的说法颇为类似。唯一的不同是《续群书类从·土岐、明智系图》否定光秀是赖明一脉，而是叛逆者明智赖典的孙子。

谁是谁非，目前难以定夺。不过，考虑到《续群书类从·土岐、明智系图》写于江户时代，由赖明的子孙沼田

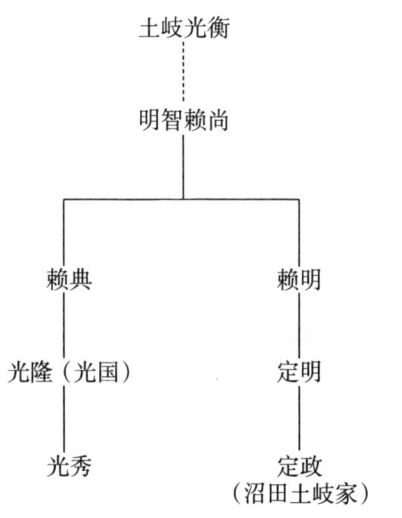

《续群书类从·土岐、明智系图》里的明智家系

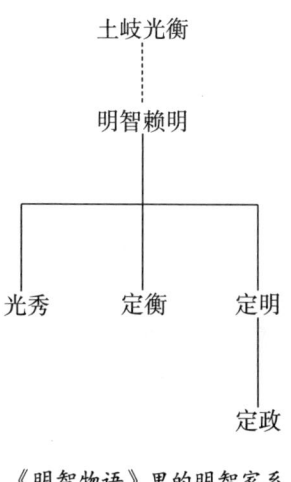

《明智物语》里的明智家系

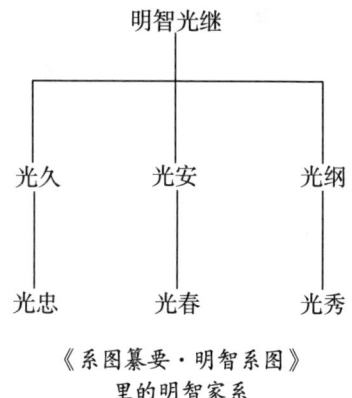

《明智氏一族宫城家相传系图书》里的明智家系

《系图纂要·明智系图》里的明智家系

土岐家收藏。明智光秀是叛逆弑君的"恶人"在江户时代已是人所共知，沼田土岐家将他跟同样叛逆君父的赖典放在一起，既可以撇清自家跟"叛逆人"的关系，保住名誉，也暗示出光秀叛逆是有"家族渊源"的。换句话说，将光秀设定成明智赖典的子孙，背后很可能是出于政治的考虑。

经过曲折的考究，目前也只能追踪到这里为止，我们可以整理出以下三个要点：

    1. 明智光秀成名后，身边的人接受他是土岐明智家出身的说法；
    2. 明智光秀的家族本来是土岐家一族长山明智家的庶出傍支；
    3. 虽然不能完全肯定，但光秀很可能是长山明智赖明的后代。

如果以上三点没有问题的话，就可以回应同时代的人称明智光秀是"土岐之随分众"之说，也能合理解释他为何在美浓有亲戚。当然，这个问题仍然有待日后出现新史料，以帮助我们继续揭开谜底。

无论如何，光秀出身之谜的考证就此告一段落，接下来我们再来看看光秀接触织田信长以前的行踪轨迹。

弘治二年（1556）九月，发生了一件影响光秀前半生的历史事件——长良川之战。当时美浓国大名斋藤道三与长子义龙（当时名叫"高政"，以下统称"义龙"）为当家继承的问题而引发内战，美浓国各家也分成两个阵营。

据军记物语如《明智军记》和部分明智系图记载，明智光秀的姑母"小见之方"嫁给了斋藤道三，光秀和明智家也因此跟斋藤家有了联系，"顺理成章"成为道三阵营的一员，对抗斋藤义龙。道三战死后，支持道三的明智家被义龙军攻陷，光秀成功逃亡，但从此开始过着漂泊无定的浪人生活。

不过，在可靠的史料里，我们未能确定光秀和明智家卷入斋藤父子的对立之中。据《细川家记》记载，光秀声称自己是织田信长妻子斋藤氏的亲戚，这看似完美对应了前面的描述。然而，《细川家记》这部分描述其实是参考了军记物语的说法而成，并不可靠。在斋藤家的史料里，也没能找到明智家的行动痕迹。所以，说光秀跟斋藤家有关系，恐怕只是后世人穿凿附会而已。

同样，前面引用的《明智物语》中也完全没有提到斋藤家内乱的事，反而说是明智家在天文二十一年（1552），即长良川之战四年之前爆发内乱后家道中落，光秀成为了浪人，结果在迂回曲折之下，成为织田信长的家臣。

总而言之，明智光秀为什么沦为浪人，以及他成为浪人后的行踪如何，由于没有确切的史料，目前仍然是一个谜。

据《明智军记》记载，光秀在长良川之战后"游遍诸国"，最后到了越前为朝仓家效力，"其后留在越前，属太守朝仓左卫门督义景，受纳五百贯之地"。可是，仔细推想，就发觉"游遍诸国"一说的真实性存在极大的疑问。例如"游遍诸国"一说提及的地名，明显是江户时代前后才出现的，又把一些大名所在的地名搞错了，对其可信性打了折扣。

如果光秀"游遍诸国"一说不可信，那么光秀是不是真的效力朝仓家呢？基本上，除了说光秀领五百贯的俸给外，光秀应义景的要求，展示自身的铁炮射术，并令义景感悦，因而给予光秀一百人铁炮队的指挥权之类的说法只出现在《明智军记》，找不到其他旁证，朝仓家的史料也没有光秀的痕迹，故不得不慎之又慎。

不过，越前当地的确存在跟光秀有关的元素。第一个是在越前国东大味（今福井县福井市），每年六月十三日都有光秀祭，以纪念明智光秀曾经守护当地。当地也保留了据传是明智光秀效力朝仓家时的住屋遗址，此外，还有一些坊间传言说明智光秀是在越前认识细川藤孝和足利义昭的。

另外，还有一封书信被认为是更加有力的证据。那是明智光秀于天正三年（1575）八月二十二日写予一名叫服部（野村）七兵卫尉的武士的。信中光秀请求七兵卫尉代为照顾一位住在越前、叫"阿竹"的人。虽然我们不知道阿竹是谁，跟光秀有什么关系，不过史学家认为，出身美浓的光秀拜托别人照顾身在越前的阿竹，暗示光秀很可能确实在那里生活过。

我们前面引用过的《游行三十一祖京畿修行记》，里面提到光秀是土岐氏一族的出身后，还有一句重要的信息："但是后来投靠越前朝仓义景，在长崎（今福井县坂井市）称念寺门前居住约十年。"按照此说法，光秀似乎真的在越前待过一段时间。不过值得思考的是，这里说的"投靠越前朝仓义景"，是否真的像《明智军记》《细川家记》说的那样，光秀当上了义景的家臣呢？

如果真的当上了义景的家臣，朝仓家的直属家臣大多居住在一乘谷附近，那为什么光秀长时间住在距离朝仓家主城一乘谷二十多公里外的长崎称念寺门前呢？从办公出勤的角度看，这距离实在是太远了。至于东大味的住屋遗址，这个记载最早只能追溯到十七世纪末。所以，我们可以推断这里说的"投靠"，应该是顺利居住下来、没有被赶走，也等于受到朝仓家的保护了；东大味的住屋遗址也可能是当地人受到军记物语等影响，制作出来的"记忆"。

至于所谓"居住约十年",估计也只不过是约数,不能作准。总之,根据以上的分析,明智光秀曾到越前,并效力朝仓家的可能性还是十分高的。既然如此,光秀是什么时候到达越前的呢?这个问题也不好回答。不过,一份新史料可能会给我们提供一些线索,同时带来更大的疑问。

落难将军之臣

2019年,史学家发现了一份名为《针药方》的史料,记载着治疗简单疾病知识的内容。最受瞩目的是文末的几行字:

> 以上这部书(《针药方》)乃明智十兵卫尉(光秀)于高岛田中城防守时口述传授也。本来的书末如此。
>
> 这部书由沼田勘解由左卫门大人大概传授之,于江州坂本写之。
>
> 永禄九(年)十(月)二十
>
> (米田)贞能

这是起初侍奉足利义昭、后来成为细川藤孝家臣的米田家收藏的史料。内容一目了然，这部《针药方》先是由明智光秀在高岛田中城（今滋贺县高岛市）口述给沼田清延，然后沼田清延又在永禄九年（1566）将其传授给米田贞能，贞能再笔录而成。

这里有三个疑问：第一，光秀为什么会在高岛跟沼田清延一起守城？第二，光秀是以什么身份出现在那里的呢？第三，如果光秀真有去过越前，那么他出现在南方的高岛田中城，是去越前以前，还是以后呢？

要探讨这三个问题，我们有必要思考一下这段文字的信息，以及这个信息跟前面的《游行三十一祖京畿修行记》的记载有没有矛盾。

首先，按这段文字的逻辑，米田贞能完成抄写是在"永禄九年"，但是无法得知光秀是在什么时候口述给沼田清延的，只能说是"永禄九年"以前的事。"永禄九年"的前一年，即永禄八年（1565）五月，足利幕府十三代将军义辉在政敌三好家策划的政变中被杀（史称"永禄政变"）。

义辉有两个弟弟足利义荣和足利义昭（当时在奈良出家，叫一乘院觉庆），前者被三好家拥立为新的将军，后者被幕府的臣子细川藤孝等人救出，几经波折后，于同年十一月底逃到近江国南部的名门大族六角家领内的矢岛

（今滋贺县守山市）避难，并呼吁各路诸侯，如保护他们的六角义贤，还有织田信长、上杉谦信和斋藤龙兴联手起兵，打倒三好家和足利义荣，拥立自己成为新的将军。

不过，义昭一直等不到信长等大名的响应，在永禄九年（1566）八月初，三好家派兵三千人到矢岛，打算消灭义昭，但是被义昭和六角家的联军打退。到了八月底，有消息传出保护他们的六角义贤父子有意转为跟三好家和足利义荣合作，义昭一行人感到威胁将至，决定经过近江国西北的朽木（今滋贺县高岛市），也就是上述的高岛田中城附近，前往北面的若狭国短暂停留，然后再一路北上，到达越前的一乘谷城，投靠朝仓义景。

这样看来，《针药方》里说光秀在田中城防守，城的地理位置跟义昭逃亡北方的路线相近。因此，一部分史学家推测，或许防守田中城跟义昭逃往若狭的行动有关，光秀极有可能是身为义昭阵营的一员奋战，之所以在那里防守，很可能是要阻击三好家和六角家的追杀。

假设光秀真的在永禄九年以前出现在近江国高岛田中城，当时的义昭又还没有接触朝仓义景，那显然光秀不是以朝仓家臣的身份来到高岛的，更有可能是作为义昭的家臣抵抗三好家。

那么，《游行三十一祖京畿修行记》记载说光秀在越前待了十年左右，两者之间有没有矛盾呢？首先，我们说过这里的"十年"恐怕是约数，不能作准，而且里面没有明说光秀是什么时候开始待在越前，所以起码是没有逻辑矛盾的。

另外，如果光秀真的像《明智物语》记载的那样，在1550年代初从美浓到了越前，在那里生活了几年，然后因故辗转成为义昭阵营的人，再在1566年以前的某个时候被派到高岛田中城防守，这样算起来，时间上是完全有可能的。

可是，这样一来，又会衍生出新的疑问。传统说法认为光秀是在越前才遇见足利义昭和细川藤孝，然后成为藤孝或者义昭的家臣。这显然跟《针药方》衍生出来的前后因果（离开美浓→在越前生活→成为义昭阵营的一员）关系恰恰相反。这种矛盾使得追踪光秀在这个时期的动向的考证几乎重新回到了起点。

也有一些史学家对《针药方》持谨慎的态度，他们从最基本的角度出发，不排除《针药方》所记载的年份和内容（"永禄九年"和"明智光秀在田中城"）是故意写就，或者是误记的，并非当时的真实记录。还有，他们也质疑为何义昭等人离开近江后，清延和贞能却留在南方的坂本抄写药方，这也是不可解的。

再者，翻查三好家和六角家的史料，即便三好家曾经发动过袭击，但没有迹象显示他们在义昭逃往北方时，再有过针对性的军事行动，更何况是出兵包围高岛田中城了。而且，永禄九年（1566）高岛一带的近江国西北部，目前唯一可以确定的是当年春天，那一带被盘踞在附近，又已经表态支持义昭的新兴势力浅井长政控制；在同一年，长政发动了战争缠扰着六角家。这更能让我们推断，无论是三好家还是六角家，都不太可能在义昭出逃时从后追击。

以上所见，两种看法各自矛盾，使考证再次陷入瓶颈状态。不过我们不要忘记，目前只能大概证明光秀在越前待过，但不代表他必须在越前遇见义昭和藤孝。换句话说，撇开"光秀当过朝仓家臣"这个先入为主的概念，推测光秀在越前生活几年后，离开当地辗转成为细川藤孝的手下，被派到高岛田中城留守。虽然那里已经成为亲义昭阵营的控制区域，但仍然属于前线，防范倒戈的六角家和义昭的仇敌三好家再次发难。接着，光秀跟着义昭他们一起到越前会合，又或者没有去越前，留在近江。

义昭一行人（可能光秀也在其中）在一乘谷停留了一年多后，发现朝仓义景没有出力相助的打算；而在同一时期，消灭斋藤家的织田信长再次联系义昭，答应履行两年多前的承诺。信长的邀请再次燃起义昭等人的希望，也为光秀跟信长的相遇铺垫好机会。

按照前一节的分析和推论，接下来就要探讨光秀进入织田家的经过。这就需要重新整理一下他和相关的两个关键人物的关系：细川藤孝及足利义昭。义昭我们已经在前面交代了。至于细川藤孝，他是室町时代后期和泉半国守护细川元常的养子，先是效忠于幕府十三代将军足利义辉，后来成为义昭的近臣。义辉被杀后，细川藤孝得到甲贺国人和田惟政的帮助，救出被松永久秀幽禁在奈良的足利义昭，最后陪同义昭到越前一乘谷投靠朝仓义景。

我们多次提到的朝仓家自室町时代末期以来，在北陆、京都一带有一定的名声及影响力，越前又距离京都不远，义昭等人的决定，显然是打算在越前站稳阵脚后，再鼓动义景一起伺机反击。

朝仓义景恭迎义昭到越前，给予很多的援助。可是在第二年的永禄十年，朝仓家重臣堀江景忠图谋叛乱，急于平乱的义景没有时间理会义昭的出兵要求。把光秀描写为朝仓家臣的《细川家记》说，就在这个时候，明智光秀出现在义昭、藤孝的面前。光秀向二人建议"朝仓义景不足信，唯织田信长可期也""我跟信长正室是亲戚关系"。

我们在前面说过"跟信长正室是亲戚关系"的说法是《细川家记》参考《明智军记》来写的，那么"朝仓义景不足信"一言的根据也恐怕是基于后来义昭他们离开越前，以及义景后来被信长灭亡，于是倒果为因，借光秀的"口实"带出他们后来离开越前的原因。

其实，哪怕光秀真的是义景的家臣，又或者是藤孝的臣下，区区一个浪人武士的发言就能动摇义昭的决定吗？实在难以让人相信。而且，我们已经说过，义昭和藤孝早在决定投靠义景以前，就已经跟信长接触过，无需光秀提醒和献策。所以，上述《细川家记》的说法是基于编撰者不知道藤孝跟信长已经有过联系，借助光秀来使得前事后续的发展顺理成章。为了自圆其说，《细川家记》还补充说当时明智光秀受到同僚鞍谷某的谗言影响，被朝仓义景疏远，因而萌生去意，成为他靠近义昭和藤孝的契机。但是，从以上的经过来看，我们大可推断光秀在这个过程里没有粉墨登场的机会，或者更直接地说，这里面没有他发挥的空间和必要。

以当时的大环境看来，朝仓义景平定重臣的叛乱后，要重整内部；加上永禄十一年（1568）六月二十五日，义景嫡长子阿君丸病死。这的确被史学家认为是义景另一个无暇协助出兵的原因。不过，让义昭等人动心离开的更重要的因素，不外乎是永禄十年八月十五日，织田信长在美浓稻叶山城之战中击败了斋藤龙兴（道三之孙），正式把美浓一国的大部分据为己有。

而根据在日传教士弗洛伊斯所写《日本史》第五十六章的记载，明智光秀在出仕信长之前，"本仕奉于细川兵部大辅（藤孝）"，另外，奈良的《多闻院日记》在后来也记载过类似的说法。如若这说法是真的话，或许光秀从很早开始就一直从属细川藤孝，甚至不存在从朝仓家转投过来的事。

按当时（永禄十年前后）来说，与十数年后本能寺之变前夕相比，两人的地位刚好是上下对调。当时的藤孝是已故将军义辉的近臣，也是将军后任人义昭的重臣。虽然藤孝与义昭一起流浪在外，但仍有十足的地位；相反，明智光秀则只是藤孝的家臣。

无论如何，足利义昭一行人在永禄十一年（1568）七月十六日的确离开了一乘谷，接受了近江小谷城主浅井长政的招待，在这之前，浅井、织田两家已经缔结政治婚姻之盟。同月二十二日，义昭等人抵达美浓岐阜城（前稻叶山城）下的立政寺临时住所，在那里与信长正式会面。

刚巧在这个时候，义昭、信长得到正亲町天皇颁授的上洛圣旨，借着这两个难得的机会，织田信长以拥护将军上洛复权的大义名分，打出"天下布武"的口号开始上洛之战。我们无从得知这时候的光秀是否在义昭身边，但从以上所见，自这一年起，明智光秀将更进一步地左右后来的天下局势。

血战本国寺

得到足利义昭请求协助以及天皇容许上洛的大义名

分，无疑为信长的"天下布武"计划打下一支强心针。虽然后世的军记小说记载，当时光秀被信长以五千贯（相当于一方诸侯的收入）招揽为臣下，但这并没有佐证，难以肯定。看较具可信性的史料，明智光秀的名字正式出现在与信长有关的历史舞台的时间，是信长军上洛不久后的永禄十二年（1569）正月五日所发生的"本国寺之战"。

稍稍交代一下事件的背景：永禄十一年九月，也就是信长迎接义昭到达岐阜后两个月，信长的上洛大军浩浩荡荡西上，首个障碍是南近江的六角氏。有见及此，信长派军攻下六角氏的箕作城及观音寺城，六角父子逃到伊贺。九月二十六日，信长派柴田胜家、佐久间信盛等率军驱逐在京都的三好三人众（三好长逸、三好长康及岩成友通），连下胜龙寺、芥川及池田等城后，岩成友通败退，三好义继、松永久秀投降，三好长逸与三好长康带着十四代将军足利义荣逃到四国阿波，于是信长军没有受到大考验就成功进入京都。

可是，上洛作战的真正考验其实是在信长离开京都回到岐阜（十月二十六日）后。三好长康、长逸及岩成友通见京都空虚，就企图出兵反击，试图重夺京都的控制权。永禄十二年（1569）正月五日，三好军共一万余人从海路出发，攻下家原城之后，旋即攻入京都。当时义昭暂居在山城六条的本国寺，只有数百人兵力守备，而在京都的织田防军只有数千人,又分散在京都内外各地,一时间难以救援,信长得知这消息后虽然也想前往救援,但因当时正值隆冬,岐阜与京都之间的街道被大雪所覆,信长根本未能及时出兵。

按《信长公记》卷二记载,这时的本国寺由三渊藤英、细川藤贤等近臣以及织田家的少量兵力守卫,当中就提到"明智十兵卫"之名。面对蜂拥而来的庞大敌军,寺内人员坚韧死守了整整一天,据说就连义昭本人也提刀厮杀,这时终于等到细川藤孝、池田胜正等后援军赶到,里应外合地把三好军打退,一周后信长见积雪稍融,便率轻兵火速赶往京都,得知义昭无事后才松一口气。

这次生死攸关的攻防战史称"本国寺之战",又称"六条之战"。这一战算是有惊无险,信长试图匡扶幕府、重建天下秩序的野心,终于受到第一次的考验;同时间,明智光秀的名字也终于出现在与信长有关的史书上。

光秀之才能

经过本国寺之战,信长深刻地明白到,占领京都不过是危机的开始,敌人在京都内外一直虎视眈眈,只要义昭稍有不测,就意味着织田军的占领彻底失败。因此,信长在二月二十七日上午八时左右,下令开始动工兴建防御能力较强的二条城,作为将军义昭的正式官邸。

进入四月,为巩固织田政权在京都的控制基础及安定人心,信长开始派一众重臣驻守京都协助重建的幕府处理民政及朝廷事务。根据史学家们的研究,当时信长把九名重臣分为两队"政管队",先后连同幕府方的幕臣一同主理京都及山城近边的军事、民政事务,包括领地保证、守军秩序问题等。织田方九名重臣分别为:柴田胜家、佐久间信盛、森可成、坂井政尚、蜂屋赖隆(以上五人为第一队);丹羽长秀、明智光秀、中川重政、木下秀吉(以上四人为第二队)。依据文书发出状的日子来推计,第一队"政管队"由永禄十一年(1568)十月一日到翌年四月十六日为止,而第二队则由永禄十二年(1569)四月十六日至永禄十三年(1570)四月。

我们可以看到第一队的五位家臣都是当时织田家的重臣,下达、批出的指令也以军事性质为主,反观光秀参与的第二队所发出的指令则以民政为主。可见信长入主京都初期的方针是以军事及防卫敌人攻击为主,而渐趋稳定后,就改派了吏治能力较高的家臣为第二队"政管队"。问题是,究竟光秀当时为什么能够加入"政管队"?是不是已经完全成为织田家的家臣呢?

从当时的文书和记录看,就可以给予一个否定的答案。《光源院殿御代当参众并足轻以下众觉》是义昭正式成为第十五代将军后，整理已故将军义辉和自己就任后幕府各级别人员的名单记录，在名单的"足轻众（下级幕臣）"里看到了"明智"二字。按照当时前后的情况来看，"明智"无疑就是明智光秀。

按照我们考据至今的过程来说，光秀出现在名单里可说是理所当然。不过，既然明智家曾经位列幕府制度里的"外样众"和"奉公众"，身份不低，而光秀作为明智家的后代，却只能成为"足轻众"的一员，家族过去的荣誉似乎没能惠及光秀。这是为什么呢？

幕府在进行重建时，如若要挽回几乎坠地的权威，那么身份阶级的重建是必不可少的。前面多次提到的细川藤孝不论是身份（幕府管领细川家子孙）还是功勋，都有目共睹，因此在上述名单里，他能位列幕府的"御供众"，即有资格常伴将军左右的幕臣。反观光秀呢？

虽然身为明智家的子孙，但家族早在十多年前没落，而光秀也不是家族的权威继承人，用现在的话来说，即便忽略他曾经当过几年浪人，他本身也不过是一个武士领主家族里的普通子弟；刚结束的本国寺之战，光秀的确参与其中，但战绩似乎也不过尔尔。这些因素对于义昭的幕府来说，断不可能给与破格提拔的待遇。

还有，根据光秀在后来的天正五年（1577）参与一次围绕财产权利的诉讼时，曾经回忆说：

> 我的先祖因为尽忠的缘故,曾经获得(足利)尊氏亲笔的"御教书",赐予破格的封赏。然而,这些封赏(领地)早就不属我家管控了,因此也无法请右府大人(信长)主持公道,今后估计也没法拿回这些已经失去的领地,就算我手上有证据也没有用处。(《戒和上昔今录》)

光秀对别人说,自家的祖宗获得过室町幕府初代将封赏的领地,但现在已经失去对该地的控制,也无法拿回。也就是说,如果没有后来信长的提携,光秀基本上没有任何领地,不过是名门出身的落难武士。在那个时代,仅有高贵的出身是没有用的,要让人觉得自己有价值,必须得有才能;要让幕府觉得自己有用,值得给与更高级别的职位和待遇,除了出身和功勋外,也需要有领地。有领地才能有收入添置装备、良马,以及养活家臣为自己服务,然后为幕府办差。

换句话说,加入幕府前,光秀当了十年左右的浪人,基本上没有什么家当,自然不可能光靠"明智"的招牌就轻松成为高等干部。

"足轻众"在幕府体制内固然是相对低级的存在,职责上除了保护将军安全的警卫工作外,其他内容不太明确,但是各位读者不要以为"足轻众"就是一群杂兵、马前卒。《光源院殿御代当参众并足轻以下众觉》"足轻众"的名单里,光秀以外的其他成员部分是幕府管领细川家盘踞在丹波国的家臣,其余的也多半是侍奉过前任将军的人员。而考虑到光秀曾在史料里被描写成细川藤孝的家臣,那么加入幕府后,与幕府管领细川家的家臣一起担任"足轻众",也不算是卑微的存在。

另外,根据史料《年代记抄节》的记录,光秀与细川藤孝在元龟三年(1572)为止,起码在名义上仍然是幕府的家臣,而在前一年(元龟二年)信长写给将军家臣团的书信中,就有光秀的名字。所以结论是,光秀一开始是将军的家臣,后来兼任信长的官僚,可谓"两属关系"。像这样的两属关系在日本战国时代非常普遍,诸如后来上杉家的直江兼续、伊达家的片仓景纲两人同时既是大名的股肱之臣,也是丰臣秀吉的陪臣。加上新建立的政权在性质上就是幕府和织田家组成的联合政权,光秀处于这种状态也是无可厚非;可是,光秀这个可以"暧昧"的身份到了后来慢慢出现了变化。

第三章
织田家的大将

从幕臣到织田家臣

室町幕府自十四世纪成立以来一直都是依靠各个强大的诸侯（大名）的支持来运作，将军利用各方势力之间的利益矛盾进行牵制，防止一方独大，威胁将军的权威和幕府内部的势力平衡。

到了战国时期，幕府则改为依靠两三个最大的势力来维持幕府的运作，如一直留守的细川家和西日本最强的大内家，还有后来的三好家。所以，当这些家族一一没落，成功拥戴义昭即位、以信长为首的织田家刚好填补了这个位置。

足利义昭、织田信长的联合政权在进京后的一年内双方大致合作愉快，永禄十一年（1568）十月下旬，即本国寺之战前一个半月，当义昭顺利成为第十五代将军后，信长就出发回到岐阜,义昭欢送信长之前,还送上了一封书信,其上款为"御父织田弹正忠殿",也就是说义昭把信长视为比恩人更高,有如父亲般的存在。

当然,义昭也不是傻瓜,这个做法实际上只是想讨信长欢心,希望他能继续保护新成立的幕府。可是,信长借义昭实现"天下布武"的雄心,与义昭借信长重建幕府权威和强化将军权力之间早晚不能相容。携手重建幕府体制的两股势力里,哪一方能真正掌握实权,哪一方只能当神台上的花瓶。这个问题也迟早要解决。

同床异梦的两方很快就出现裂痕。当时,奈良多闻院的寺僧就在永禄十二年(1569)十月十七日的日记中提及京都传出"(信长)与将军不和了"(《多闻院日记》)的风闻,相信那时二人不和的消息早已经不是新鲜事了。信长、义昭两人的目标不同所产生的分歧也在一年后正式浮上水面。

对此最感到苦恼的,当然就是一直处于两属关系的明智光秀、细川藤孝等幕府家臣。永禄十三年(1570,同年改元"元龟")正月二十三日,信长向义昭传送了著名的《五条申诫书》,申诫的内容一言蔽之,就是要明确义昭和信长的"分工"和"角色",还有幕府的重建思路和计划。其中对信长来说,要求必须获得义昭的全面信任和授权,再坦白一点说就是义昭的所有行动及权力,都必须受到信长的节制。名义上是信长希望利用白纸黑字，跟义昭"约法三章"，不单靠义昭的讨好。而由于幕府仍然需要信长的军事力量，即便面对信长突如其来的要求，义昭也终究妥协，在文件上签名表示认可；另外，条书上还有明智光秀及朝山日乘作为公证人的副签。

朝山日乘是在宫内禁中负责与幕府和信长交涉的政僧，由于能纵横公卿、武士、寺院之间，畅行无阻，当时被人称为"暗之关白"，嫉妒他的人则暗骂他是"卖僧"，也就是僧侣装扮的商人。总之，朝山日乘是朝廷的对外专责人员；而明智光秀则是以幕臣（虽然也跟织田家有关联）的立场代表签署，在义昭、信长之间奔走，尽力促成两方协调共存。然而，此次信长借朝廷及与幕府内部之力迫使义昭妥协，这对于谋求重建将军权威、掌握实权的义昭来说，信长的行为无疑是在一步一步触犯他的底线，为日后信长的"大麻烦"埋下伏线。

说回来，正所谓"空穴来风，事出有因"，激起信长以强硬手段迫令义昭屈服，并向义昭宣示自己才是至高负责人的导火线，就是义昭私下向各大名下达御教书（将军的正式命令书）。

本来，将军跟其他大名联系是很正常的，也是为了显示幕府已恢复正常运作。但是，这个做法也多少影响联合政权的氛围，以及跟信长的关系。信长以条书牵制义昭，义昭和幕府臣子们没有立刻反抗，两者的关系还是相对平和的。然而从后续的历史发展来说，这个事件导致了日后长达十年的"元龟战乱"及"大坂本愿寺之战"，亦即后世所谓的"信长包围网"的形成。

在《五条申诫书》公布的那一年（1570），光秀仍然作为义昭政权的一员，跟细川藤孝、三渊藤英等臣子，连同信长的官僚们共执京都的各种政务。四月，光秀终于得到了义昭的封赏，获得京都下久世庄的支配权。还有，同年爆发三好、朝仓、浅井三家以及大坂本愿寺联手反抗信长的"元龟战乱"后，光秀于十二月被义昭任命为志贺郡宇佐山城的城将，顶替刚战死的信长家臣森可成。

宇佐山城所在的山中岭，是其中一条从东面进入京都的主要干道。这个任命表面上是为了防范后述的浅井长政及朝仓义景的入侵、加强京都东面的防卫而做的决定，更重要的是，义昭在妥协接受《五条申诫书》后，也开始将防范目标扩大至岐阜方面，也就是为了日后与信长做对抗准备而布下先制措施。

不过，义昭万万想不到，光秀在此期间开始慢慢地摆脱幕臣的角色，变成完全的织田家臣。他在元龟二年（1571）年底写信给同为幕臣的曾我助乘（《大日本史料》第十编之七），信中提到"关于我的去留，还望代为向公方（义昭）请暇"，"请暇"实际的意思就是辞职、离开幕

第三章　织田家的大将　·43·

府之意。到了翌年四月，光秀便以织田家臣的身份继续处理京都的民政事务，还作为织田家臣跟幕府交涉。因此，我们可以断定，光秀是在元龟二年年底正式从幕府之臣，彻底转身成为织田家臣的。

那么，光秀决定离开幕府，究竟跟当时的政治局势有什么关系？这里简单地说一下《五条申诫书》提出前后到光秀决定离开幕府时的政治局势。

义昭即位后不久，便积极联络周边大名，重振将军威信的同时，也是想多找几个"救生圈"，以免过度依赖信长，受其牵连。有见及此，信长将计就计，他以觐见将军为名，在永禄十二年（1569）正月下令朝仓、尼子、神保、三木等大名上洛，并且提到：

> 为禁中（皇宫）修理、武士御用，今天下即将静谧，二月中旬必须上洛参见……

这实际上就是信长迫令朝仓义景等大名屈服在自己之下。这个时候，信长其实有自己的如意算盘，一方面迫义昭承认《五条申诫书》，另一方面则筹备出兵讨伐胆敢抗命的大名。第一个想好的对象就是朝仓义景，因为朝仓的势力范围大，离京都不远，又跟义昭有交情，这根刺早晚是要拔掉的。

当然，信长出兵越前，绝不能光以私利，或者义景不服从为名就能服众，因此，信长就利用讨伐同样不理信长号召、实力较弱的若狭国大名武藤友益为幌子，实际上是要讨伐越前。于是，信长更大打外交牌，在同年的七月写给毛利元就的书状中就清楚地为自己的行动辩护。

> 那个武藤背叛只因越前（朝仓）的教唆而已。（织田、朝仓之间）既是遗恨繁多，当即发兵越前。

上面提及信长发给诸大名的书状中就提及上洛名义是为了朝廷及将军，再加上教唆一罪，信长已经把犯上叛逆的大罪送到朝仓义景的头上了。

由于早有准备，信长出兵后很顺利地便攻占了敦贺、金崎等越前南部的领地。就在此时此刻，元龟元年（1570）四月二十八日，当时身处金崎的信长得知妹夫浅井长政叛变倒戈，并率兵北上，准备与朝仓军南北夹击自己。

信长面临着桶狭间之战以来最大的危机，同日决定火速退兵回京都，并只带十数人亲兵经若狭街道、朽木谷辗转到达京都。同时间就发生了著名的"藤吉郎之金崎撤退"的故事。

事实上，这只是后世的《太阁记》编写的英雄故事。

"金崎撤退"并不只是木下秀吉个人的功劳，当时幕臣一色藤长写给丹波国领主波多野秀治的书信中提及，留在金崎的殿后守将有"木藤（木下藤吉郎）、明十（明智十兵卫）、池筑（池田筑后守胜正）"，也就是说，当时的殿军任务并不只是秀吉负责，光秀也是其中一员。这一次的防战，虽然光秀仍然是以幕府臣子的身份参战的，但也不难想象光秀在这一连串的战争中，慢慢接近信长，为信长的利益而战。顺带一提的是，后来所谓金崎之战中"家康协防"一说，也是后世为神君家康宣传的伎俩而已。

虽然安全地回到京都，但这并不代表信长就可以安寝无忧。讨伐朝仓义景失败、妹夫浅井长政阵前倒戈，各地反信长的势力也立即借势反扑。以六角承祯、朝仓义景、浅井长政为首的反信长势力从南、北、西三面包围了信长控制的南近江。信长在五月九日回到岐阜后，立即下令各大将分守南近江的各个据点，严防六角、浅井、朝仓的入侵。

幸然在六月四日的野洲川之战中，佐久间信盛及柴田胜家首先大败六角军。同月二十八日，信长连同应邀从三河赶来助战的德川家康军在龙鼻之战（即俗称的"姊川之战"）中迫退了朝仓、浅井联军，令南近江的紧张局势得以暂时舒缓。

可是，龙鼻之战的胜利并没有解决面前的危机，反而使之更加复杂。七月二十一日起，被信长打败，在各地雌伏多时的三好三人众、斋藤龙兴、池田知正也相继起兵，加入对抗信长的阵营。虽然信长一时把他们镇压下去，但屋漏偏逢连夜雨，这次连一向保持中立的大坂本愿寺也投向反信长的行列，为之后长达十年的战争拉开序幕。

更糟糕的是，眼见信长身陷多方包围的极度劣势下，朝仓义景及浅井长政借机在九月再次挥兵南下，当时光秀以幕臣的身份在比叡山筑成穴太寨，并在胜军山城防备朝仓、浅井联军的来攻。可是在同月二十日，朝仓、浅井联军已经攻入坂本，并杀害城将森可成及信长胞弟织田信治，更有一举攻入京都之势。

信长有见及此，便率兵到比叡山下与联军对峙。这时候各地的反信长行动已经越发炽烈，西尾张有长岛一向一揆，连长期不介入武士斗争、坚守中立的比叡山延历寺也倒向反信长一方，并让朝仓、浅井联军入山。在此期间，信长的胞弟织田信兴在长岛被一向一揆众杀死，织田政权的危机已经到了极度恶劣的状况。于是，信长情急智生，再次上演"挟天子、将军以令诸侯"，利用义昭及朝廷的权威，先后迫使各地势力暂时停战，以保一时的喘息机会。十二月十七日，信长终于回师岐阜。

在元龟元年（1570）的紧张局势中，我们未能在史料上看到多少明智光秀的具体行动痕迹，除了筑寨及在二条城留守外，就没有太多事件与他相关。真正令他崭露头角，也令他决定完全离开幕府的，是从元龟二年这一年开始……

信长包围网下的光秀

得到一时喘息的信长踏入元龟二年（1571）便开始进行反击。二月，信长成功促使浅井方的矶野员昌投降倒戈，使浅井氏失去一员猛将，也使战况一时转趋有利，但由于五月强攻长岛一向一揆失败，导致老将氏家卜全战死，整体战况再次充满变数。

正在这时候，上述提到光秀被任命为宇佐山城的城将，确定时间并没有史料可循，但从《兼见卿记》中的元龟二年一月二十一日条中得知，光秀应该在前一年底已经就任该职。这里顺带一提，所谓的"城将"与一般所谓的"城主"不同，城将的意思是守备该城的将领，对该地没有统治权及拥有权，而城主则是统有包括城池及城外的领土为领地，因此两者的区别是十分大的。所以，现在光秀只是城将，与驻守北近江横山城的木下秀吉、驻守长光寺城的柴田胜家一样，他的地位还没有很大的变化。

当时，北近江的朝仓、浅井，南近江的六角余烬仍在蠢蠢欲动。在这个情况下，信长必须采取措施去确保他对岐阜—近江—京都的掌握，因此，信长回到岐阜城后，除了进行上述的反击外，也积极重整对近江的支配及布防。除了招降矶野员昌外，信长决定再次先下手为强，在同年九月十二日突袭比叡山延历寺。

对信长来说，前一年借朝廷及幕府的权威与比叡山、朝仓、浅井达成和解，明显只是为自己重整旗鼓换取时间的权宜之计。九月十二日，信长突如其来的进攻令比叡山猝不及防，当时京都公卿山科言继在日记中写道"山上有三四千人被屠杀"，十三日，比叡山山边地区的横川至仰木被熊熊烈火吞噬，而山顶的根本中堂、日吉神社、延历寺到山下的民居、树木都被织田军烧毁；当然，佛像、经卷、典籍等也被大量烧毁、遗失。

另外，禁中女官所写的日记《御汤殿上之日记》除了与言继所言大致相同外，更言"无比此更难以言语形容之事，纵然是为天下，但做出如此可叹的事，实难以笔墨形容"。

由此可见，当时比叡山的战况及破坏在同日的京都已经是街知巷闻，也成为后世研究信长性格暴戾一面的一个有名故事。同时就该事件，后世江户时代的小说家、军记小说作家就把这件事和明智光秀发动本能寺之变牵扯到一起，并成为日后光秀打倒"暴君信长"的其中一个远因。

江户时代的军记小说《总见记》载，当时信长突然决定强攻比叡山后，受到家臣们的强烈反对，佐久间信盛、明智光秀极言"进攻传教大师以来，镇护国家的大道场一事，实不当也"。然而，信长最终不听谏言而决意进攻，使得对信长抱有极大期望的光秀深感愤怒及失望，于是心萌反意。这就成为后世研究本能寺之变主张"信长无道阻止说"的一个根据。有关这部分，留待本书的后半部再谈，在解释这方面的问题前，还有一个更应检讨的问题：比叡山真的被织田信长的"怒火"所烧毁了吗？

听起来好像明知故问，上述在京公卿、禁中女官等都把这件事记录在自己的日记内，难道还能有假？出乎意料的是，在1981年，滋贺县教育委员会在比叡山一带进行了考古挖掘，最后在报告会上发表了"比叡山没有被火烧过"的惊人结论。理据如下：

1. 据称在比叡山上被烧毁的建筑物的遗址泥土样本中，没有发现被烧过而做成的"烧土层"。

2. 出土的文物绝大部分都是出自平安时代的，几乎没有战国时代的。

就第二点，当时的一位考古人员兼康保明认为"（依这个结果）向来所说'全山诸佛堂被火舌包围吞噬、并不断地进行大屠杀'的印象，实与现实中相去甚远，恐怕大多只是山火般的程度而已"。再者，史学家小和田哲男在检讨这份报告后指出，"当时山上能否容纳或存在数千人是一个问题，相信实际上比此数量为少"。

以上考古挖掘与史学家根据考古挖掘的结果所得的说法，可算是反传统说法的一个有力见解。但是，那又该如何解释上述在京公家的日记内的一致内容呢？其实细查《信长公记》的相关记事，就可发现杀戮的主要地点是在八王子山一带，亦即并非比叡山的山顶，再并合以上的考古结果去分析的话，当时的火烧应集中在比叡山山腰至山中层一带。而部分无辜的山上住民则在烧杀行动的期间被集体缚捕，然后被信长下令处死。

说回在京公家、商人的共同见证与考古结果的矛盾问题。在事后没有史料跟进这次"大火烧""大屠杀"的史料的情况下，这恐怕是织田信长故意放出来的夸张消息，令各大名或包藏反织田之心的人物大感惊吓。令"我信长可是没有什么能阻挡的！"这个讯息深深地传到各人的心里，可见这是信长非常有意的宣传工作。

有力的佐证来自同时的公家记事。在攻入比叡山的九月十二日的翌日，即九月十三日早上十时左右，信长入京谒见将军足利义昭及正亲町天皇，同时公家众也一如既往地拜见入京后暂居于妙觉寺的信长。如果果真是令在京的显贵感到是人神共愤的大事件，为什么这样的事件过后，京都的情况会一如平常呢?

另外,既然火烧比叡山是十分惊人的大事,而近江比叡山与京都的距离又不远,要把这个消息传到附近的京都,当然不是难事;但以当时的消息传递能力来说,火烧比叡山的确切消息能否在一日内就传到京内各人耳中?以上所引用的公家、禁中女官的日记史料内容都仿佛当事人身在比叡山的样子,恐怕这并非根据消息的传递而记载,而是这些身处山附近的京都人士看见远处的比叡山上起火所产生的烧烟联想起来的。

再加上信长在十三日早上便进入京都,火烧事件也必定得到信长方的确认及报告,这样就能强化在京人士相信此事的真实程度,否则以上的考古结果实在无法与"史实"相符。

那么,究竟当时比叡山上的佛堂分布的情况如何,一般史料不容易确定,而在室町时代开始到应仁之乱后,全国的寺院领地、财源也被大幅蚕食、吞并,平安时代的庞大年贡收入与室町晚年时相比,已经相去甚远。山上究竟还有多少伽蓝、佛宇,也是考证这个问题的另一个盲点。根据以上的发掘,可见山上佛堂有可能只余下延历寺、日吉社、根本中堂等主要堂舍。因此,当时的损害程度,未必与各公家、商人所说的程度一致。

既然火烧比叡山很有可能是被夸张的事件,那么,上述提到有关明智光秀及本能寺之变又该怎样理解？首先，这个说法虽然一早深入人心，可是在没有史料的佐证之下，也只是属于故事、传言性质的层面，绝不能引此为据去考析本能寺之变。而且，史学界也的的确确找到了史料去质疑光秀上谏这个说法。

在1979年，大津市史编纂室所进行的史料调查及整理中，发现了一封推定是元龟二年（1571）所写，日期为九月二日，亦即信长进攻比叡山前十日，由明智光秀写予比叡山东面雄琴地区的土豪和田秀纯的书信，内容是指示秀纯进入宇佐山城，并"攻击仰木（亲比叡山的土豪所在地区），不论是非，皆杀之"。

这封书信可带出两个讯息，首先否定了信长是突然决定进攻比叡山的传统说法，因为书状的日期证明了信长至少在九月二日之前，已经准备攻击比叡山。其次，这也证明了光秀对于进攻比叡山一事，并不是事发前一刻才知情，也没有消极行动，反而是积极地利用刚授予的职权去行使信长的指令。这样一来，从前的光秀不忍之说，也不攻自破。

比叡山陷落后，以"阻我路者死"的强势姿态重振声威的信长也因此而大感喜悦，"年来信长公之不快也终得到舒张"（《信长公记》）。消灭了包庇仇敌朝仓、浅井的比叡山，不但令信长在近江的支配得到进一步的巩固，也将巨大压力给予一众的敌人。

但一如上述所说,信长当时的首要工作仍然是稳住近江的支配。所以,信长在同年的十二月重整了对近江的支配方案。信长把除了北近江三郡的浅井氏领的其余近江诸郡,交给当时织田军中的七大将领代管,包括:

老臣:柴田胜家(蒲生郡)、佐久间信盛(野洲郡、栗太郡)

近臣:丹羽长秀(一部分的犬上郡及爱智郡)、中川重政(一部分的神崎郡)

新家臣:明智光秀(志贺郡及高岛郡南部)、羽柴秀吉(坂田郡)

新降将:矶野员昌(高岛郡北部)

其中,光秀得到志贺郡的支配权(具体情况不明)之余,"十二月……明智筑城于坂本,受领(比叡)山领地,领内所有至一草一木都可自取"(《年代记抄节》),从中我们得知光秀在比叡山之战后,不仅跻身织田家统治近江国的担当人员之列,更得到部分比叡山山领作为赏赐。不过,与其说赏赐,倒不如说山领的获得,其实是信长给予的考验。包括志贺郡在内的新领地,以前就是比叡山这个千年宗教势力总坛的私领,从来就有"守护不入"

等不用交税的特权，而且内里的土地权也因不同的利益输送，关系异常地错综复杂。光秀要有效管理，非多劳多动不可。同时，得到信长准许在坂本筑城一事也表示了信长对光秀的重视，信长用人的原则向来是能者多劳多赏，庸者可弃可废。因此，光秀得到信长的重视，既是福也是祸根，这个在日后便得以引证。

光秀得到志贺郡及获许在坂本修筑城池，前后两者的重要性其实是很不同的。前者基本上与其他的同僚没有很大分别，但是容许在领地筑起居城，他是当时织田家中的第一人。在前文已经有说明，就当时的支配体制而言，即使是柴田胜家的长光寺城、木下秀吉的横山城，及明智光秀早前被命为宇佐山城将，他们的职位也不过是代管的性质，军事性质十分强，与实质支配还有距离。

但这次"授明智十兵卫志贺郡"（《信长公记》）则是真正的封土封赏，换言之，光秀那时真正掌握了志贺全郡的支配权。这个赏赐就连老臣级的柴田胜家、佐久间信盛当时也还没有得到。这再一次肯定了光秀在信长心目中的地位及贡献。

有关坂本筑城的确切日期，现存史料中并没有明确的记载。根据一些史料去推断，工程大约在光秀受领志贺郡后的同年十二月至翌年正月进行。但当时光秀实在是忙得不可开交，既要好好管治刚得到的志贺郡，同时又要与村井贞胜一起负责京内的民政，现在又加上了坂本筑城。在这样的情况下，明智光秀还是要为信长的反击战努力。

元龟三年（1572）三月十一日，信长出兵志贺郡，意图歼灭郡内的反对势力余烬。目标是志贺郡北，高岛郡附近的田中、木户两地。那时，本阵设在和迩的信长委派明智光秀、中川光重、丹羽长秀三人为指挥，一同出阵。七月二十四日，信长命近江的土豪林员清、山冈景林等助阵，又命坚田湖贼（水军）猪饲野甚介与光秀一同率水军攻击浅井氏的琵琶湖水军众基地——竹生岛。由此可见，光秀在经营志贺郡的同时，也忙于为信长的反击战而努力，虽然如此，从上述的记载来看，光秀在当时已经因针对江北浅井氏的战事中，渐渐掌握志贺郡内的国人众及湖贼众。

到那时为止，光秀从出现在信长的面前到为信长效力，地位已经由幕府之臣变成与织田家臣无异。以光秀当时领志贺一郡的领地来说，参考后来丰臣时代和江户时代的检地数值，就有五万石左右，若再参考后世的换算方法，即一万石领可召集二百五十名兵士来说，当时光秀大致有一千多兵士。在战国时代，土地收入和征兵人数的关系在不同区域各有不同，也比较不稳定，但都比丰臣时代和江户时代的标准更宽松。所以，光秀能召集的兵员人数可能更多。

根据上述的史料来看，猪饲野甚介、马场孙次郎以及居初又二郎等（日后称为"坚田众"），还有上述的林员清及山冈景林、景犹兄弟，就是信长配给光秀的"与力"（助将）。这样的力量在织田家中，当然不是特别大的势力，但从这样的架构来看，光秀与信长的家臣已经没有两样，而上面提到前一年的九月，光秀就向曾我助乘提出下野，完全离开幕府。从史料上来说，我们无法得知义昭有没有正式批准光秀的申请，但结果上，光秀决定离开足利义昭的决定已经没有什么改变的余地。

1573年，人生转捩点

经过元龟之乱的奋斗，毅然倒向信长阵营的光秀终于得到了信长的信任，并且以新人身份，破格成为信长旗下首个成为一郡一城之主的家臣。与此同时，信长也没有忘记光秀的行政手腕和幕府的人脉，他让光秀以织田家臣的身份，与家臣村井贞胜担任"京都代官"，继续负责京都的民政工作，包括土地权的确认、裁定等，这个任务一直维持至后来光秀开始负责平定丹波国为止。

正当光秀逐渐得到信长重用的同时，九月，信长向足利义昭送上《十七条异见书》，内容大致是痛斥义昭在任将军期间的种种无道违天、恣意妄为的行为，诸如对前将军义辉的参拜供奉疏懒（第一条）、对大名提出无理的上贡要求（第二条）、放任身边的奉公众、侧近霸占领地（第十六条）、京内民众狠骂义昭为"恶将军"（第十七条）。这异见书无非是信长逐渐稳住阵脚后，准备与义昭翻脸的预先工作。

可是，信长准备先发制人，打倒这个昔日的主君的时候，却要面对一个十分大的危机。元龟三年（1572）十二月，自知死期将至的甲斐之虎武田信玄开始了西上作战，并在远江三方原之战中大败信长的盟友德川家康。因这次大败，德川家康暂时无法再阻击信玄，只能任由武田军继续向三河西进。

元龟四年（同年改元天正）二月，受到信长以《十七条异见书》痛斥的足利义昭得到信玄西上的消息时，终于决定跟信长摊牌，号召幕府臣子进入近江今坚田城、石山城起兵，这两城都位于光秀刚袭封的志贺郡，这反映了虽然光秀成为一郡之主，但并不代表郡内的势力都任由他支配。

面对义昭先下手为强的行动，信长大骂义昭"竟做出超出本分的事情"，同时间，北近江的浅井及越前的朝仓也再次响应起兵，企图南北夹击信长军。

眼见第二次信长包围网迅即结成，二月二十四日，信长决定擒贼先擒王，立即派光秀，连同丹羽长秀、柴田胜家及蜂屋赖隆三将强袭义昭方的今坚田、石山两城，以及木户、田中两地。两日后的二月二十六日，石山城在光秀及胜家猛攻下开城投降，二十九日，今坚田城也被光秀攻下，原本应该南下救援的朝仓、浅井联军却没有任何行动。

在此战中，光秀首次以信长方的将领身份对战前主足利义昭，此举意义不浅。经此一战，光秀队伍中共有十八人战死。光秀回到坂本城后，就立即到立教寺为他们祭祀及吊唁。从这一方面也可看到光秀鲜为人知的温情一面。

平定志贺郡的义昭势力后，光秀终于成功稳住郡内的局势。信长在三月二十五日立即命令光秀以及柴田胜家、佐久间信盛、中川重政、荒木村重、细川藤孝及蜂屋赖隆攻入京都的上京，放火烧毁支援义昭的京内町众屋舍及寺社。这次的打击迫使义昭在朝廷的仲裁下与信长再次短暂停战议和，然而四月，武田信玄在攻击三河野田城时突然发病，班师回国的途中病死于信浓国驹场。

一直期待与信玄来个东西夹击的义昭在不知道信玄已死的情况下，在同年七月再次举兵反抗信长。义昭派出重臣三渊藤英（细川藤孝之兄）留守二条城，自己则率兵到宇治槇岛城作据点。

槇岛城是倚宇治川及巨椋池而建的坚城，义昭以为可以据城抵抗信长的攻击，直到各大名率援军到来。可是，信长回应之快却远超义昭的预计。

信长的大军以及一些离开了义昭的旧幕府众合共七万大军（诸说）分成南北两线围攻槙岛城，而光秀就在北线率兵作战。眼见这群规模空前的大军，三好、松永、本愿寺、伊丹等反信长势力没有一方出兵相救。

最终在绝对劣势、孤立无援的困境下，义昭无奈投降。这次，信长再没有放过义昭，战后把他放逐到京外，让他与部分的奉公众自生自灭。义昭一行人途中被得知消息的土民袭劫，因身上并无多少钱财，被土民们讥笑为"贫困将军"，落魄非常。

义昭等人最后才几经辛苦逃到纪伊；天正三年（1575）转到备后鞆之浦，受到毛利辉元的照顾。足利氏的室町幕府自足利义澄回京以后，再一次转向流离不定的日子。

在此顺便说明一下，这里使用"转向流离不定"，而不直接肯定地说"足利幕府正式灭亡"，是因为当中存在很大的概念问题。日本普遍的历史教科书都记述说，足利幕府亡于足利义昭被流放出京外，即天正元年（1573）七月的事，这个说法其实并不准确。一个政权的灭亡，理论上是当权者及其组织（政权运营架构）俱亡，或被新当权者完全取代才算是灭亡。

然而，日本的情况是十分特殊的。以武士时代的幕府来说，镰仓幕府的灭亡是当京都六波罗探题及关东镰仓府俱亡的结果，也就是北条执权一族先后自杀、被杀后的事。但是换到室町幕府的场合，在1573年，主权者（足利义昭）既没有败亡，其组织也没有一应消亡，反而还有一部分幕府众跟随义昭到备后，所以义昭幕府的组织并没有因此而败亡。

要进一步强化这个理论的话，可以足利义尚死后的足利幕府来证明。应仁之乱后，足利义尚成功接掌了将军位，但却病死于近江钩的本阵内。之后的足利幕府因为继位问题，而爆发了义澄系及义稙系，以及细川管领家的斗争。期间义澄、义稙先后被对方赶出京都，如义稙去了山口投靠大内义兴，义澄、义晴、义辉也曾出走到近江。这样的话，也不能说足利幕府就在那时灭亡，更遑论信长在天正元年（1573）赶义昭出京都了。

逃到鞆浦后，义昭仍然对各大名发出御内书，要求他们起兵反信长，而且也得到岛津、毛利、铃木等大名的回信，这也证明了在鞆浦的义昭政权应定性为"流亡政权"。再者，驱逐义昭出京的信长在一封写予细川藤孝的书信中强调他与义昭之间是"君臣之仪"，也强调驱逐义昭，只因义昭做了些人君不该为的错事，而不是要蓄意灭亡幕府。看起来虽说像为自己找借口，但信长日后意图迎回义昭回京一事，也证明了信长对义昭没有必然的仇恨，终信长一生，他从来没有要求天皇罢免义昭的征夷大将军之位。所以，义昭与信长的角力只是更改了方式而已。

后来，到了丰臣秀吉在天正十三年（1585）七月就任正一位关白后整理的官位列表上，就列出了足利义昭的官位是"征夷大将军从三位权大纳言"，换言之，终足利义昭一生，他都是征夷大将军，到他向当时已经贵为关白的丰臣秀吉臣服及两年后病死，苟延残喘的室町幕府才真真正正地寿终正寝，走出历史舞台。

功勋与争荣

元龟四年（1573）七月的槙岛城之战后，日本的中央政局顿时出现巨大的变化。由永禄十一年（1568）开始到元龟四年七月为止的"义昭—信长联合政权"，在同年十二月改元天正后就变成了"义昭鞆之浦流亡政权"与信长的"织田政权"相对立的局面。面对这个天下变局，已经与义昭分离的光秀在此年开始就正式地、完全地以信长方武将的身份，为信长的"天下布武"作战。

为免读者混淆，我们首先整理一下槙岛城之战后的政局。乘信玄病死，武田军西上的威胁解除，以及义昭被逐的有利条件，信长在同年八月出阵北近江，全力进迫北近江的浅井长政及从越前来援的朝仓义景。

八月二十日，朝仓义景在败逃回到越前的途中，被同族的朝仓景镜迫死。同月二十七日夜，孤立无援的浅井久政、长政父子将妻儿送出城外后，在小谷城内自杀。令信长陷入四年困境的元凶当中之朝仓、浅井两氏因此灭亡。两战中，光秀都没有参战的记录，究竟当时光秀在做什么呢？

这个时候的光秀要面对的，除了经营志贺郡及高岛郡南，以及执行信长的指令外，还要应付自己在织田家内的处境。

如同上述所说，光秀在元龟三年（1572）成为坂本城主兼领志贺郡的同时，在天正二年（1574）时的主要任务则转向内政层面。义昭被逐后的七月二十一日，信长命老臣村井贞胜为"天下所司代，在京之诸事皆可节制"（《信长公记》），所谓"天下所司代"的"天下"不是指全日本，而是京畿地区，所以贞胜其实是担任京畿的行政长官。

而已如前节所示，天正元年（1573）十二月至天正三年七月，光秀与村井贞胜对京内民政及领地纠纷等庶务而共同发出的连署文书共有十二份，当时信长把重心放在讨伐北近江、越前国及河内的岩成友通的时候，不用参战的光秀就转为主理京都民政。

也因为这个原因，信长开始起用了同是非谱代出身、后来成为光秀宿敌的羽柴秀吉。秀吉的发迹契机，应为对浅井氏的攻略。

那时秀吉成功令浅井方的国人众堀秀村、阿闭贞征等先后倒向织田方，又率先攻入小谷城，迫死浅井父子。到了浅井、朝仓灭亡后，信长便将原属浅井氏领的北近江三郡共十二万石封赏给秀吉，并成为今滨（现在的长滨）城主。

这时的秀吉就因为这一连串功劳，成为第二位晋升为城主级的家将，渐与光秀的地位相近。当然，这时的织田家，还有柴田胜家、佐久间信盛及林通胜为首的一众老臣，还有一直扶持信长的近臣丹羽长秀、蜂屋赖隆等。不论光秀或秀吉，都只算是崭露头角的新星。

正当光秀与秀吉的发迹竞争开始炽热化，那时的信长便向朝廷要求为一部分家臣请封官位，即"叙目"，作为另一轮功劳盘点。原本朝廷在七月三日，即义昭被逐后，由正亲町天皇下旨向信长提出晋升信长官位的提议，当时信长身为从三位参议，这可说是朝廷表明完全放弃义昭，想借机讨好信长的露骨的政治动作。然而，信长却坚拒天皇的雅意，反请朝廷给予一众家臣官位或赐姓。

当中，当然有本书的主角——明智光秀，及上述的羽柴秀吉。根据《信长公记》《兼见日记》及《多闻院日记》的记载，当时得到信长提名的有八人，即是：

  松井友闲 → 宫内卿法印
  武井夕庵 → 二位法印
  村井贞胜 → 长门守
  羽柴秀吉 → 筑前守
  丹羽长秀 → 惟住长秀
  簗田广正 → 别喜右近大夫广正
  塙直政 → 原田备中守直政
  明智光秀 → 惟任日向守光秀

  除上述八人之外，还有泷川一益。虽然上述史料并没有记载一益被封官，但根据同时代公卿山科言继的日记等资料所示，原本官称"左近将监"的一益在天正三年（1575）十二月就以"泷川伊予守"之名出现。在没有其他文书证明一益的封官时间的情况下，恐怕信长亦不会单为一益独立请官，故此，相信一益也是同年七月时其中一位被赐官位的家臣。

  上述九人中，有人封官、赐姓或封官赐姓一并受恩。明智光秀、簗田广正及塙直政就是后者的代表例子。就这次的申请来看，信长究竟想表达什么？日本史学家们普遍认为，九人封官、赐姓，除了松井及武井两位属于文官、出家的家臣外，其余七位家臣中有五人的官位都和西国有关（伊予、备中、日向、筑前、长门），而被赐姓的家臣所封的姓氏，都是九州的名族之姓［惟任、惟住、别喜（户次）、原田］，所以信长是以此来宣示自己有意一统全日本的雄心，极可能以上被封官、赐姓的九人，将会是出兵西国的尖兵。

当然，一如我们所知，后来以上九人的前途都出现极大的起跌，信长当初的盘算也不是一成不变的，信长对家臣的耐性及信任也并非始终不渝。另外，信长拒绝天皇的封官提议，表示了信长想强调自己并非无条件被朝廷控制的意志。

除了以上的说法外，也有史学家提出另一个十分有趣的说法，即当在关东、奥羽的大名听到这些名称及官位时，就会以为信长已经征服了西国，也即是宣传战，这个说法虽然没有信长的引言所证，但不失为一个可考虑的见解。无论如何，受封官及赐姓的光秀与只受封官的秀吉在这次的封官行动中明显分出了一时的胜负。信长对光秀的期待也显而易见。

叙目后的八月十二日，信长发兵三万攻入越前以消灭在前一年占领同国的一向一揆众。这里稍稍交代一下背景，朝仓义景救援浅井长政失败后，原本打算回越前死守，谁知信长早已经以逸待劳，一收到义景在南下途中准备退兵的消息，便火速先率轻骑狂追，其他家臣也闻讯跟上。朝仓军得知信长正要追上来时，军心大乱，溃不成军，义景狼狈地回到越前后，立即被一众求保命的家臣迫令自杀。待信长到达后，为免大乱再起，于是先命令归降投诚的朝仓家臣桂田长俊与富田长繁署理越前的事务。

然而，到了天正二年（1574）一月，受信长之命代管越前的桂田长俊与富田长繁发生权力斗争，富田长繁联同当地的本愿寺教众和一揆众袭杀桂田长俊后不久，他自己最终反被一揆众所杀，越前顿时变成另一个"民持之国"（或称"一揆众之国"）。

收到越前大乱的消息后，光秀奉信长之命率兵从坂本北上，并从水路于琵琶湖北岸的杉津浦登陆，与秀吉在八月十五日一同攻破越前国府中的龙门寺城；二十三日，两人再次共同北上加贺国，攻占了能美及江沼两郡。

就这样，命运女神慢慢便将光秀与秀吉拉扯在一起；纵然光秀、秀吉的"上位竞争"或许是后世人的错觉及主观想法，但从天正二年（1574）的越前平定开始，以至往后一连串事件都不难发现，两人的任务的确促使彼此互视为竞争的对手，这当然是政权发展中必然会发生的结果。

九月二日，越前平定完结，在信长命令下，参与一揆的兵士共一万余人被杀，同时参与一揆的越前民众也因此被杀达三万余人，越前的一向一揆势力正式土崩瓦解。与

第三章 织田家的大将

此同时,光秀收到信长的新指令——丹波攻略。

丹波、丹后征服战

丹波国及丹后国(今兵库县北部及京都府西北隅)位于山城的西北,从地理角度来说,这两国是西国从陆路进入京城的北线,与沿山阳道东上的南线终点摄津国共为进出京都的咽喉。换言之,只要织田政权能控制丹波、丹后两国,那么即便将来西国的敌人东上,京都也不会立即受到威胁,丹波及背后的丹后可为山阴道(北线)的防线。连同已经收在手中的摄津国的南线,信长防范西面敌人的防御可谓万全。

对于雄心平定日本战乱的信长来说,丹波、丹后的占领当然不只是为了消极防守。正因为丹波、丹后扼守山城北至山阴道、山阳道的通路,收下丹波、丹后,信长既可派军沿山阴道直扑西国各敌对大名,又可以南下配合南线的摄津,信长将可以从南北两路夹攻中国地区。所以,夺取丹波、丹后是克服了武田之患后的织田信长及实践其"天下布武"大计的重要一举。

从现存史料得知,在天正三年(1575)六月,也就是越前的骚乱即将爆发的时候,织田信长以该国的另外两个领主宇津家和内藤家没有跟随织田家为由,写信给早已服从织田家的丹波国领主，如川胜继氏、小畠常好等人，告知他们明智光秀即将前往当地讨伐宇津家和内藤家，要求他们配合光秀的调度：

> 内藤、宇津之事，乃因先年京都混乱之时开始（义昭、信长之争），对我方有逆心至今未休。因不得不当加诛罚，故指派明智十兵卫（光秀）出阵。汝方多方帮忙，而今次亦请尽忠出力。（《记录御用本所文书》所收织田信长朱印状）

内藤家是指丹波守护代，原本是在三好长庆的旗下，三好政权败走后留在丹波固守，在义昭与信长不和时，与赤井氏、荻野氏等一部分丹波国领主表态支持义昭。而另一个丹波国领主宇津家则因非法占领天皇的庄园，又不听信长返还的命令而被指为逆党。但是，对信长来说，在丹波真正的敌人并不是内藤、宇津两个小角色，而这两家也在同年九月被光秀平定了。

根据《信长公记》卷八的记载，九月二日，完成北伐越前的信长来到北庄城，并进行越前领土分封，到同月十四日下令在越前进行建城命令期间，光秀受命出兵丹波，同时，信长又下令成功拿下丹波、丹后之后，刚成为光秀辅员的细川藤孝将得到丹波内的桑田及船（舟）井两郡，而丹后国则将封给原丹后守护一色义道。藤孝是在之前受光秀引荐，又得到信长器重，在义昭西逃后加入织田家的。

看到以上的内容，不难发现信长对丹波的战后计划已经有一定的腹案，并可推想在天正三年九月以前，信长已经派光秀征伐丹波，不过因为越前的骚乱而延后。

虽然内藤、宇津很快被打败，收服丹波国的难度看似不大。但自战国时代开始以来，率先雄霸京畿十一国的三好长庆死后，丹波、丹后两国就一直处于群雄割据的局面，虽无独强势力，但由于各个领主势均力敌，又因地理因素，各个领主跟其他国的领主紧密联系，要确保丹波、丹后成功收归信长旗下，绝非容易之事。所以，被任命征服丹波的明智光秀对信长的重要性及其能力之大，自然不言而喻。

当时的丹波国共有六郡，即桑田、船井、何鹿、多纪、冰上及天田。信长拥护义昭上京时，桑田、船井两郡以及多纪郡的波多野秀治、秀尚兄弟以及内藤、宇津为了对抗当地的三好氏势力，一早臣从了义昭，但当信长打倒义昭后，内藤、宇津仍然支持义昭，两氏被平定后，波多野氏也倒向信长，真正的敌人其实是支配着丹波西部的冰上、天田、何鹿三郡一带的赤井氏和荻野氏。

赤井氏与同国的豪族荻野氏是同族关系，两家在永禄八年八月的天田郡和久乡之战中大败三好家臣——守护代内藤宗胜，令他们一跃而成丹波国的最强势力。当时他们的领袖是荻野恶右卫门直正。直正一开始是选择跟随信长的，而且获得信长许可他和同族们的领地（冰上、天田、何鹿）统治权不变。不过，元龟二年（1571）底，他们与邻国但马国的守护山名祐丰爆发战争。处于下风的祐丰急求信长出兵支援。掌控丹波、丹后两个的大战略以及救助山名祐丰，保住日后继续西征的阵地，信长决定结束与直正的友好关系，改为派光秀出兵讨伐。

当直正得知光秀来侵后，便联合石见的吉川元春（毛利元就的二儿子）和甲斐的武田胜赖，试图再组织一次织田包围网。同年十一月，光秀便正式出兵，联同波多野秀治等亲织田丹波国领主们攻击直正的居城——天田郡黑井城，史称"第一次丹波平定战"。

当时丹波国的形势对信长及光秀来说是十分有利的，整个丹波国在信长大军压境之时，如同孤立了赤井一族一样；当时邻国但马国的八木丰信就在同月二十四日写给吉川元春的书信中提到："丹波国众过半倒向惟任日向守（光秀）了。"

然而，黑井城是建于山上的坚城，附近还有多个要塞互相呼应，即使是光秀，亦一时难以攻下。于是，光秀动员领主们筑起多个要塞，牵制黑井城和周边的要塞群。到了天正四年（1576）的正月十五日，光秀突然得知本为盟友的波多野秀治在毛利氏及本愿寺的唆使利诱下，突然转为支持直正，更从后袭击光秀军。波多野的突然倒戈使一众丹波国领主纷纷动摇，光秀军反而陷入孤立之中，使得光秀不得不从速撤退，于正月二十一日回到坂本城。

反胜为败的光秀看来并没有受到信长的斥责。有人或许认为，对付名声不扬的丹波小国却失败而归，信长都没有责备光秀，实在有点不妥。反观同时间在北陆道加贺国（今石川县南部），跟光秀一样跻身大名级别的别喜右近（簗田广正）因为被当地一揆围攻而大败，立即被信长在天正四年七月召回尾张，从此失去了信长的信任。

明明两者都在新的攻略地初战失败，但结果迥异，这是为什么呢？笔者认为，这并不是信长有意偏颇明智光秀。丹波虽然没有棘手的大敌，但是丹波平定的重要性之大，并不能与别喜右近在加贺的情况相比，秀吉在同一时期进行的播磨平定战虽然同样重要，但与光秀平定丹波、丹后有所不同的是，光秀的攻略战并没有其他同僚可以倚靠，别喜有柴田胜家、前田利家、佐佐成政、不破光治等协助，秀吉则有荒木村重、池田恒兴等，但光秀只有细川藤孝，但藤孝当时也要兼顾京都北面的内政工作，不能全力支援。而丹波攻略战对于打开整个西国战线尤其关键，何况相比拥有长滨十二万石的秀吉，光秀当时的领地只有五万石左右，动员力及物资调集都比秀吉困难。因此，估计信长是对此有了十分的了解，才不追究光秀的初战战败。

叛离处处

第一次丹波平定战失败时，信长正主力对付大坂本愿寺及派秀吉平定播磨，开拓濑户内海（山阴道）战线，从侧面支援光秀的丹波、丹后攻略。直至再次进入丹波的天正五年（1577）十月为止的一年半时间，光秀在没有被信长狠责之余，更按照信长的指令参与包围本愿寺的今福之战、天王寺之战、杂贺征伐战及信贵山城之战。

信贵山城之战发生在天正五年（1577）八月，当时信长派遣柴田胜家、羽柴秀吉等率大军在手取川之战被上杉谦信大败，与此同时，本来臣服于信长的松永久秀则举旗叛变，并固守在大和信贵山城。

没有到加贺的光秀便与细川藤孝联合信长一同攻向松永久秀。十月一日，光秀与藤孝攻下信贵山城的支城片冈城，十月十日，光秀与信长嫡男信忠的本军一同包围信贵山城，松永久秀引爆城内火药自杀。曾叱咤战国一时的枭雄松永久秀最终与信贵山城同归于尽。

信贵山城之战后，大和国由国内另一个有力领主筒井顺庆管理，并在天正十年（1582）被编制成为光秀的助将，接受光秀的指挥。筒井顺庆的出现对于光秀往后的命运来说，是一个关键的存在，那时的光秀可能未必知道吧。

松永久秀死后，光秀马不停蹄地与细川藤孝等人在十月十六日回到丹波，进攻丹波龟山城（今京都府龟冈市），史称"第二次丹波平定战"。龟山城就是原本降服了信长的丹波守护代内藤氏的居城，但因第一次攻打黑井城失败，丹波国的局势再度不明朗。光秀与细川父子到达龟山城时，城主内藤定政已经病死，其家臣安村次郎左卫门拒绝向光秀投降，因此两方展开了三日三夜的激烈攻城战。光秀军战胜后，光秀得到信长给予全权的战后决定权，因此，光秀把内藤氏及其家臣团如四王天氏、并河氏等收到自己麾下，史称"丹波众"。龟山城之战后，中泽、小畠等丹波国人又纷纷倒向织田方。因此，光秀之后再次发起了平定战，同年占领了部分多纪郡，丹波东部至南部的大部分领土终于落到光秀手里。

光秀之后便把目光转向倒戈的多纪郡南端的八上城主波多野秀治。天正六年三月，光秀从坂本出兵到丹波，并在泷川一益、丹羽长秀的协助下包围八上城，又在城外周围的山上修筑了多个要塞。然而，其间因为本愿寺的战事，光秀等人仅留部分兵力留守，转向摄津协助攻战。之后虽然一度回到丹波，并攻下波多野的支城园部城；但后来奉命再次转战播磨，协助秀吉对抗别所长治，不久后又有姻亲荒木村重突然叛变。光秀这期间内东奔西跑，迟迟不能专心攻下丹波。

最终，在天正七年（1579）六月，包围一年多的八上城也因兵粮殆尽，到了最危急的关头。光秀为了成功铲除这个平定丹波的障碍，接受了波多野秀治、秀尚兄弟的投降。历时一年多的八上城之战也最终拉下帷幕。

说到八上城之战，就不得不提一个脍炙人口的逸话，就是传说光秀把自己的母亲送到八上城作人质，换取波多野兄弟出降，但因信长不承认波多野的投降，又以为光秀拿普通老妇假扮自己母亲作人质，信长为这种卑劣做法而大怒，结果把波多野兄弟杀死，事后光秀的母亲也被八上城的士兵杀死。这也成为后世指称光秀怨恨信长的一个理由。

这个说法出自江户时代的军记小说《总见记》，而这军记小说本身的可信度就很低，对此说法也早已经有人批评过了。其实，根据一些较可信的史料，我们可以看到极其不同的说法。《信长公记》卷十二就提及八上城之战：

> 丹波波多野之馆（八上城），从去年开始被惟任日向守包围，馆外三里都挖了壕沟，笼城自守的士兵即将饿死，便食树皮、叶片，后来连牛马都食光了，

忍受不住的城兵试图逃走,但被一一斩杀。波多野兄弟亦中计被缚,实在智谋卓越,神妙之事也。

另外,同时间光秀写给丹后国人和田弥十郎的书信中亦提到:

> 八上(城)之事,不断有愿以退出城池而救己命的请求,而城中笼城的兵士中也有四五百人饿死,逃出城外的人面青浮肿,已经不似人形了,相信只要多五至十日,必可攻下此城。(《和田文书》)

虽说数日内可攻下八上城略嫌夸张,但从以上两节文书,可见当时光秀方利用断粮的方法迫使八上城走入绝路,城中的士兵也被光秀的断粮之计害得形容枯槁。后来,光秀便以"计策"生擒了波多野兄弟。那么,既然光秀已采用断粮包围之计,根本就没有拿老母作人质去请对方主将投降的必要吧?而且从光秀写给和田的书信里,明显看到光秀拿下八上城的决心,甚至不惜饿死敌兵,所以用人质换取投降应该是不太可能的。在没有旁证的支持下,恐怕以上的说法不过是道听途说罢了。

看到八上城之战的打法,各位读者是否有似曾相识的感觉?以断粮之法打倒敌人,最有名的当数秀吉的鸟取城之战，虽然细节上有所不同，但明显这招不是秀吉独创的打法，光秀也是深明谋攻之法的。

八上城被攻破前后，光秀已经分兵攻下了冰上郡的冰上山城及宇津城。换言之，随着八上城的投降，丹波只剩下天田郡的赤井一族而已。

但当时的荻野、赤井两家已经因荻野直正的病死而失去强大的号召力，因此，光秀率先攻下黑井城的支城——鬼城，城将赤井忠家投降。八月九日，直正之子直义最后抗战失败而降。终于，历时四年的丹波平定战也大功告成。战后，光秀命令因战乱而逃走的农民回到本居之地，开始实行管治。然后，光秀为了确保胜利的种子得以开花结果，于是将一族及重臣们分派到丹波各个要冲；从史料中所看，确认光秀任命同族的明智藤右卫门为八上城将，女婿明智秀满到福知山城，以及重臣斋藤利三到黑井城。

与此同时，光秀也收到信长的感谢状，内容为"长期在丹波，其间粉身碎骨之无数功劳，实无人能比"。这可算是对光秀最高的赞辞，亦难怪之前提到天正八年（1580），信长写给佐久间信盛父子的责备状上就提及"在丹波，日向守（光秀）的奋战，为我在天下面前保住颜面"，这再次证明丹波、丹后的平定，对于信长及其"天下布武"大计来说，绝对有十分大的战略意义。

天正八年八月，也就是信长的老臣佐久间父子信盛、信荣被放逐的同一个月,光秀终于得到丹波平定战的恩赏。信长把光秀用了四年亲手攻下来的丹波一国封给光秀,助将兼好友细川藤孝则得到丹后一国。这次加封的不同处在于,光秀得到的是纯利的加封而不是转封。

以同为织田家将的前田利家为例,在就任越前府中城主之前,利家是尾张荒子城的城主,后来转到越前府中后,荒子城就改封给了他人,而当利家就任能登国的诸侯时,越前府中城也改封给同僚菅屋长赖,但光秀则是在保留志贺五万石的同时,得到丹波二十九万石,这可反映利家与光秀之间的待遇之差。

第四章
明智光秀与织田信长

祸福相倚的 1580 年

由永禄十一年（1568）初次见到织田信长，到元龟二年（1571）由足利义昭的幕臣转为织田家将，再到天正八年（1580）一跃成为统领一国加一郡（丹波一国及近江志贺郡）的诸侯，这段时间的光秀对织田政权的贡献，在前面已经详细交代过了。从诸史料上看，都明显找不到有令明智光秀萌生叛意的可能及迹象。

在本章，笔者将跟读者一起详细探讨及追踪光秀与信长在本能寺之变之前的关系。究竟光秀为什么，以及他是怎样由织田家第一家臣、最受信长信任的左右手，突然一转成为叛变弑主的逆臣？在此之前，必先追溯光秀与信长之间在最后的两年里究竟是否出现任何的对立或问题，之后再加以检证本能寺之变。

天正八年（1580），当时的织田信长以及织田政权气势如虹，势不可挡。环顾织田势力四周的敌人，都正在被信长旗下的将领所压迫。现在稍稍说明一下，天正四年至天正八年八月为止的两年间，明智光秀以外，京都附近的织田主要将领之攻略情况：

一、播磨、但马（羽柴秀吉等）

在天正六年（1578）四月的大坂本愿寺攻击战以及六月的淡轮湾之战，先后打击了负隅顽抗的本愿寺及伊势、淡轮两地的一向一揆众。同年十一月的第二次木津川之战中，织田麾下的九鬼嘉隆水军大败一直支援大坂本愿寺的毛利水军，令大坂合战的战况更进一步有利于织田方，也拉开了织田与西国之雄毛利氏正面交锋的序幕。织田信长遂任命羽柴秀吉担当平定西国的统帅，虽然其间历经播磨的别所长治及同僚荒木村重的先后叛变，但经过天正八年正月的三木城之战后，秀吉终于完全平定播磨，其弟羽柴长秀（后来改名秀长）也在不久后平定但马，配合光秀同年平定丹波、丹后，信长的山阴、山阳两道并进的战略已经迈出重要的第一步。

二、加贺、越中（柴田胜家、前田利家、佐佐成政、不破光治）

越前的一揆骚乱被平定，织田信长在天正三年委派老臣柴田胜家率领佐佐成政、前田利家、不破光治（府中三人众）及别喜广正等以越前、南加贺为基地，攻略北陆本愿寺派的一揆众的最后根据地——北加贺及能登。但由于别喜广正管理不善，南加贺的本愿寺派在同年九月发动一揆来反抗。

广正败逃后被信长罢职召回尾张，柴田、府中三人众等在天正四年正式重新攻略北陆。天正五年（1577）九月十三日，同样有意向加贺、能登推进的"越后之龙"上杉谦信与柴田等织田军对战于加贺手取川。有关这一场大战的实情，至今一直存在争议，在此暂且不论，总之织田方在内讧、情报被封锁，还有谦信神速出击的情况下被上杉军大败，这样的一个事实是肯定的。

虽然手取川之战出师不利，但上杉军也没能阻挠织田军推进，在天正六年十月的越中月冈野之战中，隶属于北陆军团的斋藤利治连同刚归顺信长的神保长住等人，一同将当地的上杉守军驱逐到越中东边，同时倒向信长的前能登守护畠山氏家臣长连龙乘机收复能登，恰好上杉谦信在天正六年（1578）猝死于春日山，并引发"御馆之乱"，使织田方借机进一步入侵加贺、东越中,并向越后推进。

三、大坂本愿寺(佐久间信盛等)

天正四年(1576)四月十四日,原本已经与信长和议的大坂本愿寺得到上杉谦信、足利义昭的支持,连同纪伊杂贺众再次举兵与信长交战。信长立即命手下诸将倾力攻击,但却迎来本愿寺的负隅顽抗,大将塙直政在三津寺之战中被本愿寺及纪伊杂贺众的火枪击中而战死,前来支援的三好康长也狼狈败逃。

得知此败报的信长立即亲率三千兵马赶来,但同样遭到本愿寺、杂贺众的拼命抵抗而一度后退,信长本人更被杂贺众的火枪击中手臂受伤。之后,在各队再次汇拢出击下,终于攻下天王寺寨,击退本愿寺和杂贺众。

信长在此战后便派出老臣佐久间信盛作为对战本愿寺的总帅,命他坐镇天王寺,再配上由听命信长的领主们结成西至大和、南近江、河内、和泉、北纪伊,东至东尾张、西三河,合共七国,号称八万大军的联合部队一同包围本愿寺,务必将本愿寺连根拔起,使其屈服在织田军团的铁蹄下。

天正八年(1580)四月,本愿寺显如因为上杉谦信、松永久秀、杂贺众、毛利水军的前后死亡和败走而变得孤立无援,最终接受朝廷的斡旋,与信长和议。八月,极力主张拼死抵抗的本愿寺教如(显如长子)亦在众人力劝下,无奈屈服,退出大坂教坊。至此,长达十年的战争终于完结。

把宿敌本愿寺击败后的天正八年(1580)八月十二日,发生了一件事,让包括刚刚得到丹波一国的明智光秀以及一众织田家臣都非常紧张,那就是著名的"佐久间父子放逐事件"。信长在几经辛苦的情况下,终于迫降了本愿寺。可是,就在那时,他却决定把一直负责围堵本愿寺的老臣佐久间信盛及信荣父子赶出织田家。这是为什么呢?

本书经常引用的《信长公记》的卷十三中,记录了《佐久间信盛折槛状十九条》就提及:

在天王寺五年,未立寸功。(第一条)
不仅是武力,就连计谋也不曾使用。(第二条)
虽然给予了七国的兵力,但却从没有任何行动。(第七条)

十九条中的三条就是谴责信盛没有好好利用手上的庞大军力,给予本愿寺任何的压力或攻势,对信长来说,这就是浪费资源的愚举。接着,信长再列举其他家将的功勋，如新晋的明智光秀、羽柴秀吉、池田恒兴（第三条）、同地位的柴田胜家（第四条），用以批评信盛在攻略本愿寺的四年间毫无建树，"三十年奉公之内，岂有能称上拔群卓著的伟功。"（第十六条）

另外，信长在责备状中也把一些旧恨往错一并列出：

> 先年（天正元年）攻破朝仓之时，否认错失战机之误，更自圆其说，离席而去，令我尽失颜面。（第十一条）
>
> 先年（三方原之战），被派至远江救援时，还未知敌我胜负，而家康遣使求援……自军一兵未死而逃，更弃平手（泛秀）于死地而不救，还气定神闲。（第十七条）

当然，这些都要追究的话，佐久间信盛也可以说是责无旁贷。虽然后世有人批评信长发出这个责备书，是秋后算账，借故开除老臣云云。这些说法也成了后人对信长作出负面评价的一个依据及举证例子。然而，这样的说法实在难以认同。首先，就上文所示，攻击大坂本愿寺的困难，是前所未有的。因此，信长才给予信盛合共七国的助将兵力以助攻守。但是，一如信长所示，从史料上的确看不到信盛在四年内有任何分化、谋算、攻势之类的意图及迹象。

到了最后，本来就是急性子的信长心急如焚，也不得不透过关白近卫前久的游说及朝廷的斡旋，迫使本愿寺投降。对于信长来说，信盛的表现实在是不合理及难以接受。这也可反过来反映信长以物资、兵力的绝对优势致胜的军事思想，又或者说，信盛是因其表现远低于信长的期望而得到这个下场。即使是跟随在旁，而且拥立有功的忠臣，只要犯了信长不能接受的大错误，就是会被信长抛弃。

当信长发出责备书后，便下令放逐佐久间信盛、信荣父子到高野山，并不准携带任何财物。后来又改到大和国南部的十津川。天正九年（1581）七月二十四日，佐久间信盛出家，法号"定盛"，在得不到信长的赦免的情况下，于大和国十津川郁郁而终。

后来信长得知信盛死讯后，便在天正十年一月十六日，重新召回其子信荣，并给予新领地，隶属长子信忠之下，但直至本能寺之变为止，都没有获得重用。佐久间父子被放逐后的天正八年八月十七日，同为老臣的林秀贞、美浓三人众之一的安藤守就，以及尾张国人丹羽氏胜都被信长以不同的叛逆罪名而放逐。

其中针对林秀贞的理由只是"去弘治二年（1556）五月，于林美作守（秀贞之弟）宅中企图令信长公遭受困境（谋立信长之弟信胜之事）"（《信长公记》卷十三》）。

佐久间父子的惨淡下场,林秀贞、安藤守就及丹羽氏胜的突然被罚,当然或多或少触动了其他织田诸将的神经。从责备状中可看到,信长的严格要求、记仇的性格,想必使正在攻略各地的后起诸将倍感压力。

那么,明智光秀面对天正八年(1580)八月的一连串内部整顿,面对信长冷酷无情的作风,有什么反应呢?天正九年六月二日,也就是佐久间信盛郁死在大和前一个多月,光秀对自己军队下达了针对性的军律令及军队编制(后世称为《明智光秀家中军法十八条》)。这是现存光秀的军法中最详细的一份,也是唯一现存的织田家军法,对研究织田政权军制及明智光秀的军事体制极有帮助。在十八条规定后,还附加了一段光秀个人的感想,其中有以下极受注目的一节:

……吾本为瓦砾沉沦之徒,既从主公(信长)受赐莫大之军势,不实之法度与武勇无功之辈,乃国家之负累,犹如盗窃公器,必被嘲笑矣。故若拔群粉骨,励志忠节者,必速报主公(信长)御前,家中之军法如此。

然而,经过不同史学家的一连串研究,"军法十八条"很有可能是后人假借光秀的名义伪造的(也有史学家认

为是真迹)。支持伪造说的学者举出以下四个主要的可疑之处:

第一,十八条由纪律规定(第一到第六条)和兵役人数规定(第七到第十八条)两部分组成。在当时的其他军法里,这两个规定大多分开独立发布,几乎没有合在一起的。

第二,就当时的战斗来说,弓箭仍然是主要的武器,然而军法里没有弓兵的人数规定。

第三,军法的发布日期刚好是本能寺之变的前一年同月同日,与其说是巧合,不如说是制作者意识到后来的事变,故意制造出来的"偶然"。

第四,也是最重要的是,军法最后那段光秀感念信长知遇之恩、誓死效忠的一节用字过于复杂、难读和生硬,在同时代的文书里属于很不自然的写法,教育水平不高的明智家臣恐怕难以理解光秀的心声,这也违背了军法的本意。

由于目前没有其他史料印证十八条军法规定的内容确实被执行过,而史学家也还未能合理解释上述四个疑点。对于《明智光秀家中军法十八条》确实要持有审慎的态度,但不妨碍我们从中作出一些解读。

上面所引用的那节之所以受注目，是因为光秀的感言明显受到佐久间被放逐一事的影响，即"受领莫大之军势，则不实之法度与武勇无功之辈，乃国家之负累"，继而可以推论当时居于织田政权高位的各将领，想必也要加强自己军队的战斗力及效率。另外，从"吾本为瓦砾沉沦之徒，既从主公（信长）受赐莫大之军势……"一句就能看得出，到天正九年六月为止，姑勿论光秀是否虚有其词，光秀应对信长存有敬畏的思想，而且都一直强调着对织田家的奉公。讽刺的是，在下达军法令的整整一年后，主张竭忠尽智的光秀却带兵突袭了自己立志效忠的主君。

此外，史学家堀新等在山口县发现了一版明智光秀制定的五条家法，时间是天正九年（1581）十二月四日，从内容和纸质等来看，应该是原件，但仍然需要进一步的考证，在这里先把全文的翻译提供给各位读者参阅：

定家中法度

一、在路途中遇见织田家的宿老（重臣）、马廻（近卫队）们时的行礼之事。看到后要靠在路的一边，恭敬地致意后让他们先通过。

二、往返坂本、丹波的人，（有上下两个路径）上路由紫野出发，经过白河前进；下路由汁谷、大津山谷前进。在京都有要事处理的话，派遣人员来协调对应。此外，如若有不得不留在京都处理的事宜，请向主公（光秀）说明。

三、受命处理、执行事务的人，他的下人、随从不可在京都骑马行走。

四、禁止在洛中洛外（京都内外）游乐、观光。

五、于各个道路上，轻率地跟他家的家臣发生口角，属于重大过失。不论是非曲直，我家的肇事者将受到惩处。但是，一旦遇到难以简单摆脱的争吵时，（我家的）当事人应于事发地自裁了事。

以上各条内容是我根据主城和领地的远近，经过深思熟虑后制定的。万一发生意料不到的状况，各家臣更不可轻视以上的规定。各人必须严格命令手下的家臣、随从、杂役等遵守规定。如若有违反法度之辈，立刻严惩不贷。八幡（大菩萨）可鉴，绝不轻饶。内容如上。

天正九年十二月四日

日向守

从这五条内容可以发现，光秀十分关心处理自家跟织田家的上司和同僚之间的关系，显示出他不想惹是生非的态度，以免进一步引起不必要的纷争和矛盾。

信长的第一重臣

佐久间信盛、林秀贞、安藤守就等被免去职务及流放后，天正八年末至九年的织田军团亦开始重整架构。林、安藤身上并没有庞大军权，故真正要重新分配的，是曾拥有七国军势的佐久间军团，还有早前因反叛信长而被击败逃逸的荒木村重所领的摄津一国。

佐久间信盛所统领的大和、东尾张、南近江、西三河（水野氏）、河内、纪伊、和泉七国中，尾张、西三河的水野氏完全划给信长的长子织田信忠，连同原有的美浓、尾张部分，就如信长所谓"尾、浓两国任凭领有"一样，信忠在天正八年（1580）已经几乎完全拥有浓尾两国的军事动员权及支配权。

至于畿内的河内以及南近江的栗太、野洲两郡则成为信长的直辖地；大和一国在天正八年十一月进行"指出检地"后，便交由当地的豪族筒井顺庆。和泉国则交给信长近臣之一的蜂屋赖隆统辖。至于荒木村重的摄津国则交由原本隶属信忠军团的亲将池田恒兴负责，命其支援秀吉的中国地区攻略战。

就这样，天正八年八月以降的重大军团调整也大致完成：

北陆方面：柴田胜家——前田利家、佐佐成政、佐久间盛政、金森长近等

中国方面：羽柴秀吉——羽柴长秀、宇喜多秀家、南条元续等

尾浓方面：织田信忠——森长可、河尻秀隆等

摄津国：池田恒兴、高山重友

和泉国：蜂屋赖隆

至于明智光秀，他在此调整中得到了什么？其实佐久间被放逐后，光秀实质上没有得到任何新的领地，而在年前三津寺之战中战死的原田直政的遗领，即大和及南山城的指挥权由光秀继承，并且得到大和一国的筒井顺庆也正式与光秀连成上下属关系，后来的京都军检阅式的出场顺序即为"第三队，明智光秀队、大和众及上（北）山城众"，另外在天正十年（1582）三月三日的《多闻院日记》中提到顺庆军"（与明智）为同军"。

故依照以上诸史料，这个时候的明智光秀所控制的领地有：

近江志贺郡、丹波（自领）

丹后（细川藤孝）

大和（筒井顺庆）

南山城（伊势贞兴等）

换言之，当时的织田政权除了后来灭亡武田氏所得的东国数国外，已经把各地的领地以军事区域来划分，即中国军团（羽柴）、北陆军团（柴田）以及后来泷川一益的关东军团和神户信孝、丹羽长秀的四国军团。至于光秀的近畿一带控制圈，笔者较同意史学家所谓的"畿内军团"之称呼。

当时光秀的控制范围乃以上五个地方，而在本能寺之变前，所做的军事行动只有在天正九年八月帮助秀吉攻略因幡鸟取城而已，论其性质及当时光秀还没有攻略目标来说，算是四出助战的一个自由攻击军团，所以"畿内军团"这个单纯的地域概念会比较容易帮助我们理解光秀军团的性质。

天正八年（1580）年底成立的这个"畿内军团"的第一个任务，便是天正九年二月于京都举行的军事检阅式。可能是庆祝把长年宿敌本愿寺迫降成功，再加上自己的兵锋已经先后平定北陆、山阴、山阳及近畿的缘故，早在同年的正月十五日，信长就在安土城下令近卫的亲兵"举行'左义长'（放鞭炮），准备炮竹，戴头巾，穿正装，各人要好好准备装扮"（《信长公记》卷十四）。

所谓的"左义长"，原本是贵族时代的阴阳师们所举行的仪式,用放鞭炮以庆祝新年到来,并有祛污净恶的功能,后来武士也承袭了这个习俗。当时刚好正亲町天皇的妃子,也就是未来的皇位继承人诚仁亲王的生母在此前不久病故,有学者认为除了习俗以外,信长也是为了给皇室的白事冲喜,所以举办了大型的军事检阅式。而这次在安土的鞭炮活动,其实只有信长及其直辖的近江众亲兵,如日野的蒲生氏乡、与信长关系亲密的摄关家近卫信基(前关白近卫前久之子、信长的义子)、信长诸子及织田一族等出席。当日的"左义长"及马队出游,安土一带的人都来围观,而且城下不分贵贱都无不惊叹其威势。

在安土的军事检阅式完毕后的正月二十三日,信长又马不停蹄地下达命令给光秀,说"因将在京都举行军事检阅式,各人尽可能于那时以美装参集",并要通告全国。同一封命令书中又提及信长"欲于京中让公家、都民观看乘马游街之威风姿影","因欲让日本六十余州都得知此事,故必须多备骏马"。换言之,信长在京都举行军事检阅式的最大目的就是要宣示其强势及强大的军事力量,而光秀则因此被命为军事检阅式的奉行(专责担当)。

天正九年(1581)二月二十八日,在京都禁中(皇宫)的东门外,终于举行了信长梦寐以求的军事检阅式,并请到正亲町天皇及皇族亲贵等公家众一同出席。当然,背后也是信长提供所有的财政支援,让他们可以风光一回。织田家方面，除了身在备前作战的羽柴秀吉军团外，几乎其他的军团将领都有出席；连同部分与信长友好的公家众也特意列队参加。

负责统筹的光秀及其与力众则列入第三队。这次的军事检阅式令京洛上下贵贱都大开眼界，更言"不仅本朝，况异邦亦无此般之盛举也"。这次令信长名声高扬的军阅式就在众人目不暇给的好评下完结，在多方好评之间，不难发现作为总统筹的光秀办事能力之高，想必亦令信长感到满意。

到了二十九日，朝廷便派敕使下旨回谢信长之盛举，大赞"如此有趣之游兴，天子已经御览，圣颜极为大悦"，朝廷的神只官，也是光秀好友的吉田兼见也在他的日记《兼见卿记》中写道"其盛况，实难以笔墨形容也"。到了三月五日，朝廷又派使者要求信长再举行军事检阅式，但这次军事检阅式的奉行是谁就没有记载，只知事后也是好评而终，"能在御旁（信长）目览此盛事，无不忝谢之盛世也"（《信长公记》）。

这两次的军事检阅式，从《信长公记》作者太田牛一的角度看，似乎是非常顺利的表演，但两次军事检阅式的时间之近令不少史学家感到怀疑。无论如何，天正九年二月下旬的军事检阅式，也是另一个肯定光秀贡献的事例。

四国征伐与光秀的忧郁

对信长及光秀来说，天正九年（1581）大致是十分顺利多福的一年，秀吉平定了淡路、因幡，伊贺也由信雄占领；另外，越中及能登的反信长势力也被肃清。到了天正十年，信长的天下布武大业更上一层楼。同年元旦，一众大将家臣来到安土城祝贺新年，那时光秀与宫内法印（松井友闲）一同被列为第一批恭贺的家臣，这显示了光秀的地位已经因前年佐久间信盛、林秀贞的离去而逐步上升至家臣团的最上层。

同月七日，堺地商人兼茶师津田宗及与山上宗二（千利休之高徒）一同到光秀的坂本城参与茶会，那时的光秀可说是织田家内首屈一指的家臣，津田宗及记载说，城内光秀的寝室内"床上挂有主公（信长）自笔的御墨宝"。从这个记载以及早前提及的家中军法附文，都强烈地表示出光秀对信长的敬畏及忠诚。就以上所见，我们实在很难想象当时的光秀有谋反之意。当然，已经知道六个月后"事变"发生的我们，或许会认为这不过是光秀为了掩人耳目的行动吧。

天正十年（1582）正月下旬，由于信浓的木曾义昌表示归顺，信长下定决心将兵锋指向甲斐国，誓必将武田胜赖及名震东日本的武田一族斩草除根，永绝祸患。三月十一日，由于同族的穴山信君及小山田信茂先后倒戈，武田胜赖、信胜父子在孤立无援的绝境下，于最后据点天目山一起自杀身亡，至此，绵延数百年的武士名门甲斐武田氏正式灭亡。

自三方原之战以来，信长便对武田家深恶痛绝，本想亲自出兵，亲手葬送武田家的，但在路上收到嫡男信忠、老臣泷川一益及同盟者德川家康已经率先合力灭亡武田家的情报后，虽然心有不甘，但事已至此，信长只好转换心情，改道往东海道，远眺富士山后，便打道回军，在四月二十一日回到安土，原本随信长出发的光秀也随信长一起率军打道回师。

前年西边的大敌本愿寺屈服后，东边的上杉谦信也已经因急病死去，如今另一个心腹大患甲斐武田氏也在天正十年（1582）被铲除。放眼当时的日本列岛，九州的大友、岛津两氏都已经表示臣服信长，关东的北条氏政、氏直父子也表示希望在织田政权的"保护"下继续控制关东。奥羽的诸侯们更是积极地听从信长的号令，经常上贡名鹰、名马给信长。能称上信长大敌的，就只有拥戴足利义昭，与羽柴秀吉僵持不下的毛利氏，以及与信长不和，后世称之为"四国之盖"的枭雄长宗我部元亲。

长宗我部氏本来只是盘踞在四国南隅土佐国的其中一个势力，但经过长宗我部国亲及元亲父子数十年的努力，在天正十年（1582）左右已经占领大部分的四国地方，只剩下伊予一部的河野氏及阿波北半部的三好氏还在抵抗。元亲为了顺利地攻略四国，以及考虑到信长的崛起，早在天正六年（1578），即统一土佐的同一年，透过正室石谷氏的妹夫石谷赖辰（光秀重臣斋藤利三之兄弟），向明智光秀表示愿与信长通好并臣从。同年十月，元亲嫡男弥三郎成年元服，元亲便透过光秀向信长表示，希望拜请信长为弥三郎赐予名字。于是信长就在十月二十六日回信道：

> 汝方给予惟任日向守（光秀）的书信已经阅过……赐字之事，就赐"信"一字，即改名"信亲"便好，详细可与日向守相谈。（《土佐国蠹简集》）

拜领了信长"信"字的弥三郎就是后来于户次川之战中英勇战死的长宗我部信亲。这一次的赐名之事，开启了两家的建交，之后元亲也一直向信长上贡名鹰及四国的特产（《土佐国蠹简集》《信长公记》），而负责使两家交情友好及保持沟通的便是光秀。这也是显示光秀在天正六年（1578）前后大展才干，以及他在织田家内外的影响力的一个例证。

可是到了天正九年（1581），情况就开始出现变化，阿波的三好康长及西伊予的西园寺公广都因为无力抵抗元亲的强大攻势，于是拜托当时正攻略中国地方的羽柴秀吉向信长救助。信长在赐信亲名字时，就向元亲表示过"通过此事，四国可任凭占有"（《元亲记》），但在三好康长及西园寺公广请求救助后，信长或许感到长宗我部势力过于强大，还有考虑到本愿寺已经屈服，三好氏又完全归顺，当日的承诺已没有必要遵守下去。

当时，对于信长来说，西日本的战略重点将放在讨伐毛利及征伐九州上，三好及西园寺都将会是重要的棋子，相反元亲的利用价值已经相对打了折扣，再加上长宗我部家一跃为过于强大的小霸，对信长的统一霸业而言并不是好事，所以信长改口对元亲说"（伊）予州、赞（岐）州暂且保留，阿波南半及本国（土佐）当可给予"，元亲得知此消息后大怒，"元亲夺得四国，皆以实力亲手而得，岂因信长之恩？"（《元亲记》）

不过，元亲也不是就这样坐以待毙的。除了继续通过光秀和利三确认信长的意向外，元亲还在天正九年（1581）底联系上了羽柴秀吉。元亲知道三好康长已经归顺信长，而且表示愿意在平定四国后，协助信长和秀吉攻击毛利。虽然元亲在书信上没有表明他对三好康长的态度，但我们可以看到元亲在考虑自己前途的时候，也是多方救助，尽可能地保住利益。

然而，信长四国政策的转换导致了新的攻略目标。当信长决定讨伐不满自己决定的元亲时，刚好信长的三子信孝极希望立功出名，故此"三七（信孝）大人不断希望到四国去"（《神宫文库所藏文书十七·神房慈园院正以文书》），就是说信孝希望将出征四国作为立功的契机。到了五月十一日，信孝连同信长配下的丹羽长秀、蜂屋赖隆等到达住吉，准备征伐四国。

在这段时间，原本由维系两家友好关系的中间人转变成毫无关系的人，光秀当时的心情怎样，实在是十分惹人关注，但遗憾的是，现存史料上并没有留下表达他内心的只言片语。我们唯一知道的是，光秀和利三尽最后的努力，试图说服元亲接受信长的修改方案，保住长宗我部家的同时，也尽量地发挥自己的作用，保住自己的脸面和利益。

走上背叛之途

终于到了光秀决意谋反的天正十年（1582），这里必须先提一下与这起事件息息相关的人物——德川家康。

德川家康自与信长结成清须之盟后，便一直与信长保持良好的盟友关系，经历姊川、三方原、长篠等大战，最终，信长成功制霸近畿一带的同时，家康也成功进军东海道。天正十年三月，家康自骏河方向与织田信忠攻灭武田家后，便得到信长赐封骏河一国作谢礼。

如今，家康便与刚降服的穴山信君以拜访信长的安土城为回谢。当时的光秀应该正在为四国苦恼，却在长宗我部将要面对信长兵锋之前的五月十四日，信长命光秀回坂本准备盟友德川家康到安土访问的招待事宜。五月十五日，家康一行人到达安土城下，信长便安排他们入住安土内的大宝寺，并命光秀在当日前往大宝寺接待刚到达的家康、信君。之后，光秀又在十五日至十七日准备接待家康所需的珍品佳肴用料。十七日，由于信长收到远在备中高松城的秀吉要求援军的请求，信长便命光秀连同池田恒兴等为前军一同赶到备中助战。这时的光秀或许已经心有叛意，但究竟是什么驱使光秀必须在六月二日谋反？

是为了长宗我部？还是为了其他？后世就有说法指出光秀谋反与接待家康有关。例如耶稣会传教士弗洛伊斯在他的《日本史》第五十六章中写道：

> 正在准备宴会（接待家康）时，信长召明智于一密室议事……因明智感到不满，提出谏言后，信长站起来怒不可遏，并两度用脚踢击明智……

他们在密室所议何事，将留待第二部论析。总之，照此说法，只是明显地表示信长、光秀因某事意见不合而起了争执。就文面来说始终难以推定是什么事，然而弗洛伊斯却就此事推想道：

> ……或许在其（光秀）过度的利欲及野心驱使下，终诱使他有了成为天下之主的想法吧。

但要留意的是，当时弗洛伊斯人并不在安土，而是远在九州长崎，此事以至后来事变的经过，都是从当时在安土的传教士卡里安报告得来的，因此内容的真实性尚有值得商榷的余地。

另外，后世军记小说《川角太阁记》也说光秀在接待家康时出现问题而萌生叛意：

> 正值夏日，光秀准备好的鲜鱼腐坏了，信长公来到宅门外时，强烈的臭味随风飘散。信长公闻到这阵阵恶臭后勃然大怒……因此，信长公下令让家康卿等人改在堀久太郎（秀政）邸宅留宿。……听说光秀因为觉得颜面扫地，于是他把用来盛鱼的木制台盘，还有其他菜肴全部倒进（安土）城下的水沟里，结果臭味传遍整个安土城内外。

这个记述看起来十分详细，也仿佛把光秀描写成一个完美主义者、爱面子的人，但这样被解任又是否就是谋反的主因？也是需要考量的，而且当中也存在十分不合理的地方。就像文末所说的，光秀若果真把变坏的食物丢到城下水沟，恐怕以信长性急冲动、具洁癖的性格，又加上当时才刚发过火，相信也会很快地处死光秀以挽回自己的面子，又何来之后派他到中国（本州西部）的事呢？

无论如何，光秀在五月十七日便回到坂本，二十六日从坂本出发到备中，二十七日在爱宕山参拜祈愿，又在祭神前求签问卜，二十八日便在威德院与里村绍巴等举行和歌会，之后作成《爱宕百韵》，并在当日回到丹波的居城龟山城。

据说，光秀在六月一日便与重臣斋藤利三、明智秀满等表明自己谋反的决定。六月二日，光秀向全军指称，因信长想检阅军队而须回军京都，同日黎明前，明智军沿山阴街道进入京都，并且包围本能寺，就这样，光秀便在没有明显原因的情况下，由织田家首屈一指的大将，突然变成叛逆主君的谋反人，同时间，他决定反逆的这一刻距离自己的死期亦只有十日。

◎漫谈光秀的修养、雅好及为人处世

耶稣会传教士弗洛伊斯在他的《日本史》中评价光秀其人："他好背叛及密谈，兴刑罚且残酷独裁，但自身的伪装能力却是拔群且速。另外在战争方面，善谋略、富忍耐力，乃计略、谋策之高人。"这段评价侧重光秀政治、军事方面的能力，笔者在前面也已经详细介绍过了。本文旨在利用相关史料，通过一些具体事例谈谈光秀的为人处世，及其修养与雅好，特别是后述他在医学、文学和茶道等多方面广为涉猎，对于当时文化水平不高的武士阶层来说，是非常难能可贵的。希望能为读者呈现更加鲜明、立体的人物形象。

一

新发现的史料《针药方》除了引起我们思考明智光秀的前半生可能跟传统说法有所不同外，还让史学家留意到光秀口传《针药方》（虽然不是什么深奥的药方），可能暗示了光秀还在名不见经传的时候，已具备了一定的医学知识。然而，光秀是怎样、什么时候习得的，仍然是个谜。

此外，从明智光秀的朋友圈里，我们可以看到光秀还跟一些著名的医者，如堪称"神医"的曲直濑道三，还有侍奉天皇的典药方（管理皇室医疗的部署，太医院）医师丹波赖景，以及后来侍奉丰臣秀吉的施药院全宗有往来。这种朋友关系和他掌握的《针药方》的知识，让一些史学家甚至觉得光秀在越前生活的几年间，曾经行医维生，成名后便跟京都的名医们有所交流。

然而，除了这些信息外，便没有更多关于这方面的记录。早年口传《针药方》后，光秀也没有在后来展示他这方面的能力。我们要留意的是，当时不少武士出于实际需要，会去收集一些医药，以及治疗创伤、养生方面的医学知识和书籍。除了明智光秀，德川家康、伊达政宗等著名武将也是如此。所以，按目前的情况来说，一些史学家断定光秀曾经当过医师的说法，还有待更多的史料发掘，才能得以证实。

不过，需要指出的是，十六世纪初、中期的日本医学知识大多是对中国古代汉籍医书的吸收和改良。因此，如要学习医学和药理知识，汉文的理解能力必不可少。由此可见，在比较早的时期，光秀在汉文方面的修养可能已经达到一定的水准。

二

虽然没能证实光秀曾经行医，但我们可以推断他具备一些医学知识。不过，可能是这个原因，我们翻阅光秀现存于世的书信（约二百余份），能经常看到光秀慰问对方的健康和伤情。从朋友到刚从属自己的丹波国领主，再到家臣，光秀都会在写信时特意问候，甚至给予一些建议。下面我们举一个例子说明：

> 我回到京都附近的时候，听说您被战伤烦扰，实在让我担心不已。当下时分还请您一定要好好疗伤静养，这事十分重要。这次出兵丹波的事让您费心对应，您养伤的事，更让我感到忧心。请快点找可靠的医师给您治疗，待您病情好转后，我来到丹波时再见面吧。（《西教寺文书》）

这是天正三年（1575）九月，光秀写给留守在丹波的家臣小畠左马进的慰问信。书信的内容充分显示了光秀温情的一面，这些慰问信在现存的光秀书信里为数不少，可以肯定是光秀的真情流露，没有一丝造作。当然，我们也可以将光秀诚心慰问身边人的行为理解为一种处世之术。正所谓"出门靠朋友"，多交朋友多交心，少一些敌人，在乱世中总归是好事。

除此之外，还有一则事例充分显示了光秀的人情味。元龟四年（1573）五月，光秀给跟他甚有渊源的近江国坂本西教寺捐献（当时称为"寄进"）了一些钱财。目的是要吊唁为他英勇作战而牺牲的十八名家臣。而且，光秀写给西教寺的捐献文书里，清楚列出了十八名家臣的姓名、大部分人的阵亡日期,以及捐献的吊唁金(每人一斗二升)。

日本战国时代大小战事频仍,天灾常临。身边的亲人、家臣,甚至自己都有可能随时死去,朝不保夕、生离死别可说是司空见惯。在这样的世道里,我们从史料里不难看到战国武将们慰问死者家属、保障其遗产完整的书信和文件。但是,主君主动地为家臣吊唁的史料却十分罕见,非常具有历史价值。

由此可见,光秀的这份捐献文书既是少见的珍贵史料,配合上面为数不少的慰问信,可以帮助我们进一步感知光秀的人情味。他重视身边的人,真心关怀他们。日后,当他的重臣斋藤利三被信长压迫、生命受到威胁,可能就是这种性格,成为了其中一个促使光秀突然起事谋反的因素吧。

三

通过前面的叙述,我们看到了光秀对身边人的关怀和温情。那么,在本能寺之变前,光秀对其主君信长又是怎样的呢?在正文,我们知道光秀自从加入织田家后,可谓是尽忠职守,不敢怠慢。而信长在处罚老臣佐久间信盛、信荣父子时,就曾经重点表扬光秀在丹波平定战的功勋卓著。其实信长还赞赏过光秀，不过不是在公开场合，而是在天正二年（1574）七月，信长出兵讨伐长岛一揆，在那里回复光秀报告在摄津、河内的战况时说：

> 你的报告十分详实，让我如临现场。（《玉证鉴（三）》）

这种赞赏可能比不上后来当着家臣们的面前那样光荣，但是，从这个评价可以看到信长十分满意光秀的表现，光秀也似乎十分了解信长的喜好。事实上，性格飞扬跋扈的信长一生中很少写内容很长的书信，有史学家分析这充分反映了信长急性子、讨厌长篇大论的个性。相反，信长也自然讨厌家臣们作风拖拉迂腐。也就是说，信长作为人君，期待家臣拿结果说话，而且要简单利索。光秀这份战况报告显然是合格的。

有关这个方面，传教士弗洛伊斯在《日本史》里说：

> 为了得到信长的宠爱，光秀竭尽所能地留意观察所有跟信长有关的事宜。

这个观察似乎也不是没有依据的。我们提过光秀宴请好友到坂本城做客时，客人看到其卧室就挂有信长的墨宝。还有，自从信长喜欢上"茶汤"（近世茶道的前身），而且把茶具作为功劳奖赏的媒介后，光秀也开始热衷于茶汤和茶会。

尤其是当光秀获得信长赐予茶具，以及得到准许开设茶会后，天正六年（1578）正月十一日，他在坂本城举办第一次茶会，就用上了信长刚于正月朔日赐给他的茶具"八角釜"。

自天正六年开始，每年正月光秀都会在坂本城举行茶会，而且必定用上信长赐予的茶具。这一方面无疑是为了显示自己对信长的敬重，另一方面则是制造某种仪式感，向别人（家臣和客人）强调自己的权势。

除了茶具，坂本城内某个手水间（洗手的房间）的墙上还挂着画师牧溪的名画，这也是信长所赐的。另外，在茶会结束后的餐宴里，其中一道"鹤汤"所用的鹤也是信长赐与的。（《天王屋津田宗及会记》）

不知道各位读者看到这些记载有什么感想？显然，我们能够发现这些装饰和菜肴大多都跟信长有关，很可能是光秀为了让参加宴会的客人看到这些细节而安排的。因为这些文人茶客也经常跟信长相往来。说到这里，估计已经有不少读者感到疑惑："究竟这些略显造作的举动是光秀的真情流露，还是虚情假意呢？"

我们不妨再举些例子给大家参考。天正三年（1575）

五月,也就是织田信长出兵与德川家康一起在长篠对战武田胜赖的时候,萨摩岛津家的岛津家久上京游览,在友人兼连歌大师里村绍巴的安排下,家久来到坂本一带观光。当时奉命留守后方的光秀知道了家久的到来,先是派人迎接和招待家久到志贺郡一带游览。后来,光秀也亲自跟家久会面,并且设宴款待。酒宴过后,家久等人打算玩游戏助兴。就在这个时候,光秀跟家久说:

> 我家主公正出兵在外,我在这里游戏作乐,这成何体统呢?(《中书家久公御上京日记》)

即便信长远在千里之外的东日本,光秀对他的敬畏,以及由此产生的自律、自我约束表现得淋漓尽致,足见光秀对信长保持着一种什么样的姿态。另外,到了天正四年十二月,光秀从同僚那里获赠了一块坐垫。作为日常的社交送礼,本没有什么不妥。但是光秀却做了以下决定:

> 此外,前几日你们送给我的坐垫,我已经看到,然后直接献给主公了。我用的坐垫没什么讲究的,但你们送的这个做工实在太好了,我配不上使用它,于是呈送给主公,我觉得这样处理最好。另外,我已经下令家臣们从明年正月开始只可以穿着木棉制的衣

服。那是因为主公已经决定于明年二月上旬出兵大坂，故而我家为了做好出战准备，一律禁止家臣私用浪费。你们也要做好准备，带着必要的决心，不可大意。（《小鸭文书》）

这段文字再一次让我们看到明智光秀在加入织田家后，对信长心存敬畏，即便是在别人面前也丝毫不敢放松。可能有部分读者会认为，像这种"凡事都要考虑主君信长"的做派，应该放到织田时代的秀吉身上才合理。实际上，我们的这种印象，源于江户时代以来各种讲述秀吉的文学作品，以及戏剧的影响。其实在秀吉相关的史料里，较少看到他在书信里表现出自己对信长的这种意识，起码没有光秀那么多和明显。

另外，弗洛伊斯《日本史》还记载说，光秀在织田家里遭到孤立，别的家臣大多不喜欢他。虽然弗洛伊斯没有说明当中的原因，但不排除其中一个因素，就是这种在人前人后都强烈地显示自己对信长的忠心。

我们在正文里提到《明智光秀家中法度十八条》有可能是后世假托光秀的名义伪造的，因此，最后那段肺腑之言也可能是杜撰的。不过，从上述引用的史料来看，那段感人的"肺腑之言"奇妙地符合实情。

四

前面提到，光秀应该拥有一定的医学和汉文理解能力。不仅如此，光秀在日本传统文化的造诣，特别是连歌和茶汤方面也是十分了得的。不仅如此，通过史学家的研究，发现光秀对这些雅好并非一时兴起，而是在不断追求进步，终成大器。

同样地，我们也不知道光秀是在哪里和什么时候开始学习连歌和茶汤的，但可以确定光秀接触连歌比较早。

连歌以上、下两句组成，而且大多参考引用古典名句和历史典故作句。在当时日本的上层社会，连歌既是一种文艺活动，带有娱乐的性质，同时也是政治、价值观念方面志同道合的人们维系关系的纽带。随着室町时代武士社会渐渐热衷于文艺活动，与文艺界的交流越来越频繁，参加连歌会的人数越来越多，这一场合也成为评判个人修养的平台。因此，创作者需要对古典文化有很高的了解之余，也要顶着别人目光的压力，力求上进。

在目前的史料里，光秀首次参加连歌会，是在永禄十一年（1568）年十一月十五日，于京都某处举行的百韵连歌会，即信长护送足利义昭进京后不久的事。除了光秀外，出席的还有这次歌会的主办人细川藤孝，还有当时信长的文书官明院良政、连歌大师里村绍巴、关白近卫稙家之子圣道院道澄（将军足利义辉的妻舅）、贵族界的"歌人"飞鸟井雅教等人。由此可见，参加这次连歌会的都是当时"歌坛"的大师级人马。按照连歌会的做法，主办人负责吟诵第一句，然后按地位和能力轮流吟诵，有灵感、有意愿对接上句的参加者可以多次吟诵。所以，造诣、境界越高的人，一般吟诵的句数都比较多。

那么，初次登场的光秀吟诵了多少句呢？答案是六句。这数量在参会者中属于偏少的级别，比主办人细川藤孝、未来的同僚明院良政吟诵的十句少了一些。表面看来，光秀的表现不算很突出，但后来的历史证明这不过是他成为连歌达人的初次啼声。而且，与会者都是贵族、幕府和歌坛的代表，本是浪人出身的光秀通过这样的机会，得以结交上层社会的精英，给光秀的前途带来很大的帮助。

永禄十一年的百韵连歌会后，因为"元龟战乱"的关系，所以光秀没有参加连歌会的机会。但从天正元年（1573）开始，转身成为信长家臣的光秀便开始频繁举办和参加各种大小连歌会，直至本能寺之变前夕的爱宕百韵为止，达四十多次左右。在这十年内战事、政务缠身之下，仍然能够抽空参加四十多次连歌会，可见光秀对连歌的热爱与日俱增。

参加这四十多次连歌会的人大多数是当时的歌坛名

流,也是光秀的好友们。例如前面提到的茶人、豪商津田宗及、吉田神道的鼻祖吉田兼见,还有细川藤孝等。

这里值得我们关注的是光秀所取得的进步。前面说过光秀初次参加连歌会时才创作了六句,与创作十句的细川藤孝之间尚有差距。随着举办和参加多次连歌会,光秀有了更多练习的机会,同时我们也可以想象光秀为此不懈努力地学习;甚至在史料里看到光秀出兵在外时,因为偶遇风景,有感而发,随即写下歌句,在书信中分享给"歌友"评赏。

到了天正九年(1581)的时候,光秀所作连歌句数已经追上藤孝等大师的水平。前面提到,吟诵句子的数量跟实力有很大的关系,光秀的创作量增加意味着他明显进步了。即便我们没有能力评价光秀创作的歌句水准如何,但根据这些大师定期参加光秀举办的歌会,或者自己举办歌会时也邀请光秀,可以想象光秀的水平不会很差。

到了最后的几年里,光秀还带上儿子光庆和重臣斋藤利三出席连歌会,可见光秀不仅自己通过连歌加强修养、陶冶情操,还希望儿子和重臣也参与其中,在明智家的高层里形成一种文化氛围。当然,连歌会以外,上面提到的茶会也是同步进行的。

由此可见,举办连歌会和茶会已经成为光秀的个人雅好和他生活的一部分。虽然其他家臣,如未来的天下霸主羽柴秀吉也偶尔举办过连歌会，甚至召开了"羽柴千句"连歌大会。但是，这对秀吉来说，也不过是附庸风雅，说不上是享受其中。光秀在学习连歌和取得进步的过程里，百忙之中依然不懈用功，可以看到光秀对文艺活动的热爱和付出。

再者，连歌作为流行于当时上层阶级的文艺活动，能够与当时的歌坛翘楚并肩，这在织田家的重臣们里，即便包括织田信长本人在内，具备如此水准、修养的人可谓屈指可数。可想而知，光秀在这方面成就不凡，在织田家里是一个独特的存在。

至于茶汤方面，虽然我们不能否认光秀当初接触茶汤，主要还是因为信长的缘故。光秀为了自身的利益，投其所好也无可厚非。不过，自光秀接触茶汤以来，便跟一直喜好的连歌会结合在一起，茶会与连歌会均成为了光秀晚年主要的文艺活动。

讽刺的是，他决定发动政变前，也举行了连歌会。如一些史学家的推测，不管他的发句真意为何，这个连歌会跟他决定行动有关联的可能性还是很大的。

第五章
光秀的末路

信长遗言之谜

本能寺之变,或者说"明智光秀之乱",其背后究竟有什么原因?是有功之人想进而夺取天下?是对信长有什么怨念?还是有第三者的推波助澜?这些说法又谁对谁错?对于这些问题,很多人都想探究其中的真相。在考证这些问题之前,笔者想先追溯一下织田信长死于本能寺的经过。

众所周知,天正十年(1582)六月二日早上四时,当时正好是人们开始一天生活的时间,明智军约一万三千人(或一万五千人或二万人)突袭信长入住的本能寺,之后又分兵包围信忠所在的妙觉寺(位于本能寺东北面约六百米,后来信忠退到二条新御所)。

当时信长原本打算在寺内留宿一晚后,就应羽柴秀吉之请,出发前往备中。明智军杀到本能寺、妙觉寺的经过,相信不少人透过《信长公记》或后世所写的小说等,也耳熟能详,以下我们引用《信长公记》的相关一节,看看太田牛一笔下的信长如何面对叛变:

> 信长公和他的随从们都以为是下人在吵架之际,听到跟往常不同的嘈杂声,而且发现有人用火绳枪射击信长公的主殿。
> "这是有人谋反吗?是什么人的阴谋?"听到信长公的询问,森乱(即俗称的"森兰丸")回答说:"看来是明智家的人。"信长公听后说:"是非に及ばず",然后立即撤退到寺内主殿。(《信长公记》卷十五)

相信上节堪称十分经典,而且是日本人及海外战国史迷都最熟悉不过的描述。这句可算是信长遗言的"是非に及ばず",究竟应如何理解其意呢?

首先从字面意思来说,"是非に及ばず",后来某家有名的日本历史游戏商的游戏把这句改成"是非もなし",两句的意思其实可说是一样的,意思是指"别无他法",或者"迫不得已""这不是论是与非的问题",衍生出来的意思,就是"唯有行动,已经无他法";亦有说法指是

"无奈至极""无可奈何"的意思。

套入本能寺之变,信长想表达的究竟又是什么呢?根据以上的语意解释及对当时情景的判断,不少史学家及小说家都认为信长是看到被群集到本能寺的明智军包围,而且是被自己信任的能臣明智光秀所谋算,生存已经没有希望,故"是非に及ばず"应是偏向消极的意思,即"无奈至极"之类。最后,信长在身边仅有的侍从、杂兵力战而亡后亦葬身火海,表现出消极的意思也是能说得通的。

然而,笔者认为这个说法既稍有偏于浪漫主义的味道,同时这样的表达也不太符合信长的处事风格。一如我们所知,织田信长从踏进战国乱世的那一刻起,在军事上都以大胆、喜欢险中求胜见称。如永禄三年(1560)迎击今川义元的桶狭间之战所用的正面奇袭方法;天正三年(1575)在小谷城外追击朝仓义景时,扬言必胜的信长在命令将领追赶的同时,自己亦仅率轻兵狂追,这些手法显示出信长思考敏捷,同时也超出一般人的胆略。

这样的做法亦表现出信长无惧于死亡的心理,迎击义元前的敦盛之舞"人间五十年""岂有不灭之者耶",面对极大劣势的信长亦从容面对,甚至到后来受数次"信长包围网"的打击,信长亦是笑到最后的赢家。到了现在被亲将背叛,信长的一句"是非に及ばず",到底都不应是消极的嗟叹吧。与其说"无奈至极",笔者认为当时信长心里,说出这一句应指"既然已经知道有人背叛,就不再是考虑的时候,就只好跟他拼了",这样的表现既不离语意,也符合信长的行为模式。

再者,若不论先后的情节差异,所有记载信长之死的可信史料,大多都指出他力战至最后,然后在已经燃烧的寺内切腹自杀。因此,这个说法不也合乎逻辑吗?再说,以当时的情况,离本能寺不远处的妙觉寺,自己的后继人信忠也在,若力战的话,或许能待到信忠前来救援吧?(当然,那时信长也没时间思考在妙觉寺的信忠是不是光秀的目标之一。)

另外,当时除了"是非に及ばず",也有其他文献记载信长死前的"遗言"。比如德川家康家臣大久保家的子孙大久保忠教所著的《三河物语》就有这样的记载:

> 明智日向守受信长重用,并赐予丹波,可是他突然谋反,从丹波发动夜袭,并攻向本能寺。信长说道:
> "是上之介(与'城介'同音,意即秋田城介信忠)谋反吗?"
> 其侍森兰(九)回应道:
> "是明智日向守谋反。"
> 信长听到后就说:"嗯……是明智造反吗?"

从我们现在所知，这个说法当然不是事实，信忠是受害者之一，最后也战死了。但这个记载可反映当时京都内外消息、传言满天飞，不能分辨孰真孰假。另外，此记载信长怀疑信忠叛变的说法，姑且不论我们是否已知信忠最终死去的事实，站在当时武士阶级的角度，父子突然不和亦绝对不是稀奇事，不论大久保忠教是从何听到这个讲法，但亦可看出，身处下克上时代的人对叛逆是十分敏感的，而最信不过的，可能就是自己最亲近、最信任的人。事实上，不论是信忠还是光秀，他们都的的确确是信长当时最亲近（信忠）、最信任（光秀），当时又最接近信长的两个人。

另外一个说法，来自当时身在京都附近的西班牙商人艾维拉·希朗（Bernardino de Avila Girón）所著的《日本王国记》，当中提及本能寺之变时写道：

> 信长知道自己被明智包围后，根据谣言所说，当时他手掩其口，然后说："我亲手招来自己的死啊！"

当时不在本能寺附近的希朗也是根据那时的传言而记下这一节，真假也难以知晓。不过，若这句话真的出自信长的口中，那么这句充满懊悔的话语的含意又将是另一个关乎本能寺之变成因的要素，我们后面再来谈。

信长灰飞烟灭

决意力战至最后的信长，最后也逃不过命运的作弄而命丧于本能寺的熊熊大火之中，享年四十九岁。刚好与他在二十二年前所舞的"敦盛"的首句"人生五十年"十分吻合，或许当时的信长，也感到十分巧合吧。

一般来说，后世的小说、文章描述信长的死都是根据、参考太田牛一所著的《信长公记》所说，信长力战到最后，于是在御殿放火，然后便在熊熊大火中切腹自杀。

如上节所说，由于牛一当时不在本能寺，所以信长得知明智光秀谋反至死去的经过，都是根据逃离现场的侍女的忆述而成。所以，太田牛一写的内容亦有其信凭性。但是，有一点笔者认为必须要考虑，变乱之前的内容的确十分可信，然而到了明智军杀入本能寺后的情况，则未必是事实的全部。当时理应是兵荒马乱，究竟这个侍女所看到的又有多少？同时牛一听到之后，又如何理解及呈现出来？所以，笔者认为对于现场的内容必须多加思考，不宜尽信。

与此同时，在同时代，除了《信长公记》外，也有其他人记载这事，例如当时在日的传教士弗洛伊斯。上章提到，弗洛伊斯曾把信长的事迹记载下来，并且辑录入他的《日本史》。本能寺之变发生时，弗洛伊斯在事变八年前已经因为染病，把京都的教务交代好之后，便回到九州丰后，所以在事发时弗洛伊斯本人并不在京都，他后来是得到另一位传教士卡里安的报告后，才补写了本能寺之变的经过。而这位传教士卡里安在事发时在京都，那时候有几位教徒走进了教堂，并告知卡里安有大事发生，那就是本能寺之变。通过卡里安，弗洛伊斯才能记下以下这段经过：

> （明智军的）兵士进入（本能寺）内部，见到刚洗完脸，正在用手巾抹干身体的信长，于是立即抽出弓箭，射中信长背脊。中箭的信长把箭矢拔出，然后拿出好像镰刀形状的长枪，即称为长刀（笔者注：即僧兵、女将常用的"薙刀"）的武器作战。但经过一轮的战斗后，由于身体被火枪弹丸射伤，于是他走入自己的房间，紧闭窗门，自言要切腹自尽，之后其他人（信长的侍从）便在户间周围放火，据说他被活生生烧死了。后来赶到的明智军把守在房间外面的护卫给杀了。以我们所知，不只其声，就连他的名字也令万人惊恐的那个人（信长），他的毛发、骨头，无不变成灰烬。他的一切，什么也没有残存在这个地上

了。(《弗洛伊斯日本史》)

这个根据身在京都的传教士的说法，与太田牛一所说的版本，可谓大相径庭，不同处甚多。两个都是根据打听得来的消息而写，哪个近乎事实，实在难以说定。当然，牛一的《信长公记》有关本能寺的部分是根据曾在现场的证人所言而写的；但另一方面，当时在日传教士的情报能力也是不能低估的，亦不能立即予以否定。只能说，当时在京洛一带的情报、消息实在乱不堪言，难以把握，当时日本情报的传达能力和确认情报真确性的困难显而易见。

以上根据太田牛一及传教士的记载、报告所得来的史料，虽不能确实、详细地知道信长如何死去，且两者也有内容上的矛盾，不过也有类似的地方。例如两者都记载信长及侍从们奋力战斗，然后本能寺起火，信长切腹自杀。太田代表的织田方与传教士代表的旁观者(第三者)的记载如上所述，那么谋反的明智方又如何呢？在以前，一般明智方有关本能寺之变的记载，只有江户时代的军记小说《明智军记》可参考，其书以野心说的立场展开整个事件的经过，当时明智军渡过桂川(京都主要河川之一)后：

> 这时候光秀下令说："各部队就地煮食、整备武器！敌人在四条本能寺和二条城，我们要击垮他

们!"(《明智军记》)

可是,这个记载并无根据可循,同时其书之可信性也要大打问号,笔者不作此考虑。但从以上的文面得知,宣告的对象(下级的兵士们)只知他们的作战目的是为了军队的最上级,即明智光秀而已,对于自己正在攻向信长,实在是一无所知。笔者这个说法亦是的确找到了史料来证明,同时这份史料也提供了明智方在本能寺之变当时的情况描写。这份史料就是《本城总右卫门觉书》(本来没有名称,此乃后世所命名的)。

顾名思义,这是一名叫作本城总右卫门的武士所写的回忆录。本城总右卫门本是隶属于明智光秀丹波众的下级武士,他在江户时代的宽永十七年(1640)写下了自己年轻时的作战回忆,并留给其子孙。其中就有描述当时他杀进本能寺的情况。这份史料其实不能算是最近发现的,早在"二战"前就被当时的书志学者林若树,也就是收藏这史料的所有人在昭和五年(1930)发表的《日本及日本人》一月号中介绍给世人。

可是,这份史料直到二十多年前才被史学家重新找出来研究,究其原因,主要是它的内容乃以平假名写就,在没有标点符号的协助下,实在难以解读。再者,内容被解读之后,史学家从内容中发现本城总右卫门所见到的"战况",并不如太田牛一所描写的那样凄厉动人,于是也引不起太多人的注意。

然而,近年本能寺之变的研究引起史学界及战国史爱好者的关注后,《本城总右卫门觉书》摇身一变成为炙手可热的"新"史料。研究者更视该史料为能够提供"真实一面"的本能寺之变的重要资料。现在就先把一部分相关内容(奈良天理大学附属图书馆所藏《宽永十七年本城总右卫门自笔觉书》)引译如下:

> 明智(光秀)谋反,迫令信长公自尽的时候,如果有人说比我更早冲进本能寺,我想那人肯定是在说假话。这是为什么呢?我是做梦都没有想过要迫信长公切腹自尽的。在当时,我们收到消息说太阁殿下(注:秀吉)在备中国跟毛利辉元对峙,需要明智大人前去支援的指令。当我们朝山崎的方向前进时,没想到突然转进京都了。那时候我想家康公正在京中,(这个转向)可能跟家康公有关,我也未曾听过本能寺这个地方。

这部分内容,可能令不少未知此史料的人感到震惊。若本城总右卫门所言不虚,当时明智军内的下级兵士除了听命行事之外,并不知其他的事,就连要攻击何人,去什么地方进行攻击也是一无所知。这一方面，可说是明智军高层有效的情报管制之下的效果。至于本城等人想象是攻击家康一事，也只停留于他们私下的忆测，一般兵士所知道而又有史实根据的，就只有前往备中协助秀吉对战毛利辉元一事而已。六月二日早上六时，包括本城在内的明智军攻击本能寺的情况就有这样的记载：

> 随后我走进寺里，门户是开着的，连一只老鼠都没有。我拿着那个首级走进寺舍内。在这个时候，两名（明智）弥平次大人的母衣众（注：近卫骑兵）从北面进入寺内，跟我说："把首级扔了。"于是，我便把那头颅扔进本堂的下面。接着，我来到本堂正面的主厅。没有发现任何人，里面只挂着蚊帐，一个人都没有。在这个时候，我抓到一名从库房（注：寺院的后厨）走过来查看情况，垂直发型，身穿白衣的女子，但还是没看到任何武士。那女子跟我说："主公穿着白色衣服。"但是那时候的我不知道她说的是信长公。

在这一部分中，当时在场的本城总右卫门把所见到的情况都清楚交代了。他所见到的本能寺其实并没有什么人在守备，也没有看到信长及他的侍从们在力战。同时，上述提及，虽然西班牙商人希朗所听到的传言"（明智军的）兵士进入（本能寺）内部，见到刚洗完脸，正在用手巾抹干身体的信长……"的说法看来有点不太可能，但综合《本城总右卫门觉书》的记载，看来织田信长方面几乎是在无法来得及做出防守的情况下就被明智军攻进去，最后本城在没有看到信长之前，守卫就已经溃不成军。换言之，若我们肯定这个回忆录所说的是千真万确，那么太田牛一《信长公记》中的激战场面就值得我们重新认识。不过，在此也不能把本城总右卫门个人所看到的就视为当时的全面情况，故此，在没有更详细的史料被发现出来前，《信长公记》的内容仍然有它的可信性。

这个回忆录亦进一步肯定了明智方的情报封锁能力及行军隐密性之高，是信长、信忠父子败死的主要原因。明智军在攻进本能寺后不久，信忠及村井贞胜身处本能寺附近的妙觉寺，虽然知道事变，但妙觉寺无法防守，不得不逃到二条新御所去做最后抵抗。

当时诚仁亲王刚好在二条新御所，得知光秀正在攻击本能寺时，信忠已经逃至此处做最后抵抗，而光秀的追兵也已杀过来了。被卷入战争的亲王于是派人问光秀：

使者代王子问明智说："我（诚仁）应该做什么？需要跟他们一起切腹自尽吗？"

明智对王子没有任何要求，只希望他立即离开宅

第，为了不让信长的世子趁机逃走，王子离开时不能骑马，也不能坐轿。(《耶稣会日本追加年报》)

因此，信忠便送走亲王，看到公卿已逃到皇宫后，明智军继续围攻二条城，信忠、贞胜力战不果，最后也自杀身亡。

不论其叛逆的原因是什么，对于明智光秀来说，最讽刺的，莫过于在事后找不到信长、信忠父子的尸首。有说信长在大火中自杀，尸体烧焦而无法辨认；也有认为信长并没有死去之类的幻想之说。

根据事后负责埋葬、供奉本能寺及二条新御所战死者的净土真宗阿弥陀寺的开基住持、同时与信长有交情的清玉上人的记录，当时上人得知本能寺之变发生后，就立即赶到寺内，并把信长的遗体找出来，然后安葬。(《信长公阿弥陀寺由绪之记录》)

但是，清玉上人能在当时的本能寺来去自如，这是一个很大的疑问，根据史学家的研究，阿弥陀寺记录里的死伤者中，还包括六月十三日山崎之战的死者，以及信长的四儿子秀胜（秀吉养子）。问题在于秀胜死时，上人已经死去三个多月，这个记录究竟是否是上人亲自所为，也是一个问题。

至于信忠，他眼见寡不敌众，于是在切腹的同时，命令侍从镰田新介为他斩下自己的首级后,将其尸首隐藏,不能让明智军找到。新介遵从信忠的命令,把主君的遗体隐藏起来,最后尸首连同二条新御所一同化为灰烬。

说到这里,还有一个小插曲:事变发生时,明智光秀在现场吗?这个问题好像问得多余,上述耶稣会的记录描述光秀在现场,而且接见了诚仁亲王的使者,安排亲王离开。但是,除了这个记录和部分军记物语外,几乎没有资料明确记录光秀在现场。《明智军记》记载光秀在桂川岸边喊出"敌人在四条本能寺和二条",也没提到光秀在本能寺和二条新御所的现场。据近年发现的《乙夜之书物》记载,参与事变的斋藤利宗(斋藤利三之子)则明确表示光秀不在现场,而是在京外的鸟羽待机。

不管怎样,得知本能寺、二条新御所化为灰烬的明智光秀,当时他的心里在想什么,又究竟是怎样的心情……这恐怕就更不得而知了。我们唯一知道的是,他这次的谋反只是成功了一半,十日后的山崎之战,明智光秀被自备中赶回来的羽柴秀吉所败,据说最后在逃亡途中,被土民伏击而死(后述)。

秀吉的中国大撤退

就在明智光秀成功偷袭信长、信忠父子的同一时间,其他正在各战场奋战的织田家臣仍然不知道他们所敬畏的主公及世子已经永远离开了他们。我们首先看看本能寺之变的当日，刚好正在发生战事的北陆、中国两个地区的战况。

北陆地区方面，以柴田胜家、佐佐成政、前田利家、不破光治为首的北陆军团在六月二日刚攻下越后边境重镇鱼津城，吉江景资等十三名上杉守将全部战死。另一方面，北信浓海津城将森长可则呼应北陆军团的行动，率兵五千北上，攻击信越边境的关川。

中国地区方面，羽柴秀吉等人从五月初开始攻击备中高松城，并利用高松城的地理环境及梅雨季节，修建三百米的土坝，使高松城一带被淹，并且阻止了毛利家的救援，一切只待信长到来，便可与毛利军展开决战，一举打败毛利家。

然而，信长已经死了，这个蓝图已经不可能实现。不过，幸运女神却眷顾秀吉，并且将机会送到他手上。各位读者都知道，信长死后，光秀派使者到毛利家及上杉家，要求他们努力牵制胜家及秀吉，好让自己争取时间控制京畿，然后再与他们一起夹击，达致双赢。有关这方面的虚虚实实，留待第二部详细说明，这里先让大家了解一下当时秀吉的动向及行动。

究竟秀吉是什么时候得知本能寺之变的消息，以及当时他收到的是怎样的情报,这当然是很重要的问题。后者我们现在已经无法找到史料去还原,所以,我们先看看秀吉知道消息后的行动。

秀吉大约是在六月三日深夜收到本能寺之变的消息,当然,以当时的时间来看,他收到的并不是信长已经死的消息,应是光秀事先向毛利家表明计划的内容。秀吉收到消息后第二日早上便主动向毛利方提出,以高松城将清水宗治切腹牺牲,毛利方割让备中、备后、美作、伯耆及出云五国为条件,协商停战。这样看来,我们不禁会问,为什么秀吉会如此确定前日收到的本能寺之变的情报是真的,并且立即做出反应呢?这里我们无法完全得知当中的经过,但唯一可以肯定的是,秀吉阵营对于光秀杀害信长一事并不感到惊奇,似乎光秀与信长之间,或者说家臣们与信长之间的关系其实并非十分坚实。

无论如何,秀吉相信了这情报,并且切实地决定撤兵回师京都。幸运的是,当时对战事束手无策的毛利方很快答应了秀吉的提议,双方在六月四日傍晚达成协议。六月五日,秀吉为免毛利家察觉有异,让宇喜多秀家等人留在前线戒备,自己则立即率兵班师。

事实上,虽然信长的死讯于六月六日传到毛利方,但由于对毛利方而言,收到的情报真假难辨,加上当时上下早已经对战事十分疲惫,即使想借机混水摸鱼也有心无力，他们最终在六月十一日才完全确定本能寺之变的消息，那时间秀吉早已经到达摄津国尼崎，一切都为时已晚。反过来说，毛利家当时认为，正好利用这机会静观其变，隔山观虎斗才是上策，于是也没有决定追击。

另一方面，秀吉在六月五日出发后，用九日时间赶到二百三十公里外的山城国山崎，让明智光秀以及其他正打算向光秀投诚的人都大为惊讶，光秀也一下子阵脚大乱，为后来的山崎战败埋下伏笔。秀吉这次"奇迹"般的大撤退一直被后来的人津津乐道，甚至引起了后人的猜疑，认为这么周到的军事行动很可能是秀吉一早准备好的剧本，更有人认为秀吉其实早已经知道本能寺之变会发生，甚至他其实是跟光秀合谋策动叛变，最终反过来吃里扒外，将光秀推向谋反者的无间地狱，自己则成为讨逆复仇的大英雄。

当然，这些都只能说是事后诸葛亮的猜测，我们没有证据证明秀吉的确是阴谋论的始作俑者。为了还原事实，这里我们在进入山崎决战之前，先看看这"奇迹"是怎么发生的。

一般认为，秀吉在九日内赶了二百多公里的路程在当时的条件及交通技术而言，是不可思议的。不过，据史料记载，其实秀吉并没有什么奇人奇技，"大撤退"也不是什么奇迹。首先，按秀吉所说，他在六月五日出发后，两日后的六月七日到达七十公里外的姬路城,即平均一天行军速度为三十五公里左右。秀吉坦承在行军中有不少士兵赶不上速度而脱队,于是决定在姬路稍作休息两日,重整队形。

六月九日中午,秀吉从姬路出发前往播磨国明石,明石与姬路距离同样是三十五公里,秀吉于同日到达明石后又停留一日,并指派别队去击退服从光秀的淡路水军,确保无后顾之忧。

确保前进无忧后,秀吉在六月十日继续上路,于两日后的六月十一日回到五十公里外的尼崎,并且与同僚池田恒兴、中川清秀合流后继续往东,六月十三日于山城国淀川与原本要出兵四国的信长之子信孝、丹羽长秀会合,并且到达山崎,准备与光秀决战。

以上可以看到虽然秀吉一路保持着行军,但其间有三四日的休整,并没有如我们在大河剧中看到的那样一直拼命赶路。事实上,秀吉平均一天的行军距离是三十公里左右,这跟其他战国大名行军速度比较,并不算十分快,其实这个"神速回师"的奇迹,也有很多要留意的"背后一面"。

比如《惟任退治记》中记载秀吉一行人回到姬路时,军队"诸卒不齐",但秀吉仍然决定翌日继续赶路,在返回尼崎时,秀吉军"兵数不齐,途中有死去者"(《浅野家文书》），所以秀吉当时拼命赶路，实在是顾不上兵卒了。到了六月十三日山崎之战前，秀吉军"从备中、备前赶来的人很多，但也不足一万"，山崎之战开战前一日，秀吉军的落后部队才陆续赶到战场，但前面已经说了，他们都因为太疲惫，根本没有战斗力。

即便是这样，秀吉一路顺风顺水的原因，当然不是靠神明的保佑。笔者认为，当时秀吉在事变前已经邀请了信长来中国（本州岛西部）地区，为了不让信长一行人感到辛苦，这条沿濑户内海北岸的山阳道自然就要小心安排，做好一切的补给及准备，但信长还没有来便死去，原本自己为信长准备的补给便反过来为自己所用。还有，他的回军路线本来就是他控制的地区，只要确保路上没有生变，行军上基本便不会有大的阻碍；事变发生后，以上的偶然都变成为己所用的有利资本，再一次说明历史总是充满偶然及巧合。

综观秀吉一生能成功的原因，不只是秀吉偶然的幸运，也不只是靠秀吉的谋略。我们不难发现秀吉在应变上的冷静沉着，做好一切应有的措施，确保行军无碍，他在这方面与其他织田军团相比，的确是有过之而无不及，这也证明秀吉的统率能力及视野都实在有其出色之处。本书后面提到，后人有意见认为本能寺之变是秀吉的阴谋，因为他们解释不了秀吉为什么能洞悉先机，这留在后面详说。但通过以上的分析，这些"指控"其实不过是猜想而已。

背叛与被背叛

信长死了并不意味着事情已经完结，对于光秀而言，接下来还有很多事情需要处理，真正的考验才刚开始；包括要戒备在各地奋战中的"前同僚"们知道信长、信忠父子被杀的消息后，立即赶来向自己报仇。另外，光秀还要赶快巩固对京畿及近江、美浓一带的控制，然后便可以逸待劳地迎击赶回来"算账讨债"的织田诸将。

畿内的军事行动在六月二日早上九时左右结束，信长、信忠等人的死亡也得到确认。之后，光秀便开始着手下一步行动，首先派人安抚朝廷，同时又派家臣三宅秀朝接管京内的政务，以稳定人心。

同日下午，光秀出京前往近江，打算接收已成无主之城的安土城。然而，在这里光秀便遇到第一个挫折，正当光秀前往安土途中，负责守备来往京、江两地的濑田城将山冈景隆烧毁接驳两地的濑田川桥后弃城逃亡，这明显表示了景隆彻底抵抗光秀，不打算支持光秀的行动，这已经暗示了光秀确保稳住近江、京都两地的战略存在隐忧。

由于没法渡河，光秀命重臣明智秀满修理桥梁后回到坂本城，转为着手怀柔工作，通过书信劝诱畿内及近江从属织田的势力加入自己的阵营，然而却得不到很理想的回应。除了一直从属于自己的大和郡山城主筒井顺庆表示支持外，还有早已经没落的前北近江守护京极高次和前若狭守护武田元明也表态响应，但这两个人其实兵力有限，不足以左右大局。除了他们三人以外，其他势力的反应都十分冷淡。

这里还有一个小插曲，光秀进入安土城时，曾经把目光转到当地的修道院内的传教士，光秀希望他们能够帮助写信给把守摄津高槻城的基督教武士高山重友劝其倒戈，并为光秀稳守来往西国的通道。当时在安土的传教士奥尔卡迪诺面对光秀的强迫，便留了一手，他利用纯熟的日文按光秀的意思写了招降文，但同时又用葡萄牙语写了完全不同的内容，其中提到：

> 即使我们被恶魔（光秀）处以磔刑，为了主耶稣的正义，你（重友）千万不要与恶魔为伍。

重友收到这封信时，已经决定投向秀吉，所以很有可能按照奥尔卡迪诺的要求，顺水推舟，并没有理会光秀的招降，奥尔卡迪诺也因为按光秀指示写了招降信，被光秀释放，去了京都避难，全身而退。

虽然这一插曲只有传教士的一面之词,但从结果上来说,四处孤立无援的情况的确使光秀惊慌失措,正所谓屋漏偏逢连夜雨,就连理应关系最好、最有可能支持光秀的细川藤孝及女婿细川忠兴都拒绝了光秀。连细川父子这支有力的力量都不支持自己,这表示光秀无法增加自己阵营的兵力,一旦要面对织田诸将回师反击时,光秀自身的兵力就根本不能应对所有的防御,最终光秀军只会耗尽兵力,直到灭亡。

因此,光秀在六月五日接收了已经空无一人的安土城,便将安土城内的宝物金银分赐给家臣士兵作为犒劳奖赏,之后一直待到六月七日才离开,光秀在那两日除了接见了好友吉田兼见,说明了叛变的理由外,其他的行动我们已经不得而知。很可惜的是,唯一从光秀口中得知叛变动机的兼见并没有记下光秀的真心话,使我们对他的行为苦无头绪。

除了接见兼见外,光秀没有再出兵占领安土附近的领地,也没有去攻击收容安土城内人员的日野城主蒲生赋秀,只让京极高次和武田元明分别占领了秀吉的长滨城及丹羽长秀的佐和山城,将近江东部也置于自己的控制下。但从结果上看,光秀这两天没有更多的行动,是因为已经没有多余兵力可用所致。

六月九日,光秀从安土回京,朝廷立即派人去向光秀请安，极力讨好光秀，光秀也派人献出五百两白银作为回应。同日，光秀做了一个重大的动作，那便是向细川父子写了一封书信，努力劝诱细川父子出兵协助，详细内容我们留在下一部介绍，这里姑且不述。总之，光秀这个最后的努力也是无功而返，光秀自己也注定陷于众叛亲离的孤立局面，他当时能依靠的就只有自己的家臣及筒井顺庆，然而不久后，光秀再次遇到打击。

起初，光秀得知自己的女婿，也是信长的侄子津田信澄已经因自己的叛变受到牵连，被织田信孝及丹羽长秀所杀，光秀于是要求筒井顺庆出兵到河内国，打算先处理距离最近、兵力最少的织田四国军团。可是，这时候明智光秀却在京坂边境的洞之峠停了下来，因为筒井顺庆出兵后不久突然回到大和，再也没有行动；这意味着筒井顺庆也叛离了自己，光秀为了保住这个唯一可靠的外缘兵力，于是在六月十一日派家臣藤田传五到郡山城向筒井顺庆问个究竟，但传五到了后却吃了闭门羹，同时传五又向光秀报告说，他在大和听到筒井顺庆已经倒向信孝的消息。至此，光秀的希望终于化为泡影，他只能独自等待织田诸将的回击，同时他也得知了秀吉已经奇迹地与毛利议和，并正从备中赶回来。

就这样，从六月二日到十一日的短短十日里，光秀所处的局势从天堂到地狱，再到无底深渊，所有原本的希望及布局几乎全数落空，更要独自应付秀吉等人的反击。

但是，事已至此，光秀唯一的希望只有尽可能打败秀吉、信孝军，保住京都控制权的同时，借着战胜来诱使仍在观望的诸势力回心转意。所以，这个决战对光秀来说虽然不利，但只要战胜的话，将成为他绝命大翻盘的大好机会，这就是我们知道的著名战役——山崎之战。接下来我们便看看这战事是怎样进行的。

决战山崎，身死山科

如前面提到，正当秀吉火速回到京畿边境时，光秀正在出兵征战近江一带，并劝说美浓的国人势力支持自己。然而，由于秀吉以迅雷不及掩耳之势出现，意味着光秀之前的所有反制措施及预备全部泡汤，光秀瞬间变成被动一方，为免其他战线的织田诸将陆续回师，对自己进行围歼，光秀别无选择，只有与秀吉、信孝决战，夺回主导权。

山崎之战是除了关原之战以外另一场决定天下人地位的大决战，而山崎这地方由于其地理位置条件优越，一向都是群雄称霸京都时的必争之地，历史的螺旋再一次使山崎之地成为决定光秀及秀吉两人成败的际会之地。

为什么山崎会成为日本古代史上的兵家必争之地呢？

首先说明一下山崎的地理条件。山崎位于现在京都乙训郡大山崎町与大阪府枚方市的边界之地，位处男山八幡高地及天王山高地之间的狭隘回廊地带，右面是宇治川、淀川，西南面不远处则是大阪湾。

由于地理条件优势，山崎自古代以来都是进出京都的物流要点，以及生产、贩卖胡麻油的商座中心；在当时，其实严格上有"广义的山崎"及"狭义的山崎"，前者一般称为"大山崎"，现在属于京都府，后者称"山崎"，现在属于大阪府。但由于地理上邻近，在史料上又会将两者混合在一起，以下我们也统一称呼该地为山崎。

对光秀而言，守住山崎代表京都仍然牢牢控制在自己手里，守不住则代表让进入京都的西大门阔然打开，由于京都内部无险可守，一旦失败的话，将会死无葬身之地。加上决战当日六月十三日刚好是梅雨季节末，当时下着雨，附近的河川处于高水位，这些条件都不利于防守方一旦防守失利后的撤退。因此，山崎之战实在是决定命运的重要一战。

由于第一手的史料没有任何关于这场战事的详细布阵、战斗记载，以下我们姑且借用后来的记录来看看当日的经过。决战当日之前，光秀派重臣斋藤利三守住洞之峠的通道，以防筒井顺庆有所行动，同时又要分兵防守近江及美浓各处，最后光秀只能领兵不足一万经下鸟羽，到达山崎北面布阵，大本营设在山崎正北面的御塚坊。

另一方面，秀吉回到富田后，会同摄津众的池田恒兴、中川清秀及高山重友进兵山崎，又联络当时正从大坂附近北上赶来的信孝、丹羽长秀，合起来兵力大约是二万二千人。不过，辛苦回师的秀吉军已经因为连日赶路，实在是疲惫不堪，根本不能一战，而信孝及长秀也因为本能寺之变，手下将士大多害怕光秀来袭而逃亡，军心正值涣散之际，就算到达战场也是无力一战。于是，这场山崎决战虽然秀吉方的兵力较多，但其实全靠战力十足、又熟知地利的摄津众发挥重要的作用。

首先，高山重友在六月十二日下午到达山崎，并封锁了山崎南的入口，而中川清秀则在同日傍晚登上右前方的天王山，伺机迂回从侧面夹击明智军，但秀吉为免两人过早打响战事，制止两人冒进，因此两军一时处于对峙状态。但根据当时的日记，十二日两军已经展开了枪击战，而且枪击声甚至传到了京都内。

到了决战当日的六月十三日下午，织田信孝及丹羽长秀等人率八千兵力终于到达战场南方，并与秀吉军会合。秀吉眼看万事俱备，于是下令向光秀军进攻。然而，由于山崎通道十分狭窄，反而不利于拥有大军的秀吉军向北面入口推进。

就在这时候，就发生了日本人常挂口边的"天王山之战"。现在"天王山"已经成为日语中形容决战关键时刻的比喻。不过,所谓两军争夺天王山的故事其实是后来《甫庵太阁记》的作者小濑甫庵为了美化资助自己的堀尾家而作的虚构故事,当时堀尾吉晴也参与了山崎之战,但战场表现不明。一如上面所示,天王山当时一早已经被秀吉方的中川清秀所占,在资料上也没有看到任何关于光秀意欲夺取天王山的迹象,最终因为《甫庵太阁记》的人气,"天王山"的故事到现在仍然留在日本人的意识中。

无论如何,根据当时在京传教士的记载显示,光秀当时打算一口气突破山崎,与正中央的高山队激战,天王山上的中川军下山支援,而池田恒兴则沿淀川边从高山队右边助战,也有说法指出在天王山上还有黑田官兵卫及羽柴秀长等也下山攻向明智军的右翼。

从开战后不久,由于高山、中川及池田三队的奋战,光秀军很快处于不利局面。同日傍晚左右,人数处于劣势,又受到夹击的光秀军在抵挡不住秀吉军激烈的攻击下溃不成军,最终各队争相败走,剩余来不及逃走的光秀军士兵在惊慌之中堕进战场旁边的淀川、桂川淹死,又或者被织田军的追兵一路追杀,据称多达数百人在路上便被杀致死。力保退路的光秀率领主力部队逃到东北两公里外的胜龙寺城(现在长冈京市胜龙寺)死守;而秀吉方立即进行追赶,一直追到胜龙寺城下,并且实施包围。

胜龙寺城是京都中心区西南唯一可守的城堡，早年曾经在信长命令下由细川藤孝加建补强，这时候也成为光秀的最后希望。不过，这时胜龙寺城外已经集结了乘胜追击的秀吉军，仅率残兵的光秀剩下的选择只有投降或力战到最后。然而，一丝的运气就在这时候落到了光秀身上，赶来包围的秀吉军虽然首战胜利，士气高昂，但实际上已经疲惫非常，包围胜龙寺城的措施并没有做得很好，一些传说指出当时的攻城军士兵认为光秀已经成为瓮中之鳖，于是放松警戒，纷纷脱下铠甲休息。

依然希望奋斗到最后的光秀或许是看到这个机会，于是便率领亲卫部队逃出了胜龙寺城，经山科北上，往坂本方向逃亡，然而这次赌博却给光秀贴上了催命符……

虽然成功带小队逃出胜龙寺城，但光秀剩下来的选择中最可靠的便是回到坂本城重整旗鼓，或者继续逃亡，又或者干脆自行了断。但是，命运女神却早已经为光秀安排了一个出奇的结局。根据后来秀吉方的资料所说，正当光秀逃往坂本方向，途中为了减轻负荷，以及不让别人察觉，光秀一行人都脱下铠甲，但这却成为一个致命错误。他们经过山科小栗栖村时，或许是出于防卫意识，又或者真的得知光秀正经过村落前往坂本，当地的村民纷纷拦住光秀的去路，据说有村民从树丛中以削尖的竹枪巧合地刺中了正经过的光秀的侧腹，使光秀堕马并大量流血，村民见机后扑上去把光秀杀死,并斩取光秀的首级,其余数十名光秀的卫兵也——被杀。

另外,也有人说光秀负伤,在随从拼死掩护下到附近一处地方切腹自杀,并命令一名侍卫在自己死后斩下首级,不要让任何人夺得,可惜这名侍卫也被截获,光秀首级最后被送到秀吉军营。光秀享年多少说法不一,有人引用其辞世句(后述),认为他死时五十五岁;也有人认为要比想象的还老,不论怎样,以光秀早年的活动时期来推断,光秀死时也应快到花甲之年了。

顺带一提,光秀遭到土民袭击的情景在当时其实是一种普遍现象,日语称为"落武者狩",简单而言就是中文所谓的"棒打落水狗"。前面也提到光秀的前主——将军足利义昭在逃往西国时也遭到土民的袭击,虽然没有像光秀那样被杀,但身上衣服却被扒光。当时的农村村民本身便是大名军团的基本战力,即使不打仗也随时可以变身成为武装分子,这种截劫落难武士的行径便是他们发财立功的好机会,除了首级外,落难者的武士刀、铠甲都是值钱的东西,就算不能被大名提拔为家臣,也可以发横财。同时,为免病疫流行,以及防止被袭杀的武士死后化作怨灵作怪,这些村民在截劫后也会自动善后,必要时会建起神社镇抚死者的"怨气"。这种行为也省去了胜利方狙截敌人的麻烦,因此这种土民趁火打劫的行为在当时成了惯俗，得到武士们的认可。

无论如何，在短短十日内，光秀从掌握天下中心的新势力，转眼间便命丧在村郊土民之手，当中道尽了命运无常的虚幻。光秀的死讯在同一日传到安土及秀吉阵中，当时守卫安土城的明智秀满得知消息后便率残兵撤出安土，回到坂本。但途中到濑田桥时，又发现神出鬼没的山冈景隆在之前又将修理好的濑田桥烧毁，秀满被迫在濑田等待桥梁修好后，才能回到坂本。但眼见城内已经兵荒马乱，溃不成军，于是秀满便杀死光秀的遗孀及留在城内的家臣妻小，而后命人放火焚城，自己则在火海中切腹自杀，与坂本城一同被火海吞噬。

另一方面，原本负责戒备筒井顺庆的斋藤利三在山崎之战后逃亡到坂本附近的坚田，但在光秀死后不久便被近江的土豪猪饲秀贞捕获。利三随即被秀贞送到秀吉本营，后来利三困在囚车在京内绕城示众后，于臭名远播的京都六条河原被斩首。

两日后，光秀的首级被送到秀吉处，秀吉命人将光秀的首级与身体缝合，连同利三的尸首赤裸裸地吊在京都栗田口关示众。六月二十四日，秀吉将两人的尸首埋葬，并在栗田口关以东立了两人的首塚，这样，本能寺之变的始作俑者明智光秀及合谋者斋藤利三便完全"消失"在地平线及历史上，影响日本战国时代走向的本能寺之变也以此完全结束。

据说光秀死前留下了辞世句来概括自己的一生,不过其真假难说,现在有两个版本,以下姑且都列出来给读者一看。

版本一:

顺逆无二门,大道彻心源。
五十五年梦,觉来归一元。

版本二:

心知らぬ人は何とも言はばいへ、身を惜しまじ名をも惜しまず

(不知我心者任其言,不惜身命,亦不惜名。)

以上检视了光秀在最后两年至本能寺之变发生为止时他与信长的关系。从现存诸史料及以上过程来说,实在找不到明显发生在两人之间的对立。究竟真的如弗洛伊斯所推测般,是利欲野心的驱使,还是出于前文所述的诸类怨恨?又或者是现在十分流行的阴谋论说?之后便大致介绍各有关说法,再以各相关诸史料检讨、考证诸般说法的真确性,最后笔者便以这些考证为基础,尝试推论个中的事

实因果。

◎有关光秀的两个谜团和传说

一、"南光坊天海＝明智光秀"传说

明智光秀死后，与他有关的一切看似就此消逝于历史长河之中。可事实并非如此。各种关于他的传说、流言与后世的骂名一并流传至今，如"明智光秀埋藏金传说""明智光秀大难不死说"等。在这些流言蜚语里，"天海＝光秀"这一传说，至今依然甚嚣尘上。

一些熟悉日本战国史，或者玩过相关游戏的朋友可能知道"南光坊天海"这位高僧。他的身世有点玄乎，尤其是传说"天海是光秀逃出生天、改头换面后的名字"，更成为日本近年来脍炙人口的热门话题。

其实，这个问题在日本也是壁垒分明的。史学家向来对它一笑置之，而坊间的业余研究者、小说家及喜欢涉猎历史谜团的人则为这传说议论纷纷，在各个平台发表己见；双方互不侵犯，也互不相让。最近，这传说更是成为相关电视剧、游戏的剧情组成部分。

有关"天海就是光秀"的说法，目前在枥木县日光一带可谓人人皆知，不少当地的导游一定会绘声绘色地介

绍给游客知道。笔者曾跟专门负责日光地区的资深导游谈过,得知大部分导游都对此说法深信不疑,甚至连京都的导游也颇为认同,更对笔者说"这已经是这里的常识了"。

支持这一说法的人,他们的依据大概有以下五点(详细后述):

1. 日光东照宫阳明门旁的天海木像上的裤袴刻有明智家纹"桔梗纹";

2. 传说日光附近的"明智平"是天海命名的;

3. 传说天海第一次与家康见面时,如见故友般长谈言欢;

4. 天海死后,与光秀有关联的寺庙有献赠香典;

5. 光秀修筑的周山城下的慈眼寺里,藏有光秀的木像和牌位。

天海肖像画

南光坊天海之谜

在进入考证前,笔者简要介绍一下天海的生平和经历。南光坊天海，院号"智乐院"，后来被赐尊号"慈眼大师"，是战国末期天台宗的高僧，僧官官阶"大僧正"，即日本僧官系统中最高级的僧人。

天海与金地院以心崇传（本光国师）以及江户初期的巨儒林罗山，是德川家康在政治、宗教、学问三方面的最高顾问。家康死后，天海继续得到家康的继承人、第二代将军德川秀忠，还有第三代将军德川家光的重用。后于宽永二十年（1643）圆寂，传说他享年一百零八岁。但严格来说，他的年岁不详。

不过，他的名声甚至连邻国朝鲜王国派来的通信使都有所耳闻，可谓当时蜚声国内外的人物（后述）。

下面我们就要进入正题了：究竟天海有没有可能真的是明智光秀呢？为了考证这个问题，我们有必要站在专业角度，从天海的生平事迹说起。

从史学的角度，天海的前半生并不见于史料之中，无疑是一个谜团。有关天海最早的记录是在天正十八年（1590），丰臣秀吉攻打北条家的小田原之战前夕，当时的天海还叫"稻荷堂随风"，他跟随常陆佐竹家出身、早前于折上原之战被"独眼龙"伊达政宗打败，被迫逃回老家的芦名义广（佐竹义重次子），从会津来到常陆的江户崎（今茨城县稻敷市），在那里的不动院继续修行，一待便是十多年的光阴。

由于天海与随风的签名一致，而且天海的嫡传弟子胤海为先师撰写的传记《武州东叡开山慧眼大师传》中也提及天海初名"随风"，因此断定随风就是天海前半生的名字，应该是没有什么问题的。

根据胤海的记述，天海本是陆奥国武家名门会津芦名家的一族出身。天海在十一岁出家后，便展开了到处求学的生涯。他于十四岁在下野宇都宫（今枥木县宇都宫市）的粉河寺学师修法；十八岁时又前往当时日本的最高佛教殿堂——比叡山神藏寺进修佛法。后来，天海又南下大和国兴福寺（今奈良县奈良市）继续进修。

天海从大和回到关东，进入东日本最强的学问之所、位于下野国足利（今枥木县足利市）的足利学校进修。胤海说天海回到东日本后不久，有一段时期到过甲斐国踯躅崎馆（今山梨县甲府市），向著名的战国大名武田信玄传授天台宗要义。到了天正元年（1572），天海回到出生地会津，成为黑川城下稻荷堂（今福岛县会津若松市）的别当。

当然，胤海的记述可说是片面之辞，不少内容苦无旁证可考，但如果我们从这记述来看，天海的行动轨迹和活动范围跟一直身在京畿的光秀之间几乎没有明显的交接点。

那么，天海与家康是什么时候初次相会的呢？目前来说，最早可追溯到庆长十四年（1609）的时候。天海获家康推荐，晋身成为僧正（注：僧官的一种高级职位，仅次于大僧正及权大僧正），并且与京都所司代（类似今日的京都市警察局长）板仓胜重一起负责代表幕府与朝廷谈判交涉。换言之，天海在这之前已经与家康相识，而且为德川家效命。

顺带一提，天海成为大僧正是在元和二年（1617）七月，即家康死后半年。在这之前，天海已经与崇传一起着手为草创的德川幕府整顿日本的寺社制度。不过，跟积极参与政务的以心崇传不同，天海更关心的是宗教方面的政策，以及专心作为将军家及幕府的祈祷师，也是这个原因，天海积极争取自己坐镇的川越喜多院，获得幕府许可，取得关东地区天台宗的总坛地位。

据时人的记载，天海的天寿就连善于养生的家康都望尘莫及。前面提到，天海是在宽永二十年（1643）十月二日圆寂，享年一百零八岁。如果这是真的话，我们可以推算出天海是在天文五年（1536）出生，以当时的医疗水平及饮食营养水准，哪怕用现代的标准来衡量，都称得上是难得一见的人瑞。有趣的是，天海的高寿就连当时从朝鲜来到江户的朝鲜通信使都有耳闻。天海死去前四个月，即宽永二十年六月，朝鲜通信使尹顺之来到江户后，更赋诗一首，赠予抱病不能见客的天海：

东来偶入大罗山，闻有长生不死仙。

岁序已周三甲子，容颜犹侣旧丁年。

"三甲子"就是三个六十年，即一百八十岁，和"长生不死仙"一样，显然是尹顺之夸张赞美之辞。无论如何，这首诗足见当时天海的高寿传奇早已广为人知，甚至扬名国外。

按这个年纪推算，天海在年龄上很大程度是跟光秀重叠的，不少人认定这不是巧合，是证明两人根本就是同一人的关键线索。那么，连带上面提到的五点，接下来便要好好验证一下真伪了。

解疑析惑

前面提到的五大依据里，第三、四点本身只是传说，或者无法被证实。所以，我们集中谈论其余的第一点、第二点和第五点。

第一点说，日光东照宫阳明门旁的天海木像上的裤袴刻有明智家纹"桔梗纹"。事实上，这个发现完全是一个误会。严格上说那并不是桔梗纹，而是"五瓜唐花纹"，属木瓜纹，即织田家家纹的一种。所以，人们说裤袴上的是桔梗纹，也不过是后人不小心搞错，以及一厢情愿的附会罢了。退一步来说,不论是五瓜唐花纹、木瓜纹还是桔梗纹,都是在当时的衣服上常见的"纹样",所以不能代表这就是天海的家纹,更不算是什么隐喻。

桔梗纹　　　　　　五瓜唐花纹

第二点说,传说日光附近的"明智平"是天海命名的。这个应该是目前较多的日本人都听过的说法,但其实却是理据最为薄弱的。为什么呢?翻查江户时代至明治时代为止的日光地名资料或游记,由日光东照宫进入西边的中禅寺湖的路线中,都没有看到"明智平"的记载。那地方在当时一直没有特定的名字标识,附近的第一伊吕波坂、第二伊吕波坂也是后来命名的,原本称为"马返坂"。

"明智平"最早的记录要到二十世纪中期的昭和年间,在这之前的明治时代也流传着一些佚名的说法认为"天海＝光秀",但未曾提及"明智平"。因此,"明智平"的传说其实是从近代才开始的,配合1933年(昭和八年)

东武集团经营的"明智平吊索道"开业,"明智平"的名字才正式出现和深入人心。换言之,那很可能是当时配合开业而做的宣传,但被后人拿来呼应故事。

第五点说,光秀修筑的周山城下的慈眼寺里,藏有光秀的木像和牌位。京都市右京区京北周山町的曹洞宗佛寺——慧日山慈眼寺在这几年

慈眼寺的"传明智光秀"木像

人气回升。事缘该寺公开了一尊一直秘藏于寺内的神秘黑色木像,并声称是明智光秀的木像。其严肃、目露凶光的表情与一直流传的"文人书生"形象大相径庭,于是引来不少关注。此外,好事者发现"慈眼寺"的寺号"慈眼",跟天海死后的谥号"慈眼大师"奇妙地一致,认为这是一个重要的新线索,结果使"天海就是光秀"的传说再现江湖。

不过,这个新说法也是没有什么根据的。

第一,据该寺的记载,慈眼寺开基之年已不可考,只知在江户时代的宽文十年(1670)复兴,在这以前的寺史

一片空白，无从稽考。因为该寺位于光秀晚年修筑的周山城下，就有人顺此推断慈眼寺里的木像就是光秀。

可是，据慈眼寺的记录，这个"光秀木像"原来是由附近另一个跟光秀有关的寺院密严寺收藏，密严寺在十九世纪被废弃前后，木像才搬到慈眼寺内的开山堂继续供奉。虽然两座寺都位于周山城下，也传说跟光秀有渊源，但事实上不论是密严寺，还是慈眼寺的记录均没有提到木像的来历，木像上也没有任何线索，人们依据跟木像一起搬到慈眼寺、写有光秀法名的牌位来断定木像的身份。至于牌位是什么时候制造的也不得而知。

第二，上述两个寺院的历史渊源和木像的来历恰好帮助我们否定所谓"慈眼寺"的寺号与天海的谥号"慈眼大师"有关。既然木像跟慈眼寺产生关联是在十九世纪，那么"寺号的由来是因为天海的关系"之说也就过于薄弱了。何况慈眼寺是曹洞宗的佛寺，跟天海所属的天台宗分属完全不同的两个派系，两者可说是风马牛不相及。还有，只要我们细查记录和地图，光是京都内外的"慈眼寺"，包括周山这个在内，现存的就起码有四五个，分属不同宗派。"慈眼"本来是常见的寺号，单是因为位于与光秀有渊源的地方，便认为和天海有关系，那实在过于武断了。

传说的背后

我们知道光秀跟天海在年龄、活动时期上有部分的确是重叠的。但是，先不说跟光秀活跃于同一时期的人多如牛毛，见过光秀，同时于天海活跃时期尚健在的人也不少，如前田利家、织田信雄等。天海能够瞒天过海，不被人察觉恐怕是不太可能的，相信他能够做到的，恐怕只有我们这些后人了。

另外，认为光秀是天海的说法背后，不难想象就是企图暗示德川家康夺得天下，靠的不是自身的实力，而是天海（光秀）对宿敌丰臣家的怨恨、大力支持家康才成功的，又或者相信光秀跟家康有合作关系。

换言之，这背后存在一种质疑家康、抹黑家康的潜意识。加上"明智平"传说始见于明治时代后，也就不难想象这是当时政治上狠批幕府思潮的产物。当然，对于想为旅游时光增添乐趣玩味的游客来说，浪漫主义、阴谋论的确是不错的调味剂呢。

二、明智光秀肖像画之谜

接下来我们再来探讨另一个有趣的谜团。本书的封面使用了一幅广为流传的明智光秀肖像画，这幅画藏于大阪府岸和田市本德寺，相信非常多的读者在网络上都有看到过。

然而，笔者很遗憾地告诉各位，这幅肖像画在历史学上，正确的名称是"传明智光秀画像"；再坦白地说的话，其实我们没有任何证据确认画中人是明智光秀。这是怎么一回事呢？

首先，位于岸和田的本德寺基本上跟光秀没有任何关系，按道理不应让人联想到画中人。不过，不知道从什么时候开始，当地流传本德寺的开基住持南国梵珪其实是明智光秀之子。至于是哪一个儿子也有不同说法，有说是光秀的长子光庆，也有说是光秀的一个不见于史载的儿子，名叫"玄琳"。

本德寺的"传明智光秀"肖像画

究竟是光秀的哪个儿子其实并不重要，重要的是，人们认为既然创寺开基的住持有可能是光秀之子，那么画中人自然很有可能是住持怀念亡父之作。

当然，单凭此论也实在太过牵强，于是好事者们增添了第二个根据来加强说服力。肖像画的上方写有画赞、偈语和画成的日期，写明画中人的法名是"辉云道琇禅定门"，画于庆长十八年（1614）六月六日。

光秀比较可信的法名共有两个，一个是跟光秀一族关系深厚的近江国坂本西教寺里的牌位所记"秀岳院宗光禅定门"；另一个是美浓国可儿郡天龙寺里的牌位所记"长存寺殿明窗玄智禅定门"。显然，光秀的法名不止一个，所以我们不能断定本德寺的那个法名一定不是光秀的法名。

不过，从赞画日期跟光秀忌日（六月十三日）无关，本德寺又与光秀没有什么关系，画中人也没有任何能让人们联想到光秀的痕迹和线索，硬要断定画中人就是光秀，同样太过牵强。可是，这话题还没结束。好事者们又举出了一个"证据"来肯定画中人就是光秀。

他们认为画中人的法名"辉云道琇禅定门"隐藏了暗号，由于光秀是弑主的反贼，故而断不能让人轻易察觉画主身份，于是要暗藏玄机。他们认为"辉"与"光"相通，"琇"中有"秀"，合起来就是"光秀"，因此，这位画中人无疑就是明智光秀。

不知道各位读者是否同意这说法的逻辑，无论如何，这些传说和谜团都充分反映出不少日本人喜欢探讨和创造历史谜团的程度，以及他们是怎样通过考察历史，在历史的空白处编造、传承传说,并从中寻找乐趣。事实上,明智光秀的例子也不过是众多事例中的冰山一角而已。

总之,不论这些传说背后的故事真假如何,其实都不会影响到明智光秀与本能寺之变在喜欢"谜团"的日本人心中的地位和作用。同时,对于我们理解日本人的历史观、成败观和生死观,乃至想象力都有一定的参考价值。

第二部

本能寺之变考疑

第六章
本能寺之变诸说

下面我们就正式导入本书的最后一个主题,即本书的另一个核心——探究本能寺之变的真相。

对于这件足以影响日本中近世史发展的事件,直至今日,依然是一个令人百思不解,却又使人们不停研究的题目。当然,最大的疑问是到目前为止,明智光秀的动机到底是什么?他是怎样做到神不知、鬼不觉?还有,事件的背后是否存在合谋?这三个问题,不少现今的战国史爱好者及史学家都想得到答案。从江户时代到现代,已经有无数的文人、小说家、军记小说作者、儒学家和史学家们绞尽脑汁地去尝试提供答案。

四百多年来,多方一直争论不断,到目前为止已经出现四十多种说法及推论。但这些说法并非都具有信服力,不少都流于揣测、幻想,甚至是完全缺乏根据的。最终真正具有一定信凭性、又得到史学界大致采纳的有以下四种主流说法：

> **一、野心说**
> **二、怨恨说**
> **三、各种阴谋论说（主要）**
> 1. 朝廷阴谋论说
> 2. 足利义昭阴谋论说
> 3. 耶稣会阴谋论说
> 4. 丰臣秀吉阴谋论说
> 5. 德川家康阴谋论说
> 6. 本愿寺教如阴谋论说
>
> **四、信长野望阻止说**

简而言之，按行动形式来分类的话，一、二、四可归纳为单独行事，而三则是合谋行事。说法三的各种阴谋论说在近年的史学界呼声甚高，同时也符合日本人极好阴谋论的思维，令各种阴谋论说几近成定说。但是，由于都没有决定性的史料去完全确定明智光秀的动机，自然也不能把其他的说法完全排除。

这四种主流说法，都是"二战"前后以至现代的新派日本史学家提出的说法。各说法的可信性及说服力亦因不少新史料的发表、再解读而改变。即便如此，这四种说法依然有它们的地位及独特性。笔者将集中检讨这四种说法，根据诸史料的记载以及其他相关的学术论文做相互对比，从而得出各说法的可接纳部分，以求贴近事件的真相。

以下，笔者将先把立论最早的"野心说"以及"怨恨说"一并检证，之后再依发表的先后次序，依序检讨另外两个说法。

野望之业障

江户时代以来，人们一般对本能寺之变的发生都归因于明智光秀的怨恨及野心两个说法，之所以这样，一方面是为江户时代所提倡"尚忠"的武士道精神所左右；另一方面，也因为事变后的其他军记小说（如《明智军记》《总见记》）的影响，才得以被人们津津乐道。

其中的怨恨之说更因此成为主流观点，直到"二战"后初期的史学界仍然对怨恨说十分重视、支持。在那个时候，被喻为战前日本史学界翘楚之一的大史学家德富猪一郎（苏峰）就把江户时代以来的诸说归纳为三种：

1. 处心积虑的谋反
2. 防范自身的危险于未然

3. 因怨恨而报复

苏峰检讨后自言其感想时说：

> 正所谓"开口便有牡丹饼（一种用米制成的糕点），猫儿便有鲣鱼吃"（日文谚语，即"不劳而获，天降大运"之意），既然如此，自己把信长取而代之，岂不是大快人心之事吗？

这个说法可说是大正昭和时代以后，野心说及怨恨说的一个主调，然而这想法不过是苏峰的个人见解，其实未有认真以史料加以佐证。

到了1958年，高柳光寿比较分析当时流传的诸多史料（例如比较可信的军记小说、家谱、回忆录）后指出，本能寺之变的发生实因明智光秀希望夺得天下，成为新的"天下人"，并非因为坊间一直流传的怨恨之说。

他说"信长欲得天下，光秀亦同样欲得天下"，并非只有信长才想得到天下，成为天下霸主。他又认为怨恨说都是从没有历史根据、以讹传讹的江户军记小说而来，实在难以相信。同时他又提出明智光秀因以下三点而决定自己取得天下：

1. 前途已经无希望（功名没有更进一步的机会）

2. 与劲敌秀吉的地位竞争落败及被冷落（信长的四国政策转变）

3. 信长无情的性格（佐久间信盛、林秀贞等被放逐事件）

平心而论，高柳这三个论点，姑且勿论野心说能否成立，但以较可信的史料，细心检出各军记小说的谬误，再加以批判，实在可说是现代研究本能寺之变的一个里程碑。这是把本能寺之变的研究拉回至科学性研究的一个契机。不过，值得注意的是，他所列举的三个要点其实也包括了怨恨的因子。

高柳光寿之后，其学生桑田忠亲否定了老师的说法，又再次检讨各怨恨说后，提出较为广义的怨恨说：

1. 因对前途绝望而叛变（本领地被收回，并改到石见、伯耆）
2. 信长屡次令光秀面目无光

以上两个说法都是基于后世军记小说归纳而来，其根据及可信性成疑。但是，不难发现两人都把本能寺之变归因于光秀与信长在性格上的差异，以及两人之间的恩怨对立之下的结果。究竟本能寺之变是否因为光秀的私欲，又或者是否因他与信长性格之差异而起？首先就从野心说谈起。

在本能寺之变发生后，当时的人及第三者的记录都明确地指出，明智光秀的叛变是长年累月、处心积虑的结果，而且也是因光秀的野心而起，并非偶发性事件。之前引用过的在日传教士记录就是其中一例：

> ……或许在其（光秀）过度的利欲及野心驱使下，终诱使他有了成为天下之主的想法吧。

另外，太田牛一的《信长公记》也提到：

> （光秀）认为在成功杀死信长后，将可成为天下之主。

山崎之战的战胜方秀吉在事后也有类似的说法，他指示秘书大村由己撰写的《惟任退治记》中说：

> 我（大村由己）认为这不是（光秀）临时决定的，而是他蓄叛逆之意多年所致。

还有其他的史料，如竹中重门（竹中半兵卫长子）的

《丰鉴》及同时代的医师江村专斋所写的《老人杂话》都指称光秀因野心作祟而叛变。

以信长在本能寺之变时的兵力来说,可谓不设防(当然这也不是无理),那么,若是光秀的心中已经有"长期以来的叛意"的话,著名史学家高柳光寿的说法便变得合理,他说:

> 光秀并没有能与信长争霸的兵力,可是,只要有机会的话,要打倒信长也不是不可能的,当时就是个好机会。

的确,在战略上及客观理解上,这番话都是至理名言。但是,以上高柳所说的话,并不一定只限于野心说,无论是什么理由,对已经决心杀死信长的光秀来说,"只要有机会",而且在确实地把握了信长的虚实的那一刻,都会是"一个好机会"。因此,高柳的说法虽然十分有理,但不是只有野心说才能成立的理由。

另外,就以上几份史料都指称光秀因野心而叛逆,如此出奇的同一口径,都反映是后来不知实情的人所做的揣测。在当时的战乱时代,叛变、以下犯上的事情实在多如牛毛,即使在信长夺得中央的控制权时,时人也未放松对"下克上"的敏感神经。因此,对于不知内情的人来说,

第六章　本能寺之变诸说

光秀的"突然反常"在他们的眼中,亦只是"下克上"风潮的又一事例而已。

除了最早得到消息的秀吉外,随之得知消息的丹羽长秀及织田信孝亦一开始便疑神疑鬼,后来把与光秀关系密切,但事实上没有与光秀一同叛变的津田信澄(信长之侄)给杀了。这一事件就反映了长秀及信孝,以至其他人的第一反应,都下意识地想到光秀等人因欲"下克上"而"叛变",故把与光秀最有关系的信澄也不由分说地清算了(信澄之父信胜是信长胞弟,但因内讧被信长所杀),这样便更显示了他们对本能寺之变的起因,还是苦无头绪,只能从犯人明智光秀的身上找发泄口。

或许有人会举出《明智光秀张行百韵》的第一句"时为今下雨之五月天"来力证光秀早在五月末就表明反意,可是一如上述,把该句的意思作为证据,也不过是事后诸葛亮的附和,而且这句也有曾被篡改之嫌,更是表示难以实在地推定光秀单为野心而叛变。

所谓的篡改之嫌,就是《常山纪谈》中提及的一段传说:

> 山崎合战之后,羽柴秀吉得知爱宕山和歌会一事,于是找来同样有参与的里村绍巴,秀吉责问道:"'あめが下しる'(近于'号令天下'之意)不就

是谋叛的证据吗？你应该一早知道才是。"

绍巴就苦苦解释道："原句是'あめが下なる'（即'下雨'之意）。"

秀吉就说："那就把那和歌纸拿出来吧。"

后来秀吉看见纸上写的是"あめが下しる"时，绍巴就哭着说："请看，上面有被改过的痕迹，原本应是'あめが下なる'才对。"

秀吉于是没有再追究绍巴的罪，但实情却是绍巴等人知道光秀败死后，立即急改原文为"下しる"，并堆砌其辞。

这个说法是真是假并不重要，因为光秀的和歌纸原版已经因火事而化为灰烬，目前只流传下在江户时代抄写的誊写本。而这两个说法也分别被写在各份抄写本中，所以，究竟哪个是原句，已经不可考。如果没有本能寺之变，或者事变是一两年后才发生的话，这一句和歌的震撼性，相信会相对减少，盖因大家都把这句和歌"政治化"了，而使本来的原意变得十分复杂。如果单纯地试以光秀角度去想的话，或许会更易找出答案。

笔者认为，不管光秀的原句是"下なる"，还是"下しる"，都有可能，只是和歌解读实在太主观，而且和歌作者亦经常引用古代的故事感物兴怀，解释的弹性十分高，就算光秀当时已经决意叛逆，为避免太多不必要的外人知情，理应不会用"下しる"这个极为敏感的用字。反过来说，为了表示自己有意谋叛但又不想惹人怀疑，亦应该选用较为含糊、暧昧的用字来表达，以免节外生枝。这一点，相信向来冷静、处事沉稳的光秀应该想到才是。

怨恨之真相

检讨过野心说之后，现在就谈一下怨恨说。在本书第一部的二、三章中，追溯光秀在出仕织田家时发生的事件，如火烧比叡山、母亲死于八上城、接待家康出丑之类有关怨恨的俗说都缺乏史料的根据，应给予否定，亦不用再谈。现在就追溯一下怨恨说的成说以及其问题。

就时间来说，指称光秀因为怨恨而举兵造反的，大多数是江户时代后期的小说，最初的出处，大概可追溯至《别本川角太阁记》一书。同书收录了一份明智光秀在叛变成功后，写与毛利家重臣小早川隆景的密件，其后因为途中被秀吉军抓住，而无法交到隆景手上。这封书信的内容，除了要求毛利两川尽力牵制羽柴秀吉之外，还提到发动本能寺之变的原因，内文说：

> 紧急遣派使者来告，今次羽柴筑前守秀吉于备中

国阴谋搞乱之事，将军（义昭）褒扬三家（毛利、小早川、吉川）对阵一事，实在是忠烈之至，属永传后世之义举。我光秀近年对信长早已经怀恨在心，再也难以默止。故此在今月二日，已经于本能寺诛杀信长父子，终达素望。

这封信的文面，虽然整体上内容顺畅，但说法的真实性既有可疑之处，也存在一些问题。比如信末的结语礼句，就用上"诚惶诚恐"。其语的含意极为恭敬，甚至到了卑微跪启的程度，即使光秀真的在乞求毛利家尽力牵制秀吉，也无必要用上如此之语。而且，同时代的书信上，基本上对同等的人是不会用"诚惶诚恐"作结语，大多是"恐恐谨言"或"恐惶谨言"，意即"恭谨地申告"。这样的话，远比"诚惶诚恐"来得自然。同时间光秀在写予美浓国的一个领主西尾光教，要求他支持自己的书信中，也只用上"恐恐谨言"。所以，此书信的真实性已经有了疑问。

再说，此信内容中以"羽柴筑前守秀吉"指名秀吉，也是不自然的表现。当时秀吉在中国地区作战，已经有数年，基本上只说"秀吉"，或者当时惯用的简称，如"羽筑""羽柴"之类便可以，毛利家也绝对不会搞错。再者，此信的收信对象只是小早川隆景一人，要是真的希望毛利家全力牵制的话，理应在收信人名字上，连"辉元""元春"也一并加上，然后晓以利害，诱出毛利家积极作战才是。故此，笔者认为此文书乃后人知道本能寺之变后，追加附和的冒写，而不是光秀亲笔。

另外，相比《别本川角太阁记》，与光秀关系亲密的细川家的家史《细川家记》也记载了本能寺之变后，光秀派家臣沼田光友（藤孝正室之兄）到细川父子处，解释他的主公光秀谋反的原因：

> 信长连年让光秀尽失颜面，而且经常肆意妄为，今已经诛杀父子二人，以消心中积郁。

虽然《细川家记》与《别本川角太阁记》所说吻合，但不得不留意的是，《细川家记》成书于江户中期的延享三年（1756），远迟于成书较早的《别本川角太阁记》，所以我们有理由怀疑《细川家记》极有参考《别本川角太阁记》等书的可能。再者，有关《细川家记》的另一个疑问就是当中记录天正十年五月时，就连细川家内对藤孝在天正十年整个五月的所在都不清楚，只说细川藤孝"应该在丹后"，却又突然在记录本能寺之变时，明记他在事变后的六月三日出现在宫津等待光秀的使者，当中实在存在难解的谜团、矛盾，因而影响以上说法的可信性。

依以上所示,诸多军记小说虽然异口同声地指证光秀乃因怨恨而叛变,但实在没有任何旁证。相比野心谋叛说,怨恨之说的可信性及合理性也更难以证明及予以评价。但是,我们能否因此便完全否定怨恨说的可能呢?

事实上,人类的行为并不一定只有单一因素驱使。换言之,野心也好,怨恨也好,若死板地限制自己要二选其一作为唯一的理由,不但十分危险及不科学,把问题看得过于表面,亦无视了光秀在抉择时的复杂心理及挣扎。而且,姑勿论野心与怨恨哪一个理由较重,在把自己行动正当化之时,都是可用作宣传借口。

所以,笔者无意只就两个说法做任何选择。光秀打倒信长的过程中,若没有政治利益(野心实现)或对立(怨恨、不满)的因素,根本不可能出现本能寺之变。不论是野心还是怨恨,都是由"政治的利益"问题引发出来的。生存在战乱时代的光秀,如果没有利益的考虑,恐怕也不会冒险叛乱,更不会做徒劳的事,更遑论要得到别人信服。

笔者认为,野心说及怨恨说顶多只能算是光秀造反最表面的理由,换言之,要探讨本能寺之变的原因,并不能只在这些最低限度、最表面的理由中寻求答案,非找出更具体、更直接的原因不可,亦即要找出引起光秀决意行动的直接导火线。日本的史学界亦在近二十年开始把整个本能寺之变问题深化及扩大至织田政权的各方面政策来加以考虑,最终也发展至各种阴谋论说的出现。在次章中,笔者将带领大家一同审视各种阴谋论说。

第七章
阴谋论的虚实

前文提及"二战"后,有关明智光秀的研究已经渐渐明朗及深化,对他的了解也渐渐加深。同样,日本史学界对织田信长的研究,亦已经由个人的生平,深化至信长以至父亲信秀时代的情况。还有,信长拥护义昭上京后,至本能寺之变为止的十五年间,他的政权,即初时的"足利·织田联合政权"到后来与义昭决裂后的"织田政权",史学界对于它的运作、诸方政策也做了全面的研究。

因此,受惠于各史学家多年来的研究,织田信长及其政权的实态渐渐从受到政治影响的盲目神化,转到学术性的历史研究。同样受惠于多年的研究成果,一旦涉及本能寺之变,始终会刺激不少战国爱好者及史学家的神经,因而试图参考诸研究以解答本能寺之变的真相。在近二十多年间,部分史学家便跳出了上一辈史学家提出的野心、怨恨旧说,提出了更为腹黑的"阴谋论说"。

所谓的"阴谋论说",其实就是阴谋论,持此论者认为明智光秀并不是单独决定、意图杀死信长以得到天下,背后其实有"某些"势力或第三者与光秀合作,或者煽动、操控光秀以达到杀死信长的目的。

换句话说,光秀或许有自己个人的动机,但当中受到他力干涉的因素影响才是引发本能寺之变的"幕后黑手"。再直接一点说的话,光秀不过是"幕后黑手"计划中的一个扯线人偶、傀儡而已。这种听来剧情峰回路转的想法或许让不少冷静客观的战国史爱好者莫衷一是,反正是死无对证,任由提倡者说了,但由于日本人素来喜欢猜谜、解谜,甚至造谜,为了这样的兴趣不惜反复思量,甚至为此争论不休,以满足自己的好奇心,在日本早已经不是新鲜事,日本人甚至为此能充当历史侦探而津津乐道,乐此不疲。

这种阴谋论最早是由一些非主流史学家和历史小说家提出的,诸多种不同套路的阴谋论说法纷纷出现。据学者的整理,本能寺之变的诸说中,有关阴谋论说的有十七个,这十七个说法中,被指为阴谋论的幕后黑手或光秀同谋的人,包括朝廷、足利义昭、羽柴秀吉、德川家康、毛利辉元、长宗我部元亲、本愿寺教如、堺商、耶稣会、信长正室斋藤氏,等等。后来,各种的阴谋论说或被否定,或被质疑,但到目前为止,阴谋论说仍然在持续增加,被学界否定的说法依然广为流传,不绝于耳。

当然,就如本书一再说明,不少的阴谋论说都只不过是小说家、阴谋论者的幻想及假设,并没有史实根据及史料证明。直到十多年前,部分史学家则开始尝试以史料加上推论,去引证各版本的阴谋论说的可信性。这个新的研究热潮使得本能寺之变的问题,不知不觉间增加了不少阴谋论的味道。

综观诸种新检证的有力说法中,曾引起日本学术界争论的,首推"朝廷阴谋论说"及"足利义昭阴谋论说"。本节将就此两个说法做详细的检讨,以论证此两说能否成立,之后再简单地对其他主要的阴谋论说做出检讨。

朝廷阴谋论说——天皇自救之圣断?

所谓的"朝廷阴谋论说",顾名思义就是指天皇和朝中贵族中的某一群人唆使明智光秀去杀害信长。这个说法其实并不新鲜,早就有不少小说家通过小说提出了类似的猜想。有的猜想当时在位的正亲町天皇因为担心信长会废掉自己,再消灭朝廷,因此指使光秀起兵叛乱;有的则认为朝廷中的一些贵族因为不满信长只为方便自己成就霸业,只视天皇及朝廷为有名无实的傀儡,心生不忿,故而唆使光秀行叛逆之事。

另外，还有主张天皇因信长迫令自己让位而感到不快，于是透过不为人知的方式暗中与光秀合作，在事变前设法诱使信长留在京都后，再让光秀施以袭击。甚至更有说法认为朝廷除了光秀外，还在幕后控制德川家康、毛利辉元、羽柴秀吉等与光秀策应起事，事成后光秀便成了用完即弃的棋子而被杀。

以上的说法让不少日本读者感到十分震撼及刺激，使得他们津津乐道，回味无穷。但到那时为止，这些猜想都仍然停留在小说的创作层面，如上面所见，当中很多推测的细节部分已经难以证实，也难以经得起严密的历史考证。

到了二十世纪八十年代末，借着昭和天皇驾崩，日本社会陷入反思天皇的历史地位的风潮，终于有史学家提出本能寺之变的背景与幕府大权旁落、天皇试图夺回权威有关，之后时任国际日本文化研究中心教授的今谷明承继这个说法，在他的两本著作《战国大名与天皇》及《信长与天皇》中指出，虽然天皇及朝廷涉及事变的可能很低，但信长的最终失败皆因他轻视天皇及朝廷的力量，同时亦高估了自己的能力而最终被一直忠于天皇的明智光秀轻易袭杀，更力言"信长最大的敌人乃正亲町天皇！"（《信长与天皇》）

受到今谷明"天皇权力回升论"的影响，原本只流于坊间异闻的朝廷阴谋论说仿佛得到新的力量,新一批的史学家和作家也承接今谷明的说法路线,试图引证朝廷乃是导致事变发生的主因。其中更有人直言事变关系到朝廷公卿的利害关系,认为时任太政大臣的近卫前久及朝廷神只官、同时是光秀好友的吉田兼见,便是朝廷与光秀的中间人,以及消灭信长的始作俑者。

另外,也有部分史学家通过一系列历史刊物,提出天皇因为害怕信长终有一日会消灭朝廷,自立为皇,所以由当时的皇太子诚仁亲王与高层公家的劝修寺晴丰、吉田兼见等筹划了整个打倒信长的阴谋。

以上已经简单说明了一连串的朝廷阴谋论说的形成及它们的基本要点,一如所示,初时乃小说家提出的说法,原本不过是哗众取宠的产物,并没有史料确证。可是,后来当代史学家主张这假设其实有史料的支持。这些极力主张朝廷为幕后黑手的史学家们,提出以下数点作为朝廷决心除去信长的理由:

1. 信长干涉朝廷内政
2. 织田政权意图消灭朝廷迫使朝廷自救
3. 信长迫正亲町天皇退位,激起天皇的反击
4. 朝廷无法掌握信长的真正想法而决定先下手为强

以上四个概括的要点都涉及两个核心的问题:

1. 战国时代朝廷与天皇的权力问题
2. 织田信长与天皇的关系

为了在清楚地解释史实的同时,又能检讨朝廷阴谋论说的论点、证据,让读者尽可能明白当中的关系,本章将以夹叙夹议的形式,首先追溯由室町时代到战国时代天皇及朝廷权力的问题,继而分析信长的天皇政策问题,最后得出结论。

一、室町初至应仁之乱前的天皇

要解构"朝廷阴谋论说"的可信性,必先思考此说法的理论出发点及前提,亦即战国时代的天皇权力是怎么一回事。

认为战国时代的天皇得以复权的史学家认为,天皇的权威在战国时代,随着时间的流逝而巨大化,这是不容置疑的。这个说法的根据,在于当时幕府将军自身难保,战国大名想通过政治手段对付自己的敌人,便想到还有一招,就是那个在京都的天皇。大名们想利用天皇颁发讨敌圣旨,以及颁授官位,自抬身价。这样一来,朝廷便成为室町幕府衰退不定时,给予战国大名正当性、统治根据的一个替代源。这一派的史学家们更强调,就算是信长上洛,也是得到天皇所赐的大义名分才成事的,换言之,信长是受惠于天皇而成功上洛争霸的。

以上的说法是否正确呢?在这里必先考证日本中世至战国时代,亦即室町幕府成立后的天皇以及朝廷的权力才行,同时也好让读者们了解一下这个号称"万世一系"的皇室的真实一面。

为此,我们先把时间轴调回到室町时代初期,一起回顾一下天皇家的历史。元弘三年(1333)镰仓幕府灭亡后,中兴之主后醍醐天皇重新执掌国政,亲自裁万事、定阴阳,史称"建武政权",这可称得上是中世日本天皇亲政的特例,也是自镰仓幕府成立后,唯一一次的天皇专政。

然而,三年后的延元元年(1336),这个宣言革新、创造"未来之先例"的建武政权就被足利尊氏的室町幕府所追迫,最后后醍醐天皇逃到吉野,自立流亡政府,史称"南朝"(或称为"吉野朝"),而叛逆后醍醐天皇、开创幕府的足利尊氏则另立天皇家的另一个支系为新天皇,继承正统,史称"北朝"。自此,足利尊氏在京都建立武士政权,史称"室町幕府"或"足利幕府"。日本进入了室町时代。

室町时代的开始,意味着南北朝时代也一同开始。在当时,就称为"一天(下)两帝南北京"。在这个时期,不论南朝还是北朝,朝廷以及天皇都已经没有能力阻止以幕府将军为首的武士专权。天皇家的分裂使得朝廷也陷入两极内讧,这场持续近六十年的南北朝内战的结果,致使天皇及维持朝廷运作的贵族的庄园领地一步一步地被各地武士肆意霸占、夺取,他们的经济力也受到狠狠打击。当中,天皇作为日本的权威象征,除了部分家族靠着较巩固的地位及通过掌握重要产业,足够赖以维生外,其他大部分的贵族只能依靠掌握武力的武士保护,才勉强保住部分家产。结果,他们渐渐变成依附、寄生于武士政权的政治集团。

在这个情况下,再加上后来幕府内部的"观应之乱",形成更加混乱的局面,虽然为期不长,但室町—南北朝时代的皇权及朝廷威信已经明显地每况愈下。

到了第三代将军义满的时代,朝廷及天皇的权力更进一步被室町将军蚕食。南北朝以来的武士霸占公卿领地的问题,在后来更被幕府正当化,除了一部分属于皇族、高级贵族及权势较大的大寺院不受半济令的影响外,其他中低级贵族大受其害,只能进一步依附武士。

说到足利义满这人物,各位读者可能对他比较耳熟能详,因为他曾被中国明朝封为"日本国王",其实不仅在外交上,义满在日本国内也表现出有意成为最高的统治者,不过,不是体现在建造金阁寺之类的建筑上,而是当时盛传他与在位的后圆融天皇的宠妃有染,更指出他将会把天皇放逐,这些事件迫令天皇一度寻死。几经朝、幕各界人士的劝说及义满亲自解释、请罪后,天皇才打消念头。另外,因天皇不满义满专权而拒绝执行政务时,贵族们都找义满代为处理。以后更演变成义满在征讨叛逆时,已经不需要天皇,自己"下旨"讨伐的局面。此举已经无疑等同无视了天皇的存在。

后圆融天皇驾崩后,义满趁太后三条严子病入膏肓之际,便以新任天皇即位前后,因为亲生父母死去,需要守孝一段时间,一直不能处理政务为不吉,提出让自己的正室日野康子去当新任天皇的义母,新任天皇立即尊拜康子为"北山院"("院"是最高级的贵族正室以及天皇母亲、妻子才能用的尊号),自己则因此顺理成章地成为天皇的"义父"了。

这样一来,升格为天皇"义父"的义满在自己的住所北山第中,模仿仙洞御所(上皇住所)的规格进行改建。当然在国内,义满自称天皇是毫无立场可言的,但他的权势已经与"日本国王"无异,朝廷与天皇的地位在义满时代,无疑是处于幕府将军的下风。

一些日本的史学家认为，足利义满的上述诸举动便是谋求篡夺皇权的布局。但是，这说法却略嫌牵强。因为义满的行为，恰恰反映了他不可能、也无意要篡夺皇权。即使义满强行当上天皇的"义父"，也不能因此就断言义满希望篡位，倒不如说这是以幕府为主导去统合朝廷的一个举动。

如果真的要为夺权找借口，那么大可强制提请天皇收自己的儿子为皇子，不是更直接爽快吗？另外，义满要当天皇的话，那么幕府体制又应如何处理？之后的继任将军又当如何自处？而且还要考虑如何安置身处关东的镰仓公方，义满不会不加考虑而轻率行事吧。义满欲称"太上法皇"一举无疑是他个人的野心，但问题是，义满也不能放任到不理会幕府重臣的意见，或许，义满自称"太上法皇"而不称"天皇"，大概是野心与现实之间的折衷。故此，笔者认为义满想成为天皇之说实在有粗疏之处，不能采信。

义满死后的室町幕府延续了义满以来，以"幕府优越于朝廷"为前提的政治思想。换言之，幕府与朝廷乃相辅相成，幕府不可缺乏天皇及朝廷的权威，朝廷也不能失去幕府的保护及资助。后来发生的关东公方足利持氏之乱，幕府才再次请求天皇下"讨伐纶旨"以正大义名分，六代将军足利义教被赤松满祐袭杀的嘉吉之乱发生后，幕府也请出天皇的讨伐纶旨，之后到应仁文明之乱，以至战国时代，天皇的朝敌、讨伐纶旨便重新成为惯例。作为"朝敌制度"发端的此两举就被今谷明评为皇权上升的先兆，也就是强势的室町殿不得不借助天皇之力平乱，更称之为"扯拉衮龙之袖"（即借天皇之天威）。此说的确有根据，但细想一下，就会发觉其内在的意义。

首先，虽然持氏之乱是幕府的内乱，而镰仓公方在名义上也应在室町将军之下，可在实际上，室町幕府已经把关东的控制权交给关东公方及关东管领，在外部只曾一时设立两个小公方牵制，以及动员身为幕府扶持众的东北诸大名及骏河今川氏作为包围警戒之重心。换言之，室町幕府对于关东的事务，并没有直接的干涉权。故此，足利持氏起兵的话，就是关东府与室町殿的对立，严格来说，是关东、关西不分上下的对等内乱。

再者，足利持氏起兵前在鹤冈八幡宫时所写的血书愿文，就强调"攘诅咒之怨敌于未兆，为荷关东亿年之重任"，可见持氏实为了灭亡幕府以自立而举兵，应对持氏之乱的幕府自然就会举出天皇以正大义，同时宣传持氏为叛逆之举，故幕府请出"讨伐纶旨"也是理所当然。何况足利义满、义持两代的政治局势已经与足利义教时代不同，政治权力也由义满时代的专权，变成义持、义教时的宿老会议模式，即使在被称为"万人恐怖"的义教时代，也不是独断独行。义满时代的个人专横，随着他以及一众义满时代的老臣先后死去，已经慢慢褪色。若硬直地把义满、义持时代的幕政与义教时代的幕府作比较，不是有失真实吗？

之后的嘉吉之乱（1441），讨伐的对象只是一介幕臣赤松氏，却要出动天皇的讨伐纶旨，皆因幕府将军被刺杀，权威、颜面尽失，只好借助朝廷的权威。这一点的确是幕府权威下降的最大契机，也开始了"请旨"恒常化。然而，这样也不能把此事与皇权上升拉上关系。当时天皇及朝廷的经济力已经大不如前，一如上文所示，除了倚赖幕府的资助及仅有的料所外，别无其他收入。天皇及朝廷即使不满幕府目中无人也好，幕府自义满以来不请纶旨是"极为不当之举"（《建内记》）也罢，亦不能放弃权威已经不振的幕府。简而言之，朝、幕两方已经是唇亡齿寒，相依为命。皇权上升似乎也是幕府衰弱的一个副作用，天皇及朝廷本身亦没有把这个现象意识为权力重归，反而只把发出纶旨之举局限于当有"敌人与公方敌对时"的措施。即是说，朝廷只因要保护将军而出动纶旨而已。朝幕对立的现象根本没有出现。反而是嘉吉之乱后，幕府借助朝廷的威信平定混乱及保持政局稳定，才会给予人们皇权上升的错觉。但对一般大名来说，幕府的权威比朝廷要高，或者说，幕府作为武士栋梁的精神意义根本从未改变。

上述部分虽略嫌远离主题，但笔者认为建武政权的失败、室町幕府的创设以及天皇家的南北对峙，代表了天皇集权思想的希望及想法已经完全幻灭，同时间，武士政权的再兴亦证明了中近世日本已经不再是贵族掌权的时代了。

自平清盛、源赖朝先后建立武士政权后，天皇家虽然也有尝试反抗，如承久之乱、正中之变，但都失败而回，被喻为天皇家"最后希望"的建武中兴也不幸以失败收场。朝廷与武士的政治角力，到了室町时代为止，已经以武士为最终胜利者而告终。

诸如上述所示，进入室町时代，尤其是南北朝合体后的天皇及朝廷，已经与室町幕府融合为一，足利义满与朝廷合体的举动，在他死后依然保持影响力，应仁文明之乱前夕的皇权，仍然在幕府保护下存续，当时朝廷也丝毫没有对抗幕府的想法。部分史学家所提倡的天皇权力回升之说，恐怕在应仁、文明以前的室町时代，还未有征兆，也并不是事实。

二、战国时代的天皇

应仁文明之乱时，室町幕府的权威已经每况愈下，幕府本身既自顾不暇，更无法保护朝廷的收入。乱事过后，幕府面临瓦解的危机，各地的大名纷纷乘机进行领国化，各地的农民、平民都不堪压迫而借机发动一揆。在这种情况下，公家、寺院更是成为众矢之的，仓库被破坏，料所被霸占，寺院、公家及皇室的收入大受打击。原本已经收入不多，需要幕府补贴的朝廷更是陷入困境，连基本的例行公事也难以进行。

最深刻的例子，当数天皇的大丧及即位礼的问题。明应九年（1500）九月，后土御门天皇驾崩，但因为幕府经费不足，令天皇的葬礼无法举行，天皇的遗体更是停放在宫内达四十三日之久，之后才在天皇家的菩提寺泉涌寺火葬。

继位的后柏原天皇亦因为幕府无钱，无法举行继位大典，二十一年后的大永元年（1521）三月，当时已经五十八岁的后柏原天皇才正式举行即位大典。但即位大典后的庆祝大会（大尝祭）却无法举办，最终高龄的天皇在五年后的大永六年（1526）四月郁郁而终。

更可悲的是，这位不幸的天皇同样因为葬仪经费不足，在去世一个月后的五月三日才简单下葬，而且因为时值暑天，天皇的遗体已经发胀，入殓时勉强才能塞入棺材内。下一任的后奈良天皇在弘治二年（1556）驾崩后，当时的将军义辉身在近江朽木，而当时京畿内因无实力者，朝廷别无他法，被迫把遗体停放宫内两个多月，等待后来掌握京都控制权的三好长庆在京都征收临时栋别钱税（当时的一种房产税）后，葬礼才总算补办完成。

天皇家都已经那么潦倒不堪，身边的公卿贵族当然也自顾不暇。他们纷纷离开京都，到有交情又有实力的大名（例如大内义隆、今川义元）处寄居，或者到自己在京外的地方领地处定居，进而成为当地的割据势力之一，比如土佐的一条氏和飞驒的姊小路氏等。

天皇面对如此困境，当然不能坐以待毙。有鉴于当时将军家因为出现继位斗争而战乱频生，将军经常不在京，权威不振，对诸大名也已经没有了统制能力。刚好借助下克上而统治各地的战国大名则为求得合法的统治权，必须寻求权威的保证及承认。故此，官位就成为最合适的工具，而朝廷亦正好配合这个需求而得到新的自救出路。当然，室町幕府的影响力仍然残存，只是在将军归京前，朝廷便成为各大名索求政治资本的理想对象。

站在天皇及朝廷的角度来说，地方大名送钱买官的要求，原本要根据该提出人的家格高低来决定，再由幕府透过奉行的上申，进行审批为原则。若幕府同意的话，朝廷方也会如实照办。但在当时朝廷潦倒不堪、将军不在的情况下，已经无法死守旧制了。

所以在后土御门、后柏原及后奈良三代天皇面对生活的困窘时，求变自救更是迫在眉睫。于是，地方大名只要相应地贡钱给天皇及朝廷权贵，而且只要索求的不是一些限定、高级别的官位的话，朝廷大多有求必应。当然，要求越高的官位，所需的报酬也相应提高，有时更会讨价还价，这与卖官鬻爵其实已经毫无分别。

另一方面，对于战国大名来说，他们当中不少是通过以下犯上，或者单凭自己的力量崛起，从而得到一方的统治权。正因如此，无名无分的自卑感及为求得统治正当性的证明，出钱买官是很合理又低成本的买卖，一般的战国大名都乐意向朝廷买官。

当时的官位，其实并不是职名相符，身处在西国的人，其官位可以是东国的"国守"，比如毛利元就的官名乃"陆奥守"。换言之，在战国时代官名不相称的事例多不胜数。但到了天文年间，即战国时代开始进入稳定发展期的时候，各国的第一实力分子都先后要求得到当地的"国守"之官。

这当中更有战国大名因为得到朝廷的赐官及下赐恩物而痛哭流涕，其中一个例子便是信长的父亲信秀。织田信秀不过是尾张国下四郡的守护代织田大和守家的家老。论其地位，原本不过是小角色，但是在大永、天文年间，他已经是尾张的一大实力者，影响力波及邻国的美浓及三河。

信秀在天文十三年（1544）十一月的稻叶山之战中大败于斋藤道三及朝仓教景，最后仅以身免逃回尾张。那时连歌师宗牧正好奉天皇之命，携带天皇亲写的女房奉书及赠送给信秀的《古今和歌集》抄写本来到尾张，就记载了信秀的感恩之言：

> 今次得以身免，皆因拜领天皇的御墨宝所赐也，这对织田家的面子来说，已经无其他能与此相比了。（《宗牧记》）

这里面或许是有点夸张或虚伪，但是从中的确看到天皇的地位及精神意义即使在崇尚实力至上的战国时代，对各大名而言，依然有十分大的感染力。

在这个期间，信秀也有向朝廷展现勤皇的一面，包括天文十年（1541）独自负担了伊势神宫外宫新殿的建筑费，因此受朝廷赐封"三河守"。两年后的天文十二年，京内的皇宫日久失修，朝廷无钱修补，于是各地大名纷纷上贡援助，其中信秀的贡钱达四千贯，乃诸大名之冠。于是朝廷为感谢信秀之慷慨、忠心，便拜托连歌师宗牧到那古野城慰问。

这几次的交往，反映了信秀与朝廷的关系颇为密切，朝廷也对"尾张国的织田信秀"有了深刻的印象。当然，其他的战国大名也有襄助朝廷之举，比如永禄元年（1558）正亲町天皇继位时，安艺的战国大名毛利元就便上贡石见银山的银产作为继位大典的费用，就是一个很好的例子。

信秀、元就做出这些勤王之举，当然有其政治目的，绝难以纯粹忠于天皇来作为解释理由。例如那时毛利家刚灭亡防长大内氏，并准备攻击出云尼子氏及丰后大友氏。由于毛利家灭亡了幕府任命的守护，以及出师的大义名分不足，所以在大内氏灭亡之后，为免受两方正面夹击，元就采取了亲朝廷政策，也避免幕府及周边守护大名的留难。

然而，战国大名们的献金并不代表天皇的权威便因此而上升，赐予官位只不过是朝廷及天皇开发财源的手段，目的只在解决生活及事务上的所需，例如上贡钱财或必需品，又或者退出天皇及朝廷的御料所之类。在战国历史当中，未曾见到有天皇运用大权去指挥诸大名为复兴朝廷权威而战的实例。

因此，在信长上洛以前，真正上升的，不是天皇的权力，而只是天皇的利用价值罢了。但是，钱是赚到了，生活是有了保障，换来的却是官位滥发，公家地位下堕、家格地位混乱深化等后遗症，等到后来织田信长、丰臣秀吉崛起后，才把官位混乱的情况予以整顿。

以上由室町时代至信长上洛前的二百多年间，天皇的权力已经不断地萎缩，并被室町幕府吸收、并合而成为新的公武合一政权。所谓的"天皇权力上升"之说，经过以上的说明，相信各位读者已经明白，天皇及朝廷在这二百多年间，已经成为一个不能独立自处的政治集团，与室町幕府更谈不上是敌对关系，而到了之后的应仁文明之乱，朝廷因失去幕府的支援而不得不另寻活路。因此，他们就顺应战国时代的到来而自降门槛，交易官位给一众战国大名，以换取贡钱自救。

这时期的皇权当然亦不见得有什么改变，后土御门、后柏原、后奈良三代天皇的穷困正好表现出，即使卖官鬻爵也不代表能换来战国大名勤王复权的义举，各大名所求的只是政治上的现实利益，而这些利益都集中在自身领国内外上，例如上杉辉虎（谦信）得到天皇的讨伐命令以征伐武田信玄，其出发点亦只因为幕府不同意辉虎的要求，别无他法，苦寻大义名分的辉虎便找到天皇来制衡强敌。

因此，大名的希望，不是为求成为天皇及朝廷的重臣，更遑论帮助朝廷复权。对诸大名来说，天皇及朝廷乃拥有凌驾于国别、家族间争执的地位，故可加以利用而已。

既然在信长上洛前，天皇及朝廷都没有在实质上得到政治利益，那么所谓的"信长最大之敌是天皇"一说又是否有理呢？接下来，我们便来看看信长与朝廷至天正元年，足利义昭被放逐之前的关系。

三、信长时代的天皇

那么，人称"第六天魔王"的信长又跟天皇关系如何呢？我们先看看他上洛前与天皇的交流。永禄十年（1567），朝廷赐封信长"尾张守"的官职，意味着朝廷正式承认了信长统治尾张一国的合法地位及名分。

当然，这一方面是基于信秀以来的情谊，另一方面也是朝廷想拉拢信长，希望他继续学他老爸一样"供养"朝廷。这期间，信长把矛头直指北方的宿敌斋藤氏，同年的八月十五日，信长在稻叶山城之战中打败斋藤龙兴，把美浓大部分夺了过来。朝廷得知这个消息之后，在十一月就命令公卿劝修寺晴丰写信，再派立入宗继作为敕使，把信件交给信长，其中内容提及：

> 今次诸国服于汝下，实武勇之高誉，天道之感应，古今无双之名将也。乘胜追击亦当然不过之事。就此，请确保尾张、美浓的皇室食邑安全，若能妥善处理此事，实在妙绝也。（《立入宗继文书》）

这可算为"等价交换"的书信，称得上是信长与朝廷的第一次交易，从文面看来，朝廷给予信长绝大的盛赞称美，但真心话却是放在后面，浓尾两国的米产之丰，绝对是朝廷求之不得的财政源泉，朝廷的心思可谓表露无遗。因此，信长读完这封天皇书信后，便在十二月五日回信给朝廷：

> 圣旨及所赐红衫我已经恭敬地收下了，实在感激不尽。另外前信所提之事（有关两国皇室食邑安全）亦当恭敬从命。（《热田神宫所藏文书》）

从内容来看，信长很爽快地答应了朝廷的要求，并且从信中得知，朝廷在十一月写信给信长时还附送了一件红衫。有一些史学家认为，这便是朝廷给予信长"支持"的"暗号"，俨如我们在古装剧看到皇帝亲赐的"尚方宝剑"一样。

但问题是，这一来一回的书信交往，并不能证明信长与朝廷的信任度有多大。即使后来信长协助足利义昭上洛归位的时候，得知信长带兵压境的朝廷却是非常惊惶失措，早早联络京中的公卿贵族，而且加强警戒及防范。后来，天皇又命甘露寺经元写信给信长，要求刚到达京都的信长提防手下兵士借机抢掠、捣乱。朝廷这样的举措，让人更难以确信他们早已跟信长存在互信及默契。

即使信长及义昭进京成功,朝廷也没有十分积极的动作,义昭继任将军之位的手续更是被多番延迟才成事。之后,朝廷便主动提议授予信长官位,这可表示朝廷了解到信长的身份,与幕府并无关系,甚至可以说朝廷深知信长才是义昭政权成立的关键人物。即便如此,这次信长拒绝了官位。(《言继卿记》永禄十一年三月二日条)

信长明显地想与朝廷及幕府划清界限,也就是不想受朝廷及幕府牵制。一旦接受了幕府的要求,那么信长就会沦为义昭的一个下属,成为幕府将军之下的"副将军""管领"。这样的话,信长的"天下布武"大计就会不进而终。

至于朝廷方面,信长不愿再接受官位,也是由于义昭的存在,对终生强调"君君臣臣、父父子子"的信长来说,官位大于义昭自是不可,但低于义昭之下也毫无意思。可见信长在当时的想法,是想把自己置于幕府及朝廷牵制之外,以第三者的身份辅助、保护幕府及朝廷之余,也可方便自由行事。

能证明信长希望在京中自由行事的事例,当数支持耶稣会在京中传教。从前,耶稣会的传教士已经先后得到三好长庆及当时的将军足利义辉的批准在京传教,但长庆及义辉先后死去后,传教士便失去靠山,于是在永禄十一年,也就是信长护送义昭上京前一年,在京中怀恨多时的佛教徒及神道教徒连同反天主教的公卿等人请求天皇下令,尽赶传教士出京。弗洛伊斯等耶稣会传教士被迫离京,在一年多后得知信长已上洛,于是来到岐阜,请求信长帮助。那时信长对弗洛伊斯说:

> 朝廷也好,将军也好,都不用理会。所有的事都掌握在我手里,你们只要听从我的命令行事便可以了,你们想在哪里传教都可以。(《弗洛伊斯日本史》第三十八章)

信长这一段发言充分表示了信长坚决立于朝廷、幕府之外的立场及意志。事后,得知信长意向的公卿竹内季治便向足利义昭批评信长"不过如熟透了的无花果般,早晚会从树上掉落地上的(笔者注:即是盛极必衰、花无百日红之意)!"(《耶稣会日本通信下》)信长知道这个消息后,在义昭的默许下,立即下令把竹内季治拖到近江永原斩首。这事件更加肯定,只要得罪了信长,即便是朝廷中人,他也是毫不客气的。

竹内被斩首后,朝廷再也不敢强硬地坚持己见。被信长斩首的竹内季治之子竹内长治却在后来成为信长身边的昵近公家众之一,跟随信长参加天正九年的京都军检阅式

(《信长公记》《兼见卿记》等）。就以上诸史实，笔者认为，义昭在任将军期间、与信长关系良好时的天皇，除了趁京畿内的权力真空之机，与反天主教的贵族、神道、佛教势力一同推动禁教外，基本上没有实际地牵制或干预义昭及信长的政权运作，反而一旦面对信长的强硬回应后，便显得一筹莫展。

另外，在元龟争乱时的志贺之阵，信长与朝仓、浅井联军对峙良久，比叡山延历寺又坚拒信长命其保持中立的要求，使三方没法分出胜负。最终，信长请朝廷出面斡旋以破困境，一些史学家认为天皇及朝廷还是有着信长所不能否定的权威，甚至能够介入战国大名的战争。

笔者对和议乃信长方提出一说，并没有异议，因为当时的公卿日记及朝廷方面的书信都能证实这个说法。可是，单凭这件事来强调天皇在战国时代重新得到"调停权"，便值得商榷了。

首先，信长要求和解一事传到京都后，关白二条晴良受义昭之请，立即前往志贺进行斡旋，更宣言"如无法斡旋成功，我便立即到高野山出家隐居"。及后，将军足利义昭也亲自出面，到志贺附近的三井寺介入调停（《寻宪记》《中山家记》）。就以上所示，促成织田信长、朝仓义景、浅井长政和解停战的，不仅是朝廷介入，更重要的是将军义昭也出面调停，还带上关白二条晴良一同施压，才能使交战双方达成初步的协议。但讽刺的是，天皇及朝廷的威德却受到打击，因为宗教界代表比叡山延历寺坚拒关白二条晴良的停战要求。十二月九日，朝廷便向不愿屈服的延历寺发出圣旨：

> 今回义景、信长就对战一事，请公（朝廷）武（幕府）出面调停，终于达成和议，真乃万幸之事。延历寺之领地将如从前不有违。（《伏见宫御记录》）

圣旨以保证寺领不变作为条件，要求比叡山延历寺要让朝仓义景、浅井长政与信长顺利和解，不可干扰。这是朝廷意图尽快促成和解的一个命令。终于，朝仓及织田两方交换人质后，各自撤兵，回到领国。二条晴良及足利义昭也跟着回京，志贺之阵亦就此结束。

综观整个事件，朝廷的关白二条晴良当然出力最大，而足利义昭亦适时发挥了将军的权威，但天皇的威德却不十分明显，事前反抗的比叡山延历寺因为座主（寺代表）觉恕法亲王是正亲町天皇的庶弟，地位近同皇室，所以有条件及底气坚拒二条晴良的斡旋，最后在朝廷及天皇亲自出面，以及保证寺领的条件下才终于屈服。

所以，除了比叡山延历寺的情况较为特殊，需要天皇出面之外，整个志贺之阵并不能说是利用天皇的天威来终结的，倒不如说是信长成功拉动朝廷、幕府的权威达成有利于自己的和议。宏观来看，自信长请求第三方斡旋后，二条晴良便决心调解，足利义昭又介入事件，整件事都向着信长方有利地进行。而且看朝仓及织田两方的停战誓词都以接受朝廷的斡旋而停战，朝仓一方的誓词中提及：

> 是次和解，遵循敕命及将军旨意……（《伏见宫御记录》）

而信长方则在誓词中写道：

> ……自今以后，对公仪（国是）不可有异心，信长不可存有异议……（同上）

但比叡山一方却跟朝廷讨价还价，直到天皇做出保证后才勉强屈服，而到了第二年，信长便随意地违约攻上比叡山，进行大报复，这充分证明了天皇的权威并不是绝对的，也不具有永久的效力。天皇的圣旨说到底只是信长利用的工具罢了，这跟前述的天主教问题一样，信长出面保护传教士后，天皇没敢再尝试挑战织田信长的权威。

四、信长与天皇的关系

从以上各节的事件中，相信各位读者已不难发现，在信长协助义昭上京前，所谓天皇的权威其实只是表面风光，并不能说天皇成功借助战乱频仍，将权威、尊严给找回来。那么，放逐义昭后的信长与天皇的关系是否因信长的威压而出现决裂，以致天皇指使光秀去搞暗杀毒计呢？就这个问题，需要提及三个主要问题：

1. 信长迫令正亲町天皇退位予诚仁亲王
2. 改历问题
3. 三职推任问题

以下，我们会继续剖析上述三个被朝廷阴谋论派史学家指出的"对立点"的真确性，并在本章的最后尝试分析出织田信长之政治思想。

（一）退位问题

说到信长要求正亲町天皇让位一事，就必先连同"天正改元"一事加以说明。元龟四年（1573）七月二十八日，即足利义昭被信长放逐出京十日后，信长便立即要求朝廷把代表义昭治世的"元龟"年号废除，改元"天正"。在此之前，朝廷方面便收到"信长突然提出改元之事"的消息（《御汤殿上日记》元龟四年七月二十一日条）。如今成功放逐义昭后，这个要求也在七日内顺利达成。

事实上，信长早在元龟三年九月就有改元的想法。信长在同月写给义昭的《十七条异见书》中的第十条就写道：

> 元龟之年号实在不吉也，应当改元……此乃为天下之举，如此迟滞，实为极不应当之事也。(《寻宪记》元龟四年二月二十二日条)

虽然中世日本的年号经常更改，但改元往往需要经过一连串的选定，以及向熟知有关事务的公卿疏通等工夫才行，在七日内便完成改元工作，在当时实在算是十分快速。当然，信长也不是毫无准备就要求朝廷快速改元。"织田信长在诸勘文中，望用'天正'……"（《壬生家四卷之日记》天正元年七月二十八日）所谓的"勘文"，就是朝廷担任改元的公卿选取合适的元号及其意思出处的原文。

在信长之前，也有几次由控制京都的权力者强制改元的事例，但一般都被朝廷拖延一月半旬，就比如足利义昭继任将军后两年才成功改元"元龟"。信长此举，明显是想尽快向天下宣示自己放逐义昭后的大义名分，以免造成尴尬。

改元成功后一日，朝廷便派"武家传奏"（为朝廷和幕府传达消息的贵族）中山亲纲通知信长改元一事：

> 有关改元之事，已经定年号为"天正"，实可喜可贺之事也。而国内将得以平定，和平安定之时日将至，天皇陛下满足之至也。（《亲纲卿记》）

得到朝廷全力配合的信长却在同年十二月八日向朝廷进一步提出天皇让位的奏请。当时的公卿中山孝亲（亲纲之父）的日记就记载"今日织田弹正忠（信长）频频奏请让位之事"（《孝亲日记》），于是正亲町天皇便派关白二条晴良及中山孝亲等携带天皇的御书信到信长处，天皇在信中回应道：

> 协助统筹让位之事，已经耳有所闻。此事自后土御门院以来，一直是历代先帝所望之事也……实在是朝家再兴之大事，望汝能助其成事。（《宸笔英华·正亲町院宸笔消息案》）

而信长则回应说"今年既无余日，来年定当早早执行"（《孝亲日记》）。但到了天正二年时，让位之举却

第七章 阴谋论的虚实

没有实行，到了天正九年三月，朝廷属意提升信长的官位（当时信长无官职）时，信长又再次请求天皇让位，扬言新帝即位之后，他再接受官位（《御汤殿上日记》）。但到了天正十年六月二日，信长横死于本能寺为止，始终都未能实现。

信长在改元成功后，就请求天皇让位一举，令重视"朝廷阴谋论"的史学家认定信长无视天皇的存在，甚至指出信长欲借迫使天皇让位、新帝登基之举，成就控制朝廷的野心。朝廷、天皇，甚至诚仁亲王也因此联手起来，连同明智光秀一起谋杀信长。这个说法听起来十分有说服力，但在历史考证下，其实是难以成立的。

信长要求天皇让位时，天皇明言是"朝家再兴之时""后土御门院以来，一直是历代先帝所望"，这明显反映了当时天皇对信长的要求是正面回应的。其实，在中世日本的天皇政治思想里，天皇死前让位是例行公事，在应仁之乱前都一直如此，而一如上节所示，后土御门天皇以来三代因为财政紧绌而无法让位，最终在位至驾崩。可见正亲町天皇所说的"朝家再兴"，实际上就是指"回复生前让位"旧习一事。

另外，从当时的公家日记及宫内的记事记录中，都能看到天正元年时已经五十六岁的正亲町天皇早有病患，而那时成年的皇长子诚仁亲王已经二十二岁，也到了继位的合适年龄。后来公家、神官的日记内,都称诚仁亲王为"陛下""今上皇帝",同时又把亲王所居住的二条新御所称为"下御所(下皇宫)"。可见亲王继位在公家看来只是时间的问题,从史料中没有看到他们有谁表示出不满、反对的意见。

再者,后来本能寺之变发生时,诚仁亲王等公卿也是十分狼狈不堪的。要是光秀与朝廷有所关联,那为什么不预先让亲王等离开现场?所以,除非可以证明信长推举亲王继位受到朝廷的反对,或亲王本身不愿意,否则此说难以成立。

那么,为什么天皇迟迟不让位?笔者认为,与其说是天皇不希望让位,不如说信长方面还没准备好。天皇的就位、让位,以及建造仙洞御所(天皇退休所)等大事,需要极为庞大的资金,尤其是信长想借机宣示自己的大义名分的话,更需要大笔的资金,而且他也需要找到一个觉得合适的时机。

可是,自天正年改元开始,对战本愿寺、武田征伐以至各地的征伐活动,都令信长忙得不可开交,更遑论轻松地举办继位仪式,加上当时距离天下统一还有一定的时日,信长并不急于要做政治秀。例如,之后丰臣秀吉在天正十四年(1586)为了让诸大名完全臣服而费尽金钱,为后阳成天皇举行继位仪式。(《兼见卿记》)那时的秀吉已经完全夺取织田权力,使家康臣服以至近畿周围都已经完全平定,所以最后借助后阳成天皇即位来宣示自己已完全接掌信长的衣钵,为此大费周章也不无道理。

至于有史学家认为,正亲町天皇眼见朝廷被武士任意摆布而坚决反抗一说,笔者认为是过于夸张的说法。一来没有史料可证明天皇有意对抗信长,即使在一些史料中看到天皇不满信长的压迫,但以此来推论天皇与信长之死有任何的关联,却似是空有想象的说法。

朝廷在天正九年回绝信长的请求时,以"今年方角不合",即阴阳道有关风水不利继位的说法为由而拒绝。要是朝廷真的以此作为对抗信长的借口,亦未免太过幼稚。而且,若朝廷真的一直拒绝信长的所请,那根本没有必要以阴阳道之说来推搪。反而,若是已经有默契,却因信长上贡的金钱未及朝廷所望,因而故意推迟,这个想法不是更为合理吗?因此,笔者不会否认,在公卿之中有不满信长的人存在,但在明智光秀与朝廷之间有谋杀信长的默契这一点,单是改元让位一事,作为朝廷方的动机就难以成立了。

(二)改历问题

这次改历事件,或许不及前述的退位争端那样重要,但却是朝廷阴谋论说的立论要点之一。所谓的立论要点,便是该派学者认为信长借改历问题,否定朝廷一个重要传统权威——历法制定权。历法制定权向来都是东亚国家封建皇权的象征之一，故该派学者认定信长介入历法改定的举措，是为了篡夺皇权的一个前奏。可是，是否真是这样呢？

当时的日本，朝廷所用的是宣明历，即所谓的"京历"。可是，随着中世朝廷的权威下降，各地出现历法学者自制的历法，即所谓的"地方历"。当时日本各地都有不同于京历的历法，如东日本所用的三岛历（伊豆三岛大社下神官河合氏所定）、大宫历（武藏冰川神社所定），大和地区的南都历（又称幸德井历），甲信所用的甲斐历，常陆的常陆历等。

按当时的做法，负责历法事务的阴阳寮历法博士会在前一年十一月初向朝廷提交来年的历法，朝廷御准之后，再向外界通传、贩卖。然而，虽说京历是朝廷长年专用的年历，又是官方专家算定的，但不代表没有错误，比如天正六年十月就曾出现日蚀，而当时的京历及负责历法的博士却没计算到，信长会提出这个改历建议，无疑反映出他对当时历法的不统一是有些意见的。

事实上，这次的改历并不是信长突然提出的，而是早在天正十年（1582）初就已提出。当年的正月二十九日，信长命阴阳头兼天文博士土御门久修，以及公卿中的历道名家贺茂在昌到安土城，与来自地方的历法学者来了个辩论比赛，搞清楚当年究竟应不应该加入闰月。当时的太政大臣近卫前久也被邀请前来安土观赛。代表朝廷的土御门及贺茂两人认为当年没有闰月，相反，信长找来的地方历法学者则认为当年应该有闰月。可是，最终双方却没法论定。

但信长并没有放弃，二月，信长又命令近卫前久召集以上的历法学者再次到安土进行讨论，并且命令他们在二月七日前必须得出结论。二月三日，信长又派京都所司代村井贞胜请出精通中国历法及医学的名医曲直濑道三、玄朔父子加入讨论。

但是到了二月四日，村井贞胜向信长汇报结果，称曲直濑父子经计算后，当年并无闰月（《晴丰日记》）。五日，曲直濑父子、土御门、贺茂四人又向近卫前久汇报了相同的结论，再由前久在二月七日向信长汇报。双方的一致结论，致使信长暂时没有再提起闰月问题，但是到了六月一日，信长又突然重提旧事。公家劝修寺晴丰在当日的日记中提到：

> 信长提及十二月有闰之事，说本年应有闰月。此事实难以理喻，各人乃怨信长无理也。（《晴丰公记》）

换言之，信长认为当年十二月后应有闰月，即加上闰十二月。所谓闰月就是用以填补年历计算全年日子遗漏时加上的。究竟为什么信长对那一年的历法这么执着呢？

细心思考，六月一日信长之所以重提旧事的导火线，很可能是当日发生的日偏蚀，太阳有六成被遮蔽。然而，由于当时京历也准确预测出这次日蚀，信长在同一日再次提出这个改历提议，恐怕跟测算日蚀的问题关系不大。不过，由于六月一日的日偏蚀发生在本能寺之变前一日，在后来也引起不少当时人认为这是不吉祥的先兆。

顺带一提，当时日本人跟大多数古人一样，非常重视日蚀、月蚀的出现。其实以当时日本人的观念，以及朝廷自平安时代以来的传统认为，日蚀、月蚀，包括还未被完全遮蔽的日偏蚀、月偏蚀所射出的阳光、月光，都是妖邪秽乱之光，会伤害到贵为神明的天皇以及皇室成员的身体。

因此，每当预测到会有日蚀、月蚀时，皇宫都会用布或竹帘包着宫殿，以遮挡"妖光"。根据相关的研究，这个习惯在武士政权产生后，除了天皇之外，镰仓、室町幕府的将军都成为被保护的对象。当时地位已经等同或超越室町将军的信长很可能基于这个传统，也对日蚀测定一事十分敏感。

于是，朝廷阴谋论者便认为，信长一早便怀有挑战朝廷的想法，想借机批评天皇的制历能力不济，随后朝廷便命光秀在第二日下手杀害信长。但是，先不论时间上过于不合理及草率，如果信长真的想借机否定朝廷的权威，那根本不用屡次派历法学者及近卫前久多次讨论历法问题，只要强制通过，不是更直接吗？

那么，既然跟日偏蚀无关，信长的真意是什么呢？笔者认为跟那年初讨伐武田有关。前面提到当时日本各地存在不同的历法，各地方的时间、日子出现误差是显而易见的，本来，出身于尾张的信长，用惯了尾张历，如果他还是一介尾张国战国大名，这倒没有什么。

但是，对于当时已经掌握日本半壁江山的信长来说，原本与自己大有关系的历法问题，现在已经变成实际的技术问题、政治问题了。京历与地方历法林立，自然京历与其他的地方历在计算日子时会产生出入误差，一心想一统全日本的信长，务求宣示"一统"的正当性及织田政权的政治权威，就必须找出一个统一又正确的历法，换句话说，就是要着手寻找否定其他地方历的可行性。此举既合乎政治需要，也间接地提升了与信长已是唇齿相依的天皇的权威，因此，信长要讨论历法改正问题，并不能代表信长有意否定朝廷的权威。

（三）三职推任问题

所谓的"三职推任"，便是有关信长的官位问题。信长自放逐义昭后，便在天正三年（1575）十一月叙任从三位权大纳言兼右近卫大将，当时通称为"右府"，也是当年源赖朝成为征夷大将军时的官位。天正四年十二月进为正三位内大臣兼右大将，天正五年十一月进为从二位右大臣兼右大将；翌年一月升到正二位。（《公卿补任》）

这时信长的地位已经比足利义昭更高，这明显是信长为了弥补在地位上与征夷大将军足利义昭的差距，才要求朝廷配合的政治动作。不过，到了天正六年四月九日，信长突然又把右大臣及右近卫大将的官职退回。（《公卿补任》《兼见卿记》）

信长这个动作，葫芦里究竟卖的是什么药？有的史学家认为信长打算远离朝廷的控制，建立自己的独立权力，即类似当年源赖朝那样远在镰仓建设幕府；亦有史学家认为当时信长并没有打算远离朝廷，反而是想为日后就任太政大臣作准备；还有意见认为信长是想提升嫡男信忠的地位。

笔者比较支持"提升信忠地位"的见解，因为信长对官职的渴求，如上所说的，只为了应付足利义昭逃亡后的权力真空，当时名不正、实不明的信长为了强化织田政权的正当性，便在以往升任权大纳言兼右大将的任官时，要求朝廷以正式仪礼进行宣旨仪式，这些都是为了对应义昭的将军权威。

已经在权势上无出其右的信长，理应为织田政权的未来着想。故此，信长才对天皇说"四海一统之时，再应敕命致忠矣，然者，显职可让予嫡男信忠"（《兼见卿记》天正六年三月九日条）。即是说，信长在平定四海之前，都不会接受官位，期间的官位赐予都希望由信忠代领。也就是说，信长再任官之时，便是完成统一日本之后，这才是信长对天皇的最大忠诚。

信长在之后被称为"前右府"，虽然信长已经表明不想再拜受官位，但在天正六年至信长横死时的天正十年的四年间，朝廷却又向信长先后两次提示授官的意思。第一次是天正九年（1581）三月，朝廷提示信长升任左大臣，但是信长没有理会。

第二次的推任，即本节的焦点——三职推任。这是在天正十年四月中发生的事，这次的推任由于是在本能寺之变两个月前发生的，所以引起了史学家们的一连串揣测及争论。

首先把唯一记载有关这次推任的史料，即劝修寺晴丰的《日日记》（又名《晴丰公记》）的相关记事予以阐释。

根据其记载，信长在当年二月灭亡武田胜赖后凯旋回到安土城，同年四月二十五日当日，劝修寺晴丰到村井贞胜的屋邸，与贞胜讨论有关派出传达天皇意思的女官到安土,晴丰又告知村井说,朝廷想推举信长为太政大臣、关白或将军一事。

根据相谈的结果,二十七日,他们决定请朝廷派遣两名敕使到安土城,晴丰作为随员。五月四日,一行人到达安土城后,敕使打算将天皇及诚仁亲王的书信及礼物交付信长,其中亲王的书信写道:

> 朝廷对天下即将走向和平一事感到十分满足,盛赞信长之举无人能及,任何官位都任凭信长喜欢选择。

之后,敕使二人及晴丰准备上城会见信长,并把礼物交付之后,晴丰单独到了信长家臣松井友闲的官邸,之后就出现以下的场面(《日日记》五月四日条):

> 有一个叫御乱的小姓从信长处到来,问及"这敕使来此何事",我(晴丰)回答道:"征伐关东,乃珍重大事,故此行应是立阁下为将军之事。"之后御乱又带来信长的御书信,又明示道:"将以楠长谙为使,与敕使会面,但将不作任何回答,可否?"希望我能接受,但我回应道"无论如何,也请信长能接见敕使",后信长又发书信给天皇及亲王。

第七章 阴谋论的虚实

于是，信长便在五月六日面会敕使，事后，信长很快准备船只，并派人护送晴丰及敕使回京。后来经过晴丰一行人转达后，诚仁亲王便请信长"待进京时再谈"（《日日记》五月七日条）。故此，六月一日信长上京，或许是回应亲王的请求。

以上由四月二十五日至五月四日的记事当中，共有两个关键问题点。第一，是谁提议推举信长就任太政大臣、关白或将军？第二，信长是否明确地回答了对三职推任的意向？

这两个问题曾在日本史学界引起极大的争议，也有不少史学家提出不同的见解，在这里为免各位读者感到混乱，争论的详细内容便省略不叙了。

就第一个问题，笔者从结论上是支持村井贞胜在顾及朝廷的疑虑下，主动提议朝廷让信长当将军，以安朝廷的忧心。事实上晴丰回到京都后的五月七日，便向在京的村井贞胜报告安土城的回应，这一点也可以肯定村井主动参与其中的可能性十分大。

至于信长与敕使会面后，有没有表明自己想要什么官位，晴丰在《日日记》五月四日的记事中提到"后来信长又再发书信给天皇及亲王"，换言之，信长在晴丰请求他会见敕使后，便再次写信给天皇及诚仁亲王，这表示信长并不是没有回应，只是回应的具体内容是什么，现在已经无史料可循，但后来"三职推任"的事再没有出现在包括劝修寺晴丰在内的朝廷公家的日记里，从信长本人在本能寺之变前也似乎再无提及一事来看，信长的回应很可能是"不"，即是说，他对这事完全没有兴趣讨论，或直接拒绝朝廷的推任。

笔者认为信长既表明平定天下前，都不会接受官位，而六月一日上京的主要目的，是为了准备出兵中国，如果在这个时候突然又向朝廷就接受推任一事，做出正面的暗示，这反而是多余及不太合逻辑的。而且，如果信长真的想接受三职中的任何一个官职，大可待讨灭毛利家后再提出，或早在当日会见敕使时提出，何必如此故弄玄虚？

究竟信长的心里在想什么？这恐怕是解决所有疑问及论争的关键，但又是不可能实现的。不过，笔者认为信长当时最终想接受的官位，是太政大臣。原因有三，首先是当时的客观情况，天正元年以后，义昭带着"征夷大将军"的名衔逃到鞆浦，本书已经一再强调，信长并没有权力收回义昭的将军位，所以信长若想成为将军，顺理成章应该要求朝廷废除义昭的名位，但信长却没有这样做，反而把义昭之子义寻带到身边，再让他成为门主。之后也曾与义昭交涉回京之事，虽然没成功，但信长之举也证明他不想背负另一个类似松永久秀或三好三人众的罪名。

另外，当时已经自称"平氏"的信长表明与源氏的足利义昭对立，这在前文有关官位晋升上已经交代。虽说源姓将军这个观念是在江户时代才正式固定化，但既然在法制上无法褫夺将军之位，那信长自称平氏，便已经明显地交代自己将走一条与源氏的足利政权不同的政治道路。所以三职推任中，虽提及将军一职，但亦理应理解为，朝廷愿意在信长的意愿下，随时把义昭的位置取来，而不是信长欲借朝廷之手夺回将军之位。

再者，信长赶走义昭以后，京畿的权贵都在讨论信长的身份问题。当时的公卿及大寺院都十分期待信长能真正名实相符地成为在大争之世中保护自己权益的人物，故此，面对信长的强势和专横跋扈，即使心中再有不满，但大多数人还是从现实角度出发考虑问题的。

在当时，对于信长的身份变化，已出现很多猜测及流言，例如天正二年，京都就有人流传信长将成为关白二条晴良的养子，信长的次子信雄则就任为将军，更盛传信长已经从晴良处得到了关白之位（《寻宪记》天正二年三月二十四日条）。另外，堺港南宗寺的僧人笑岭宗欣听说信长正打算把相国寺改修成城塞，更言自己乃以太政大臣的身份保护皇宫（《京都聚光院所藏笑岭宗欣文书》），最后还有公家三条西实澄赞信长"公家一统之政道，如五百

年以前",又说"鸟羽上皇以来数代之遗憾,此时一改天运了"。(《柳原家记录》所收《三条西实澄书状》)

从以上的史料,都不难发现京都内外一带的人对信长充满期望,而值得注意的是,当时京内外的人都认为信长将出任关白或太政大臣这类公家系的官职,这些传言的出现,反映京内正在酝酿着一种舆论:怎样在不否定将军义昭存在的同时,又能使信长称王呢?

一般公家或京人大抵都不会认为信长将成为将军,而一向重视舆论的信长自然也不会选择此途。而刚巧在天正十年五月,只做了三个月太政大臣的近卫前久突然把位置让出来,这一点如并合以上数段的分析,以及信长把诚仁亲王的第五子邦庆亲王收为养子一事来思考的话,看来信长最理想的最终官位,不就应该是平氏的太政大臣,即重演平清盛、足利义满当年的做法,也就是把自己塑造成朝廷、武士之上最顶端的人吗?

总而言之,随着信长在天正年间的节节胜利,天下统一的道程也将不远。信长当时的心态是希望四海一统,而朝廷却在讨伐武田后,便称之为"天下御静谧(和平)",这可见两方天下观的差异,也可看到朝廷视信长为结束朝廷自应仁之乱以来趋于衰落的保护者,而不是对抗者。

在本节中,笔者用了很大的篇幅去追溯武士与天皇的关系，以检讨天皇权力上升论，以及至本能寺之变为止信长与天皇的关系。就以上由南北朝到天正十年本能寺之变的天皇史可见，朝廷阴谋论中有关天皇的野心，以及天皇与信长的争端，到底都缺乏有力的证据，反而令人们觉得，这些都是在先入为主的前提下推论出来的说法。天皇在整个室町・战国时代，都没有积极地进行过政治干预。反而在经历了南北朝及室町时代之后，朝廷与幕府的关系已经变为共存共荣、唇亡齿寒。

及至室町幕府衰败的时候，天皇及朝廷也没有积极争取复权或打倒幕府，他们想到的只是靠卖官鬻爵来维持开支。战国大名抬头之时的天皇及朝廷也没有利用各地争战的契机，去主动调解争端。

到了信长上京后，不能否认两者曾为某些事件而有争论（如京都传教问题），但整体而言，所谓信长对抗、威胁朝廷之说，只是捕风捉影。笔者认为，我们应视之为信长与朝廷磨合、摸索建立互信的一个必然过程。

如果说信长真的要表示自己高于天皇的话，以信长的作风，理应十分高调地做一些事情。比如近年挖掘发现的安土城御幸之间，虽为迎接天皇来安土游玩而建，但由于它的位置是在安土城天守阁之下，有些史学家就认为这充分表示信长想把自己置于天皇之上。

可是，这种说法十分牵强，城的天守阁盖在城的顶端本来就是十分正常的事，难道要违反建筑法则，把御幸之间放在至顶吗？要是信长真的想宣示自己高于天皇，大可在京都的皇宫旁建立巨大的城池，不是更直接吗？

至于明智光秀与朝廷的阴谋论关系，明智光秀发动事变的整个过程中，根本没有看到他有宣传自己得到天皇的圣旨起事，要强辩天皇与事变有关，更是无理。

总而言之，朝廷阴谋论说乃基于没有确切史料的证明，加上某些史学家曲解史料、在先入为主的前提下形成，故也不得不对其可能性提出质疑。

足利义昭阴谋论说——流亡将军之逆袭？

朝廷阴谋论说之外，另一个在近年史学界掀起一连串讨论的阴谋论观点，便是"足利义昭阴谋论说"，即指明智光秀是在足利义昭的劝说、唆使的情况下发动了本能寺之变，好让一直流亡在外的义昭可以重夺天下。在检讨有关的说法前，一如上节，我们先追溯一下此说的由来。

这个说法早在战后便有史学家提出。跟朝廷阴谋论一样，这个提示为一众历史小说家带来新的灵感。有些作家在著作中推想是义昭劝光秀打倒信长；也有些作家则认为是义昭联合朝廷命令光秀暗杀信长；另外还有人提出是毛利辉元与光秀合谋，或者光秀、秀吉、辉元三人受义昭之命发起此事变。

跟朝廷阴谋论说一样，小说家的说法只停留在想象的层面，或只从部分相关人物不可解的举动中来一个逆向思考而已。可是，跟朝廷阴谋论后来的发展一样，有史学家终于也为这个当时没有史料依据的说法提供支持。他们当中有人分析光秀的家臣多为室町幕府的旧臣，从而推断事变很有可能与义昭有莫大关系。

这个说法虽说只是加强了这个阴谋论的可能性，但却比上述小说家的纯粹揣测来得有条理。然而，大力支持这个说法的史学家们至今仍然强调这个阴谋论才是事实的真相，并且运用史料，认为该说已证明了以下两大要点：

　　1. 事变前，义昭与光秀早已有过联络，义昭对本能寺之变的发生十分了解。
　　2. 事变前，光秀已经做好准备，并且已经计划好拉拢各个反信长的大名援助。

在查证以上两点的合理性之前，在这里首先为各位读者说明一个先决问题：足利义昭的实力，即足利义昭被信长逐出京都后，是否有足够的实力去鼓动包括光秀在内的大名去进行反信长的大计？

一、鞆幕府·鞆公方——事变前的足利义昭

本书前文已经提到，天正元年（1573）七月，足利义昭在山城槇岛城向信长投降后，逃去河内的三好义继处暂避，但不久后，三好义继也被信长打败，被迫臣服，这迫使义昭再次逃亡。天正三年（1575）十一月移到堺，那时义昭通过毛利氏的外交代表安国寺惠琼与织田家的代表羽柴秀吉就足利义昭的去留问题进行交涉。

织田方提出，只要义昭肯交出人质作为保证的话，信长方愿意让义昭回归京都。当然，早已经决心反抗信长的义昭认为此举太过卑躬屈膝，断然拒绝，导致三方的交涉最终破裂。于是，信长便打算选择拥戴义昭之子义寻为新将军，但后来经过信长的考虑，还是让义寻出家，并继承了将军家指定子孙出家的寺院大乘院的门主之位。另一方面，义昭在交涉破裂后，便到纪伊国投靠杂贺五乡的国人众及盘据当地的幕府奉公众汤河氏。后来在天正四年（1576）五月，义昭终于在安国寺惠琼的协调下，转到毛利氏领地内的备后国鞆浦安顿下来。

在前章已经提及，足利义昭离开京都后，室町幕府原则上并不能称为已经灭亡的政权，将之视为一个流亡政权，或与织田政权对立的一个政权则大概无误。得到毛利氏庇护的足利义昭，为了加强与毛利家的联系以及重组势

力，于是封毛利辉元为"副将军"（《吉川经安觉书》），同时小早川隆景及吉川元春也成为鞆幕府近臣。另外，义昭移到鞆浦之后，着手把西国的国人众（大多为毛利家臣）封为幕府的御供众（三泽为虎、山内隆道）或大外样众（兼田宗兼、村上亮康、末国元光等）。

除了毛利家的家臣团外，鞆幕府的成员还有一众跟从义昭流亡的旧幕府众，如大馆藤安、曾我晴助、真木岛昭光、松田藤弘等。除此之外的其他成员，大多是从前曾经反信长失败的旧室町幕府守护大名或守护代一族，如武田信景（若狭守护武田义统之弟）、北畠具亲（伊势国司北畠具教之弟）、内藤备前（丹波守护代）及六角义尧（南近江守护）。换句话说，足利义昭的鞆幕府政权在本质上亦是一个代表旧室町幕府以及守护大名利益的政治势力。

鞆幕府的经营，固然是完全由毛利氏负责供给，但另一方面，义昭拥有室町将军的公帖（任命大寺社主持的文书）发给权，即对京都、镰仓五山寺院住持的任命权，任命权的背后，自然便是寺院上贡的公帖钱。这个任命权是织田信长没有，也无法从义昭身上夺去的重要权力。

义昭来到鞆浦时，原本约定一同打倒信长的朝仓义景兵败后已在越前自杀；近江的浅井久政、长政父子也早义景一步，在小谷城兵败自杀；甲斐的武田胜赖也在长篠合战大败而回；三好三人众也是对信长屡战屡败。换言之，当时主要的反信长势力已经逐一被信长所破。来到鞆浦后的足利义昭，自然是希望当时最有能力对抗织田信长的毛利辉元、小早川隆景及吉川元春联合东面的上杉谦信帮助自己驱逐信长，重夺京都的控制权。

当时的毛利氏在中兴之祖毛利元就及毛利隆元的领导下，迅速地把影响力浸透到山阴、山阳两道十国，同时与西四国的伊予河野氏、濑户内海的村上水军保持合作关系；毛利氏大敌北九州的大友氏及出云尼子氏也因力量不足或有内部问题而无法对毛利氏构成核心威胁，这些都有利于毛利氏集中力量，将矛头转向近畿地区。问题是，毛利氏有没有决定及意向去打击信长？不过，毛利氏将义昭这个烫手山芋接到手里时，与信长对立已经成为必然，加上信长天下布武的刀锋早晚也会降及中国地区，毛利氏没有选择的余地了。

毛利氏通过鞆幕府的号召力，与织田政权以外的战国大名进行联系，且从天正四年至十年，在义昭及毛利氏的号召下，组织了两次"信长包围网"，证明了毛利氏接收义昭实在是等同于收下了重大的政治本钱。

从本能寺之变发生前四年，即天正六年（1578）开始，毛利氏便策反了织田方将领荒木村重倒戈，又联合大坂本愿寺反抗信长，同时毛利氏又在义昭的努力下，成功串联越后的上杉谦信、甲斐的武田胜赖及关东的北条氏政成为第二次反织田盟军的东线核心。

但这个计划最终还是因为荒木村重的有冈城陷落、上杉谦信突然暴毙出现破绽。到了天正八年（1580），一直在近畿地区倾力反抗信长至坚至锐的本愿寺，也在第二次木津口之战后后劲不继，在信长大军长年包围下，最终开城请降。两年后的天正十年三月，武田氏灭亡；北条氏也改行亲和信长的路线，这都使越后上杉氏变得孤掌难鸣，真正的盟主毛利氏也由于要对付与信长友好的长宗我部元亲吞并四国，以及羽柴秀吉入侵中国地区，早已经分顾不暇。

但可幸的是，由于信长先后与长宗我部元亲、北条氏政交恶，两方的立场又变得与毛利氏一致，而在九州，大友氏也因萨摩岛津氏的层层压迫，已经无法分兵从西面牵制。这些新出现的有利条件都使得徘徊在失败边缘的反信长包围战线得以苟延残喘，而就在这个关键时期，发生了本能寺之变。

从以上的简单追溯中可以看到，接受毛利氏庇护的足利义昭在事变前一直没有放弃打倒信长的念头，当他得知信长的死讯后，便对岛津义久说"本能寺之变乃天命难遁，故使信长自灭也"，从这一句中可见义昭心志坚定不移，以他为象征的反信长同盟亦一直为信长及其织田政权带来不少的挑战及困难。故此，若放开史料，单凭动机来说，足利义昭乃信长之死的幕后黑手的可能性，比任何人都要来得大。虽说如此，但足利义昭又是否有能力直接驱使光秀行动？又是否真的做过此事？这又是另一个层次的问题。

二、检证"足利义昭阴谋论说"

前节提到"足利义昭阴谋论说"支持者声称其两个论点皆有史料作为佐证，而不是异想天开。因此，必须对他们所引用的史料进行分析，由于部分内容涉及字眼问题，为方便各位读者理解，让大家也一同进行思考，以下将载示日文原文，提供中文翻译。

（一）神机妙算的盲点

第一个立论，即"事变前，光秀与义昭早有联络，并对本能寺之变的发生十分了解"。其根据来自三份史料，即《惟任退治记》、《六月十二日明智光秀之书状》（《森文书》所收）以及《天正十年六月十三日足利义昭御内书》（《本法寺文书》所收）。

首先在《惟任退治记》中有一句：

> 惟任（光秀）奉公仪，率众二万馀骑，不下備

中，卻密謀做反。其謀叛之心，非一日之念，應為長期以來已經有叛意。

"公仪"一词乃指朝廷、幕府、贵族、权力者或其意思的代名词。从文面上，"公仪"的本体乃指"信长"或"信长的意思"；但"足利义昭阴谋论说"支持者指出，《惟任退治记》中关于信长的称呼大都为"将军"，从没有称他或他的意思为"公仪"。

因此，"足利义昭阴谋论说"支持者以这个不协调的现象，并结合在当时一般仍称将军义昭及其意思为"公仪""上意"来考虑，认为文中所指的"公仪"并非指信长，而是指义昭。换言之，光秀所奉的"公仪"，是义昭的意思：到本能寺突袭信长。

这个说法看似十分新颖，但问题及谬误也同样存在。首先，若文中"公仪"真的是指义昭的话，文面就变得十分暧昧。其实，《惟任退治记》的撰写目的，恰恰是在批判光秀不忠犯上之余，歌颂秀吉的忠义睿智。站在这个立场，根本不须含糊地使用"公仪"一词来指称义昭。

况且，要是如支持者们所说的，那便意味着秀吉的阵营一早便认为义昭投身参与本能寺之变，就应该早早找义昭算账，而不会让他安享晚年。这不更符合《惟任退治记》的写作目的吗？

再者,"公仪"在当时除了指义昭之外,在天正年间至信长死前,也指信长或信长的意志,这个在不少有关信长的文书及《信长公记》中皆有例证。因此,把以上所引部分中的"公仪"视为"信长的命令"应最为恰当。

至于《森文书》所收明智光秀之书状,以及《本法寺文书》所收的足利义昭御内书又是如何呢?现在先把光秀的书状原文开头部分列出:

> 尚以急度(支持此说者解读为"受众")御入洛义(仪),御驰走肝要候,委细为上意可被仰出候条,不能巨细候。如仰未申通候处二,上意驰走被申付而示给,快然候。然而御入洛事,即御请申上候,被得其意候,御驰走肝要候。

上引的原文大意为明智光秀欢迎足利义昭上洛一事,并指出因与土桥平尉事前未有联络(如仰未申通候处二),所以希望平尉请义昭做出指示,光秀本人将从速回应。这封文书原文没有写明年份,和歌山县海南市史编纂委员会认为,这封书信是在明智光秀于本能寺之变后占领近江、美浓的时候,即天正十年六月十二日写给杂贺众的土桥平尉。

可能各位读者对土桥平尉这个人物不太熟悉,在这里说明一下。土桥氏乃纪伊国杂贺五乡的土豪之一，即杂贺众的代表成员。元龟年间，本愿寺与信长对抗时，土桥氏与铃木氏协助本愿寺对抗信长，同时也援助足利义昭。但在天正八年（1580），信长与本愿寺显如和解后，杂贺众便出现分裂，杂贺孙市等倒向信长，而土桥氏坚持继续反抗信长。

天正十年（1582）一月二十七日，杂贺孙市派与土桥氏因为领地争执而发生内战，最后土桥若太夫（平尉之父）被杀，事后信长借机介入事件，判孙市派一方得胜，并派织田信张进入杂贺控制局面（《宇野主水日记》）。此举无疑是信长为了试图排除反信长的势力而做出的，反信长的土桥派死守不果，被迫逃亡到土佐，土桥平尉便是其中一员。

后来，本能寺之变发生后，毛利方所收到的消息，来自"纪州杂贺"的人（《吉川家文书》），这恐怕便是土桥一族或其同党。六月三日，事变的消息传到杂贺，孙市派立即率众逃到岸和田城。六月四日，反孙市派的杂贺众便起兵攻击，发起攻击的便是与土桥氏立场一致的土豪。

土桥平尉则在知道事变后才返回杂贺，他回到杂贺后至六月十二日前的数日间，平尉便为义昭向光秀提出上洛协助的请求，所以，这封光秀的书信实际上便是给予平尉的回复信。

最后，我们再来看看《本法寺文书》所收的足利义昭御内书。那是一封足利义昭写给毛利家重臣小早川隆景的家臣乃美（浦）宗胜的御内书：

> 我已将信长消灭，请火速为上京做好准备，并将这件事转达给辉元、隆景……

内容大致是说，义昭宣称自己已杀害了信长，并且要求辉元及隆景应照原本的计划，早早上洛，帮他复位，事成后则可得封赏。

针对上面两封书信，"足利义昭阴谋论说"支持者认为，从光秀写予土桥平尉的回信来看，两人早已有书信来往，并且以土桥平尉为义昭转述上洛要求的内容来看，背后实际是由义昭主导的交涉，从而推论出义昭透过平尉向光秀下达指令。

至于义昭所写的书信，"足利义昭阴谋论说"支持者将此解读为，义昭认为自己是策划谋杀信长的主谋，并坦然对毛利家宣称自己已经通过某些方法（控制光秀）打倒了信长，并且主使光秀行事。

换言之，"足利义昭阴谋论说"支持者的主张是，以上两封书信已经强烈地暗示着光秀与义昭事前对本能寺之变发生后的安排，并且推论出，这是由义昭指示光秀进行的政变，以颠覆织田政权，甚至认为义昭预先纠合所有能帮上忙的反织田势力，待自己进京归位后，使幕府重新运作。

然而，也还是有奇怪的地方。首先，当时身处鞆浦的义昭，要是想与光秀联系，大可利用毛利家代为处理。上面所引的光秀书信中提到"事前未有联络（如仰未申通候处二）"，这就表示了光秀在收到土桥的书信前，他并没有跟土桥及足利义昭有所联络，而这一点却正好反映了两个事实。

第一个事实是毛利家与足利义昭都没有从光秀那里提前得知本能寺之变的计划。根据小早川隆景于六月十五日所写的书信，毛利家到六月十五日为止，仍然没有掌握事变的真实内容，因为信中指出光秀是与筒井顺庆、福富平左卫门及美浓三人众（安藤守就、稻叶一铁及氏家直通）联手谋反，把信长杀害的。（《三原浅野家文书》）

而事实上，以上提及的数人中，筒井处于中立，福富在二条城战死，只有安藤守就支持光秀，但很快便被稻叶一铁所杀。由此可见，毛利氏掌握京都方面的情报仍是滞后及不足的。怎么看，毛利家也没有从义昭处得到什么最快、确实的情报。

我们在毛利家留下来的史料中，也没有看到义昭在事前、事后为毛利家带来任何有关信长死讯的消息，或者要求毛利家支援光秀。如果义昭真的与光秀及毛利家事前有联络，那么毛利家理应不接受秀吉的和谈提议，但最终毛利家却选择了停战，这便等同于背叛了义昭，这也更难使我们确定义昭主导了这次事变，或者跟光秀有联系。

反之，毛利家与羽柴秀吉的和解，大概率已经表示了毛利家并未得知本能寺之变的真相，这个决定对足利义昭来说，当然是晴天霹雳。所以在六月十三日，义昭再三要求毛利家做出行动的书信，也如实反映了足利义昭的心情。就在这个进退两难的局面下，义昭才决定透过土桥平尉联络光秀。顺带一提，毛利家在确认事变真相后，也不愿意帮助义昭重返京都。

说回来，义昭对光秀的信任度有多少，也是一个疑问。原本协助信长牵制义昭权力的，光秀是其中一分子，其后离开幕府，参与对义昭战事的，亦正是光秀。所以对满脑子都是打倒信长、再兴幕府之念的义昭来说，除非是到了走投无路、万不得已之际，才会选择光秀吧。

第二个事实是明智光秀迫不得已才选择联合义昭。如上面所说，在毛利家不愿意支持义昭的情况下，义昭才找光秀的，那光秀方面又怎么样呢？由发动事变起，光秀联系各方的书信中，从没有提及义昭的事情，就算是在事变后，面对细川藤孝、忠兴父子和筒井顺庆的意外中立，光秀极度希望再度劝诱他们时，也没有拿义昭来增加自己的正当性。

光秀给予细川父子的书信中，只强调"信长连连令我尽失颜面，而且经常肆意妄为，如今已经诛杀父子二人，以消心中积郁"，在当时要尽快稳住近畿控制权的光秀，理应快速把所有有利条件拿出来作为拉拢对方的筹码，如果义昭真的与光秀联手，他应该很理直气壮地打出义昭这张牌来树立大义名分，但光秀没有这样做。

那么，那封回应土桥平尉的书信又应该如何解释呢？由于土桥平尉写予光秀的书信没有留存，所以我们未能确认土桥平尉发出书信的日期，而在本能寺事变前，也没有史料可以确定土桥平尉的所在地。

不过，光秀发出书信的时间是六月十二日，也就是山崎合战的前一天。这时的光秀已经处于孤势及战局不利之中，虽然光秀在书信上强调一切事情顺利，但这却是报喜不报忧的外交辞令，那时的光秀其实很希望有援军能够牵制秀吉，毛利家自然是最好的援助对象，所以是光秀看准了义昭的存在，并借这封书信，使义昭带同毛利军从后赶来才对。

总的来说，从以上的考证及推论，义昭也好，光秀也罢，从一开始便没有与对方联络、合作的迹象及意向，反而是双方在最后，因为利害一致才勉强地联手，试图把局面扭转。两方一开始的"神机妙算",似乎只是来自后人的推测及牵强附会而已。

(二)不可能的合作

那么,"足利义昭阴谋论说"支持者的第二个立论,即"事变前,光秀已经试图拉拢各反织田大名援助"又是怎么一回事呢?支持此论者引用了事变时抵抗织田家的上杉家的史料作为证据。该史料乃是一封书信,由上杉景胜的家臣河隅忠清写给正身处信浓的同僚直江兼续。

书信的解题中就写道"于同年(天正十年)六月,向出阵信州的直江兼续呈送的书信,内容为河隅忠清报告明智光秀遣信至越中,问兼续之意"(《觉上公御书集》)。当时兼续正跟随景胜在信州防备森长可及泷川一益的入侵,而河隅忠清则留在春日山守城。同信原文(《觉上公御书集》所收版本)如下:

> 先日者,御書所下候,奉頂戴候。
>
> 仍其錄彌諸口被思食御盡之由,目出至極奉存候。
>
> 然而一昨日,御越河之由申來候。何方迄被御出馬候哉。
>
> 昨今者一向御左右無御座候間,無御心元奉存候。隨而上口樣子,委不承候。

第七章 阴谋论的虚实

一昨日、從須田相模守（滿親）方召仕之者罷越、才覺申分者、自明智所魚津迄使者指越、御當方無二御馳走可申上由、申來候与承候。

　實儀候者、定自須田方直に使を上可被申候。

　將又、推參至極申事御座候得共、其元儀、大方禦仕置被仰付候ハバ、早速被納御馬、能（登）越（中）兩州御仕置被成之、御尤之由奉存候。

　此旨宜預御披露候。恐惶謹言。

这封书信并没有原版留存，只有抄写本分别收录在上杉家的《觉上公御书集》及《历代古案》中，后世所写的《上杉景胜卿记》及《从三位权中纳言上杉景胜卿记》都有引用这封书信；但由于这书信是抄写本，没有原物，故该书信日期及收信人在各史书中的记载都有所不同。

《觉上公御书集》记明书信日期为六月三日，收信人为直江兼续；而《历代古案》则既没有日期，也没有收信人名字，至于《上杉景胜卿记》及《从三位权中纳言上杉景胜卿记》，两者都没有收信人，但前者则把日期定为六月四日，后者则是五月四日。总而言之，这书信的问题是不少的，很难单凭某一说法就定下结论。

可是，"足利义昭阴谋论说"支持者却选择性地依据《觉上公御书集》的记载，认定此书乃六月三日写成，并认为文中（加粗部分）的"一昨日（前日）"便是六月一日，即本能寺之变发生前一日；从而推论明智光秀在本能寺之变前，大约五月二十七日或二十八日左右已经一早接触过上杉氏，并混入鱼津城通报自己将发动本能寺之变。他们又称书信中提到，要求上杉家向义昭提供援助，即间接表示光秀乃以义昭之名义向上杉家发书信。有关其真伪，现在就进行检讨。

首先，这个解释有三点值得再考虑。

第一，"一昨日"是否是六月一日，取决于书信日期（六月三日）是否可信。就算是六月一日，也存在一个极大的矛盾——当日，鱼津城还处于被柴田胜家、佐佐成政、前田利家及不破光治等为首的织田北陆军的包围当中（六月三日陷落）。

须田满亲在当日应在越中的天神山城（《上杉家御年谱》），至于上杉景胜，当时的他则在信浓，六月八日，织田北陆军收到本能寺之变的消息后才火速撤军，离开鱼津。须田满亲则在六月十一至十三日左右接收鱼津城（《上杉家御年谱》）。因此，六月一日当日，须田满亲绝不可能在鱼津城。而在当日，陌生人（光秀使者）又岂有可能进入正被织田军攻击的鱼津城？

第二，便是光秀决定谋反的时间，最早也不会早于五月二十七日，因为信长命令光秀出兵援助秀吉一事仍未发表,即谋反的契机仍然未出现。故此,光秀在数日间又如何能早过此书信,令自己让上杉家上下有所认识?这是不可能的。

第三,以上的考虑都是基于此书信写于六月三日的假设而已。依据第一点的考证,此书信在六月十三日前后送达须田满亲手上才叫合理吧?换句话说,当时光秀占领近畿地区的行动并不顺利,为了避免遭到同僚的反击,故采取借敌人之手来牵制他们的策略。

其实,一封写于六月九日,由上杉景胜写给会津芦名氏的外交僧·游足庵淳相的书信(《平木屋文书》)足以证明,上杉家跟毛利家一样,直至事变后一周,都仍然没有掌握事变的真相。书信内容如下:

> 因秀吉于播磨、摄津一带率兵包围毛利方的城池,故毛利家派军队从后出击,秀吉被俘虏。信长为了救援秀吉而出兵,但在此之前秀吉已经被毛利家所杀。于是信长便回师,就在途中,其侄七兵卫信澄突然叛变,信长因而被迫自杀。这个情报乃从加贺近越中方面报进的。

如依照"足利义昭阴谋论说"支持者的说法,早早收到光秀通报的上杉家理应一早行动,并不可能到了九日还向游足庵写出这样与事实完全相反的内容。或许有人会认为是为了情报操作，将此用在亲织田的会津芦名氏，对上杉氏来说，这样做好处不多，如真的要做到消息控制或封锁，对象应为北陆的织田军才对吧。

因此，这封文书便更清楚地证明了，上杉家并不可能在六月三日收到明智光秀的书信。事实是，上杉家一直到六月十三日才大概掌握了事变的基本事实。基于以上的分析，加上河隅忠清那封书信的日子成疑，笔者认为那封书信很可能是事变发生后，光秀才写给上杉方的，而上杉家到那时候为止都应该对明智光秀没什么认识。

★ ★ ★

"足利义昭阴谋论说"在史学界曾引起极大的讨论，但近年在其他史学家的分析下，被证明存在不少谬误及矛盾。以上的分析也清楚表明了这个事实，并可以说，"足利义昭阴谋论说"是一个极有意思，但并不可能成立的一个想法而已。

就以上的详细考证，足利义昭的确对信长恨之入骨，单凭动机来说，他是非常"乐意"杀害织田信长的人物，但问题是，他与明智光秀两方的互信度也十分之低，因为光秀曾经背弃过义昭。义昭与光秀如何修复以往的隔阂，并且回到合作关系上，这一点是"义昭阴谋论"支持者从没有解释清楚的，也是这个说法的第一个漏洞。另外，"义昭阴谋论"支持者评价足利义昭移到鞆浦的鞆幕府以及其号召力不低。就这个说法，笔者是表示认同的，只是这并不代表鞆幕府就能直接干预、操纵明智光秀的行动。更大的问题是，纵然"义昭阴谋论"支持者一再强调明智光秀与义昭事前有联系，但却没有解释，以及证明两人之间在事前已经有过接触迹象。

总而言之，"足利义昭阴谋论说"与"朝廷阴谋论说"一样，是基于史学家先入为主的想法而形成的。就此说的史料运用而言，其论据不得不说是过于轻率。因此，笔者大胆地认为，除非有新的史料把以上的质疑加以否定或解答，否则此阴谋论说的可信性比朝廷阴谋论说更低。

其他阴谋论说——阴谋之交错

上面两节已经详细地分析及检讨"朝廷阴谋论说"及"足利义昭阴谋论说"的问题，但其实除了以上的两说之外，还有很多由各家提出的阴谋论说。一如前文曾提及般，当中的众多说法都没有证据，多是流于揣测。可是，其中的某些说法却曾引起坊间极大的回响及震撼。故在此节，将简单地把这几个说法加以检讨。

一、耶稣会阴谋论说——上帝之神罚？

首先，这其中极受战国史爱好者瞩目的一种说法，当数"耶稣会阴谋论说"。这个说法乃独自研究战国史的学者，对织丰时代中央权力素有研究的已故学者立花京子女士提出。这个说法有以下四个主张：

1. 耶稣会间接向信长导入"天下布武"的思想；
2. 耶稣会向信长提供军资金及技术支援，助其取得天下；
3. 耶稣会因为信长改变原定（耶稣会打造的）路线，于是与正亲町天皇协商，并透过津田宗及派明智光秀杀害信长；
4. 因为光秀背上弑君的大罪，难以协助耶稣会完成大计，故改派秀吉把光秀杀害，再扶助秀吉为天下人。

这四个主张在提出的时候，便引起了广大的反响，并引起不少爱好者开始重视耶稣会在当时日本的影响力。可是，笔者认定这四个主张有不少谬误的地方，实在难以认同。

就第一点，关于耶稣会向信长导入"天下布武"的思想的经过，立花氏说是归功于吉田兼右、清原枝贤这两位贵族，以及细川藤孝这些"潜在的基督徒"的帮助。另外，她又指出信长的"天下布武"印章乃椭圆形，与西方国家所用的印章形状相似，故推定信长乃受到西方文化影响，而当时能传播西方文化的便只有耶稣会。

这个证据与其说是证据，倒不如说是推理更贴切。一如其他反对这说法的意见所指，当时印章的使用，很大程度上是来源于中国，中国宋代的高僧们就已广泛地使用椭圆形印章。那么，由中国的寺僧传到日本的禅僧，再在日本广泛传播，不是更有可能吗？之后，信长的印章改成了马蹄形，那么这便说明信长已经离开耶稣会了吗？

另外，有关吉田兼右、清原枝贤及细川藤孝等人为"潜在的基督徒"一说，也是缺乏说明及证据的。三人是何时，又是怎样成为基督徒的，立花氏不单没有充分的史料作证，她甚至忘了清原枝贤本人曾经请求幕府及天皇将传教士赶出京都。又例如吉田兼右，以他的出身是吉田神社的社司，又是神道家来考虑的话，只以他及细川都对耶稣会有一些交流或者没有敌意，便认为他们就是"潜在的基督徒"，那实在是过分跳跃的推论了。更何况三人是怎样向信长导入"天下布武"的过程，立花氏的解说也是乏善可陈。当时以上数位人物的相关史料（如《兼右卿记》）中，也从没有提及他们与耶稣会、基督教有密切联系。因此,所谓的"潜在的基督徒"是很难说过去的。

第二点,即立花氏所谓耶稣会向信长提供军资金及技术支援又是什么情况呢?首先,所谓的"技术支援",当然是指武器(如铁炮和大炮)。立花氏指出耶稣会在丰后国的战国大名大友宗麟的协助下,在丰后国的府内建造铁炮制造工厂,并在后来向信长献上大炮一事,就此便认定"信长间接地接受耶稣会的军事援助"。

另外,立花氏又认为耶稣会在丰艺战争(大友氏对毛利氏)中,帮助宗麟控制了硝石(制造铁炮的原料)的进口,是"协助宗麟的军事行动的证据"。而在《信长公记》中,信长在大坂合战中使用的"大铁炮",立花氏又认为极有可能便是耶稣会提供的大炮。就算是传说中的信长军在濑户内海战中登场的铁甲船,立花氏也认为,那是在耶稣会西方技术的支持下制成的新武器。

从这三例中,立花氏便推定耶稣会向友好的战国大名提供军事援助,信长的"天下布武"也是其中一例。不过,提供大炮事实上并没有任何史料证明,立花氏牵强地以"这因为是秘密中的秘密的关系"为由,故才没有公开一说来解释。

以上的数个要点,相信各位读者们看到后,也会觉得当中存在很多矛盾及缺乏证据。首先,丰后府内的所谓铁炮制造工厂,其实在当地的古地图及所有大友氏的史料中都没有确证，同时亦没有任何史料记载宗麟在传教士的介入下，召集技工制造铁炮。

还有，单凭大友宗麟仅一次的上贡，便断定信长接受耶稣会的军事援助，这也显得太过武断了。至于丰艺战争及对战本愿寺的"援助"，更是莫名其妙。前者的硝石进出口控制，最后也并没有帮助宗麟打败毛利元就，反而毛利氏最后在控制博多港及门司港后，将硝石的供应拿到手，这又如何说耶稣会协助大友家的军事行动，更遑论这种协助是有力的帮忙了。

至于对战本愿寺方面，《信长公记》所记的"大铁炮"并没有说明是来自欧洲，而且当时大口径的铁炮，通常称"大铁炮"。而真正的大炮，当时多称为"石火矢"或"大筒"，所以"大铁炮"不太可能等于大炮。至于铁甲船，亦存在一个很简单的反问，在当时还没有铁甲船出产的欧洲，何以把这个技术先传到日本？在史料上，只在一份叫《多闻院日记》的史料可见，除此之外，没有其他更清楚的记载，更遑论是与耶稣会有关的了。

事实上，在铁炮技术方面，西欧并非唯一的技术来源，熟知战国史的爱好者，大多知道纪伊的杂贺众及根来众都是熟谙铁炮的佣兵集团，更是坚定的佛教徒。如依据立花氏所说，所有先进的技术都是来自耶稣会的导入的话，这帮基督教视之为大敌的集团，又怎样得到这些"专门独有"的技术？

况且，关于火绳枪传入日本一事，一直都称是天文十二年（1543）偶然来到日本的葡萄牙商人将火绳枪传到日本，但是，火绳枪的传入并非只有一个渠道。考虑到当时西日本的倭寇贸易之盛，以及在《北条五代记》等二手史料中都可看到铁炮的记载早于天文十三年，纵使这些记事都不一定可靠，但这可假定早在天文十二年以前，极有可能已经存在铁炮，或许来自中国，或从倭寇贸易中得来的西欧铁炮也并不出奇。这也可说明为什么以当时的情报流通能力，铁炮能在天文十二年后仅五年内便在全日本不少地方流传及制造。这恐怕只有一个解释，便是铁炮的传播是有数个传播点及时间点的。

到至于第三、四点方面的问题，立花氏扬言信长"不单只透过耶稣会的支援去挑战全国统一的大业，同时也是由耶稣会扶植出来的武将"，又引用传教士瓦伦尼亚诺的《日本巡察记》中"终于我们的主把信长扶持起来了"一说来作为根据，说明信长在耶稣会的关系下，才会敢于攻击比叡山、本愿寺这些与基督教敌对的宗教势力。

可是，本书早在第一部分便引用考古发掘的结果，结合信长接受本愿寺降服以及其他诸事件来看，信长并没有存心消灭比叡山的迹象，也不是全面绝对地与佛教为敌，所谓的"扶持"也不过是因为信长优待传教士，传教士因而对信长用上了夸张的赞美而已,信长受耶稣会支持之说便更加不合理了。

至于本能寺之变是否与耶稣会有关,弗洛伊斯在《日本史》中提到本能寺之变时,写下这样一句:"耶稣决定了信长死亡的日子。"于是,以立花氏为首的史学家、小说家便引这句来认定耶稣会便是信长被杀的幕后黑手。当然,这也是十分牵强无理的。

首先,耶稣会传教士的笔记资料向来都会根据他人对基督教的好感高低,做出不公允不客观的评价及说法。那时的信长因为所谓的"自我神格化"事件,与教会的关系疏远了,便有立花氏等史学家认为,因为信长背离了耶稣会的总路线、大原则,因而决定亲手除去信长这个"叛徒"。但问题是,耶稣会又如何跟光秀扯上关系,更能够命令他去杀害信长呢?事实上,在前文中我们已经知道,传教士得知光秀叛变后,都痛骂光秀为"恶魔",本书多次引用的《弗洛伊斯日本史》中便提到:

> 明智光秀是恶魔和他的偶像们的重要盟友,他对我们不但十分冷淡,而且对我们抱有敌意,而我们都知道他对主耶稣是毫无爱护之心的……

这样的光秀又怎么会跟耶稣会扯上关系呢?立花氏便

解释，耶稣会是得到了朝廷及天皇的同意，在利害一致的情况下命令光秀杀害信长。这个说法更是无稽之谈。前部已经提到，朝廷及贵族们一向采取敌视耶稣会的立场，又何以会因为想杀害信长，而与这个更大的宿敌合作？这点也是说不成理的。

再者，光秀成功后，耶稣会又怎样，以及为何选中秀吉？秀吉又何以愿意任凭摆布？这几个基本的质问，是立花氏没有说明清楚的。立花氏只提及"传教士最终决定由光秀负上弑君的罪名，而选出秀吉以大义名分（为主君报仇）除去光秀后，将可顺利地完成统一的大业"，"光秀明显被欺骗了"。这样说来，感觉立花氏认为传教士以及其所属的耶稣会拥有为所欲为、呼风唤雨的巨大力量，即使是信长、秀吉、光秀这些出色的将领，都是他们的扯线人偶而已。如果为真的话，这些力量的背后理应有庞大的收入，才能支持耶稣会进行这些活动及提供交涉的经费，而单凭宗教的力量是不可能的。

但问题是，当时耶稣会的财力其实是非常不足的。前述的传教士瓦伦尼亚诺在另一部访日记录《日本要录》中便提及，在日本的教会"因为日本战争及政权更替频繁的影响下，在日本的传教士所得的资金非常少，不足二万克鲁札多（当时葡萄牙货币名称 Cruzado）……他们的生命及财产权都受到极大威胁……（教廷）不补贴的话，日本的耶稣会及基督教都会灭亡了",可见当时耶稣会的经费并没有想象中那么高。而根据庆长四年瓦伦尼亚诺的报告书,一个克鲁札多大约等于一石(五味井隆史《德川初期基督教史研究》),根据基督教史学家们的研究,耶稣会的经费从元龟二年(1571)的二千克鲁札多(大约二千石),到了天正十年本能寺之变前,则增至十倍的二万克鲁札多,这明显是因为信长对基督教持宽容的政策,使其能在织田家控制的领土内传教,间接使得经费增加,但事变后,耶稣会的经费下降一半至一万克鲁札多,到了天正十五年(1587)才回升至一万五千克鲁札多。

从以上的数据便可清晰地得出,当时的耶稣会财力根本不足以支持信长进行"天下布武"。在信长眼里,那区区一万石左右的经费还不及他领国岁入的百分之一,反而因为信长的天下布武及优遇政策,耶稣会的经费及开支才得以增加。信长死于非命后,耶稣会经费便立即暴降百分之五十,这样更可直接地否定所谓耶稣会有巨大的财力去主宰战国日本的政局之说。换句话说,耶稣会其实也是事变之下的一个受害者。

以上简单地检讨了所谓的"耶稣会阴谋论说",笔者认为整个理论都建立于提出者自己的想象,再找个别史料去牵强附会。信长与耶稣会之间,事实上并不存在从属或受命的关系，信长的"天下布武"也不可能来自西欧的思想，这些漏洞都是立花女士所解释不到的，整个论说系统都来自一层又一层的推理及想象，这比起前两节两个阴谋论说的说服力，倍感无力。至于有关耶稣会的实力问题，以上也直接或间接地进行质疑及批判，指出耶稣会绝不可能是所有技术的提供者，而且也不可能拥有庞大的财力去左右日本的政治局势。这些都只可能存在于立花女士不合理的推论中。

二、秀吉阴谋论说——智慧猿夺取天下之阴谋？

一般说到本能寺之变，便必然地提及甚至怀疑羽柴（丰臣）秀吉才是整个事件的幕后黑手，原因是秀吉在事后乃第一个奇迹地赶回近畿，并于山崎打败明智光秀的英雄，是整场事件的最终、最大得益者。人们的神经永远都是敏感的，这样的"奇迹""得益"自然也会引起后人的猜疑。

人们多数会提出一个质问：为什么只有秀吉能够及时赶回来？这个问题恐怕也是"秀吉阴谋论说"的构成基础之一。另外也有人认为是毛利辉元、秀吉、光秀三人合谋，当然也因为秀吉顺利地与毛利讲和，后来又打败明智、柴田、泷川及织田信孝后便自立为王，冷落织田家，人们便认为这是秀吉一早的阴谋,也就是透过光秀杀害信长,以便自己称王的一个极端方法。

的确,秀吉是本能寺之变的最大受益者,而能够令他得以成为为君上报仇的大英雄的,便是因为"中国大撤退"这一个神速的军事行动。这部分笔者已经在前部中加以交代,从备中高松至摄津尼崎,大约一百八十五公里的路程,秀吉军只用了五日余便完成,以现代的角度看当然不能算快,甚至可以用"龟速"来形容。可是,一般人总认为古代比现代落后,在没有汽车、火车等代步运输工具的战国时代,秀吉单以人力及马力来完成这样不可能的行动,于是引起小说家等坊间人们的怀疑。加上秀吉与毛利家的讲和工作进展得异常顺利,更使人怀疑秀吉事前已经计算好事变的发生,并按时间所需去进行讲和,以得到"不在场证据"。不过,"神速行军"一事已经交代了,至于停战议和方面,只要小心查考,便知道以上的揣测是不恰当的。

首先,有关与毛利家的议和一事,经过鸟取城及高松城的惨败后,毛利家在中国的势力已经开始转向劣势,另外也要应付南条、宇喜多及羽柴三家的夹攻,与此同时,秀吉又在天正十年邀请织田信长亲征毛利氏,以便一举讨灭或降服毛利氏。因此,对于毛利氏来说,要是等信长来到才议和,恐为时已晚。故此,便早早在高松城之战时,向秀吉提出和解。而在这个讨论条款细节的时候,不知道本能寺之变发生的毛利一族,听到秀吉愿意让步和解,这根本是求之不得的事情。即使是秀吉撤兵回畿内的期间,毛利家得知本能寺之变的消息后也没有追击,这并不是毛利家与秀吉有默契,而是秀吉亦准备了防范计策,例如把南条、宇喜多及亲织田的国人众留下来,防范毛利家的反击,同时也对村上水军及乃美宗胜进行调略。(《萩藩阀阅录》)除了这一连串的措施之外,毛利家也基于不知道上方的情况,故不能贸然追击。因此,并不是两方存在默契,而是秀吉在撤退时已经做好一切的准备防范毛利家反击而已。

这样看来,不管是大撤退,还是与毛利军议和停战,要是秀吉真的事前有准备,那应该一早考虑撤军的问题,或许应早在事变前便有准备的迹象,例如早早接受毛利军的要求,不须强硬要求清水宗治切腹,但以上一系列的史料已经证明了,秀吉在事前并没有准备充足。只有秀吉等亲队赶得回去,有谋略又有何用?

三、家康阴谋论说——神君报复之诡计?

至于家康阴谋论说,一般的说法都指是家康与光秀及其家臣斋藤利三合谋杀害信长,并在事后,待家康从堺回到三河后，再举兵呼应光秀，又或者说家康指示服部正成（半藏）暗杀信长。这个说法与秀吉阴谋论说大抵是异曲同工，但与秀吉方面不同的是，秀吉阴谋论说的动机只能归于野心说，但家康阴谋论说除了野心之外，也有怨恨的成分。

所谓的怨恨有二，一个是家康在同年二月的武田讨灭战中，只得到骏河一国，因封赏不公而不满，又怕信长会在武田家灭亡后，把德川家视为弃卒。另外一个便是在天正七年（1579），信长迫令家康杀死自己的爱子信康及正室筑山殿，怀恨在心的家康，在天正十年上京时便与同样对信长不满的光秀商议计划。

最近，这个说法也得到了声称是明智光秀子孙的明智宪三郎的支持及引申，他还补充指出，家康会与光秀联手是因为光秀告知自己，信长有在武田家灭亡后顺手铲除德川家的计划，于是为了保身，便决定先下手为强。

然而，这些类似的怨恨说法事实上是存在一连串的漏洞的。就像第一点，家康在讨伐武田家一役中，的确只是从骏河口进攻有功，其他的甲斐及信浓，的确是由织田军攻下来的。若家康要求得到甲斐，才是不合理的要求。

而且德川家能够长年抵抗武田信玄、胜赖两代的侵攻，织田信长的助力不少，绝非家康一人之功。另一方面，对于织田家来说，东面的北条及奥羽地区仍未成为织田家的领地，在那方面，信长期待由重臣泷川一益及家康负责，尤其北条家方面的对应更需要家康来支援。因此，信长没有可能，也没有必要在灭亡武田后便顺便灭亡德川家，而且亦没有这个迹象。故此，这个说法，只能说是提出阴谋说的人的想象而已。

至于传说中的信康事件，这在江户时代为了强调家康的无垢，一直都视之为信长的阴谋，家康只是被迫的。但问题是，在德川幕府的控制下，这个说法显然存在政治操作，不能断然相信，而且在近年的新研究中便已经确实地否定这个说法。

根据《安土日记》这份史料中提到"三州冈崎三郎殿（信康）意想不到的行为乱暴"，以及《松平记》中提及的"让其（信康）自杀之事，在天正七年八月朔日向信长报告了。若信长也因此而震怒的话，则任由他的意思来决定了吧"，另外还有在《信光明寺文书》收录的家康写予信长宠臣堀秀政的书信中也提及"此次派酒井忠次向信长报告之事，已经得到信长恳切的回应，实不胜感谢，有关三郎不自重之事，已经在去（八月）四日把他赶出冈崎城了"。

从这几个德川方的史料中，都可以看到处罚信康并实施执行的，是家康，信长一方充其量只是被知会和被寻求同意家康的处置而已。故此，撇开事情的因由及动机不说，信康事件引起信长及家康的不和一说，已经是不成立的，自然基于这个说法而立论的怨恨之说也便难以认同了。

再者，撇开以上的论功行赏之争及信康事件，从客观情况来看，也很难想象家康与本能寺之变有关联。其中一个最大的关键证据，便是所谓的"穿越伊贺"的传说。

众所周知，家康在得知信长遇难后，曾想过自己殉死，但被本多忠胜等人阻止，之后便计划逃过光秀的视线回到三河，欲为信长报仇。明智宪三郎称这不过是家康演的戏，目的是把同行的穴山梅雪害死，但问题是家康所到的地区及路线都不在家康的势力范围内，家康一行人又怎么能肯定及事先安排沿途都能打点妥当？

先说家康一行不过二十人，这个数量要在大乱中全身而退已经很不容易，又怎么可能在信长死去、近畿一片混乱的情况下既要设计害死穴山梅雪，又要火速回到三河配合光秀？

根据史料的记载，当时家康在河内国游览时突然收到信长遇害的死讯，此时家康处于既惊慌又崩溃的状态。更有甚者，家康一度想只身找光秀报仇后，再自杀跟随信长。几经本多忠胜等人的苦劝，才决定先回到三河，再起哀兵报仇。（《石川忠总留书》）

家康在现代日本人心目中的形象并不好，相信各位读者读到以上情节,或许会半信半疑,觉得家康可能是在演戏。然而,回顾信长与家康二十年来的交情和经历,以上史料记录家康的反应理应有一定的可信性。事实上,家康在事后决定回到三河时,经大和国进入伊贺,再经伊势长太港乘船回到三河冈崎城时,已经是六月五日左右,亦即前后花了近两日半时间。其间家康也是几经辛苦才安全脱离险境,比如在途经伊贺时,就遇到了土民的袭击,这个情况在义昭落难逃到鞆浦的途中也曾遭遇过,在当时实在不足为奇。根据史料,那时候多亏服部正成及茶屋四郎次郎的帮助外,还有得到当地的武士多罗尾氏、和田氏出手解救相助,家康一行二十人才从土民的包围中突破,事后家康写信给大力救助自己的和田定政,说:

> **今后阁下一家的身家性命,我家康必定保护到底,而且会尽力提供协助。**

如果家康真的跟光秀合谋,根本不需要写这封感谢信,也根本不用选这条辛苦的回途,或者光秀也应先为家康安排后路才对。而且,如果家康早知道光秀会在六月二日起兵的话,为什么在离开安土后继续往西面走,而不是设法提前赶回三河配合呢?事实上,两者在此事件中,根本没有事前协调的迹象。更重要的是,家康是如何确信光秀必定能成功杀死信长，而光秀又怎样确信与信长多年交好的家康不会起疑，不会将消息泄露给信长？

再者，在家康一方的史料中也没有看到他与光秀在以前有什么交流的记录。而光秀在事变后，努力招揽其他势力倒向自己时，也没有利用家康作为宣传的筹码。难道说两人是有计划杀死信长，却没有配合的二线作战或后备计划，又或者他们只是一心杀了信长泄恨便够了吗？但是，家康这样做的意义又是什么？又有什么利益保障？

以上这些反驳都是"家康阴谋论说"支持者没法提供合理解释的盲点，也是该说难以成立的死穴。

四、本愿寺教如阴谋论说——佛法灭魔？

最后的"本愿寺教如阴谋论说"，也是近年曾一度引起讨论的说法。本愿寺在元龟争乱对抗信长至天正八年降服于信长，中间的历程史称"十年战争"。与信长有如此长时间的战争，说本愿寺有杀信长的可能，也一点都不出奇，所以产生此说，是十分正常的。此说起初由净土真宗教徒寺内大吉提出，他推测曾坚决对抗信长、被视为信长大敌的本愿寺教如，很可能在天正八年大坂本愿寺降服后仍然心有不甘，于是联合光秀起事。

另外，研究本愿寺的专家也发表类似的论点，认为教如以至本愿寺内反信长的宗徒乃杀害信长的幕后黑手，论说要点如下：

1. 教如离开本愿寺后潜伏在外，谋求再抗信长。
2. 天皇为了保护教如不被织田家所杀，于是接受教如的提议，命光秀杀害信长。
3. 秀次秘书驹井重胜的日记《驹井日记》中记载显如死后（文禄元年），秀吉改立其弟准如为本愿寺门主，原因为"信长公御一族之大敌"，即是指发动本能寺之变一事。以及教如的属下下间赖龙对善德坊御房说"（信长之死）为求之不得之事也"。（《善德寺文书》）
4. 秀吉得以快速回到近畿，乃因教如事前提供情报，故秀吉到达姬路后便与教如交谊。

以上四大要点，事实上同样含有先入为主及史料误读的成分。首先第一点，教如在各地密谋打倒信长一说，是没有大问题的。但这样便强行地将之与本能寺之变扯上关系，却又过于牵强附会。即使教如一贯反信长的立场是千真万确的，但也不一定便与事变有关，否则所有对抗信长的人也可以是真凶了。

有关第二点提及织田家攻击教如一说，阴谋论者引用一份名为《大谷本愿寺由绪通鉴》的史料作为引证,但问题是此史料一如其他反论所说,当中有关织田诸将动向的描述都有出错,实在难以引为有力的证据。

如果真有其事,更为可靠的本愿寺方一手史料《宇野主水日记》,或者第三者的《多闻院日记》之类史料也应有提及才对。另外,同阴谋论者又引用明智光秀写予土桥平尉的书信(请参考"足利义昭阴谋论说"一节),认为"上意"是指教如,而不是信长或义昭。但一如笔者已经分析过的,通观全文内容,"上意"只能视为"足利义昭",教如一说是毫无根据的。至于教如请天皇命光秀杀害信长,同样地在本书"朝廷阴谋论说"一节中,已表明天皇根本不可能有杀信长的念头,而且杀害了信长、助本愿寺教如重掌权力,这对天皇及朝廷又有什么好处?这也是无法说明的。

至于第三点,也实在是难以认同的。首先,认为教如便是真凶,即所谓"信长公一族之大敌"根本不应是指本能寺之变,反而,这句话是指由石山合战至本愿寺降服后,教如依然保持反信长的姿态,这不是更正常及合理的解释吗?因此可见,"大敌"一词与本能寺之变的关系,这大概又是一个牵强附会的想法罢了。

另外,下间赖龙的发言问题,也是十分勉强的,包括本愿寺在内的反信长人物,一听到信长死去,自然欢天喜地,"求之不得"一词也只不过是表达自己阵营的一贯立场及想法而已,实在难以将之扯到发动事变的问题之上。

至于有关秀吉以"不合乎常识"的速度回军,认为必定是事前有人提供情报。回军问题已在前文提及,在此不赘述,而事实上当事变发生之后,京都附近的奈良、纪伊、堺港都在事后一日内至一日后便知道消息,而距离京都一百九十公里外的三河国深沟也在六月三日便知道事变的发生。因此,当时情报的传播亦并非不可能在数日内传到位于高松城外的秀吉大本营。

本书在前节已经提到,秀吉大约是六月三日夜间至六月四日凌晨时分得知事变的。(《浅野家文书》《惟任退治记》)因此,秀吉并不似是在事前或事变后立即得知事变的消息,所以,对此产生怀疑的人只好在此做文章来强化自己的想法罢了。

大抵阴谋论说的立论基础,都直指信长在推动"天下布武"的背后,挑起了诸多势力的不满,引来了诸多仇敌。当然,希望信长去死的人,不用笔者去说,各位读者大概都知道是多如星数。即使是与信长保持良好关系的朝廷、公家当中,亦会有不少是面从腹背,敢怒而不敢言的。

可是,要是认为朝廷的贵族们会为了个人的仇恨而动辄杀害信长的话,到底也不过是过度的猜想。要是公家等集团都存在如此大的勇气的话,那后来秀吉强夺关白之位,家康、秀吉强势对付朝廷等事件发生时,大抵会被阴谋杀死的人,亦应不只是信长而已。同样,要是反信长的大名及足利义昭真的如此具谋略的话,那么,织田信长的"天下布武"也应不会如此顺利地进展到事变前的样子吧?由于这个强烈的质疑,本章数节说明及分析了六个主要的阴谋论说,大抵各说都存在数个能称为漏洞的共通点。

第一,各个阴谋论的幕后黑手究竟如何、何时令光秀愿意与其合作?以上六大阴谋论说,都没有清楚解释,各说都只描述光秀乃基于利害一致的情况下合作,但除此之外,究竟有什么方法能令光秀成为他们计划下的棋子?这也是没人能够在阴谋论说中清楚解释的。各个阴谋论说都只追究原因、动机,却无法利用有力的证据去完整地重现整个计划的所有部分(从开始到发动,再到善后)。

第二,各阴谋论的幕后黑手如何令光秀不会变卦或告密,又或者光秀如何避免在实施计划中有人突然倒戈、告密?这些问题都是阴谋论的支持者无法自圆其说,或找到史料证明的。在当时,大家都不能把"计划"随便说出来,但却难保有人会中途改变主意或走漏风声,以上所有的阴谋论说,都只强调两方(幕后黑手及光秀)一拍即合，下一步已经是完成事变的发动。这样不能不说是十分简略及过于简单。或者说，阴谋论说的提出者大抵都只憧憬、幻想着光秀的行事动机，往动机的方向钻，却没有考虑细节性的问题。

第三，阴谋论说从没有交代光秀成功后与幕后黑手的工作对接。一般的阴谋论说都没有提及事后的问题，如事成后光秀的地位有保证吗？如何应对其他织田家的家臣？等等。但最基本的问题是，如何帮助光秀应付可能出现的困难？如秀吉回到近畿，筒井顺庆、细川父子意外中立，光秀都是自己在作战，所有的幕后黑手也没有为光秀进行交涉或排难解纷。幕后黑手是否只为杀死信长便了，而把事成后的光秀视为弃卒？

第四，各阴谋论说没有交代光秀是如何说服其家臣团的。即使光秀愿意行事，也不代表他的家臣们也愿意行事或任人摆布，所有的阴谋论说都只集中在明智光秀本人身上，但却忽视了其家臣团对于整个事件的重要性，或许只认为他们在光秀的命令下，便会乖乖行事，这样一厢情愿的风险之高却没有人提及。

第五，是史料上的佐证不足。一如本书序言所说，到现在为止，都没有与本能寺之变相关的直接史料，而以上的阴谋论说，有的是从侧面推论，有的则是强调运用一手史料使己说具公信力。然而，综观以上各种阴谋论说，其实都无法提出具信服力的史料以作支持,反之,就以上各节的分析及批判,提出这些观点的史学家或坊间人士却大多在曲解史料或先入为主的前提下开展自己的论说。故此,笔者认为以上几个阴谋论说,都仍然停留在推测或假定的层面而已。

第八章
替天行道说——为救世之大义？

意识形态的对立？

以上，本书已经就传统的野心说、怨恨说及各大阴谋论说加以检证，究竟新旧说法应如何取舍，对不少人来说是很头痛的问题。前者的确说出事变的根柢理由，但又不充分；而后者虽有新意，但还在研究阶段，未有定论，而且多有谬误，难以全信。在新旧说法之间，就有史学家提出折衷的观点，其中就有静冈大学荣誉教授小和田哲男提出的"信长非道阻止说"。

小和田氏认为，明智光秀发动本能寺之变，仍为单独行事，即不涉及他力的介入。至于论及谋反的动机时，他则认为由于信长有过多次无道的行为，惹起了光秀不满，才使光秀动了杀机。所谓的"无道"行为包含了如下五个事件：

1. 迫使正亲町天皇让位，有篡夺皇位之嫌
2. 干预及试图改订京历
3. 希望成为首个平氏将军，身为源氏的光秀决意保护传统
4. 对太政大臣近卫前久出言辱骂
5. 把正亲町天皇封予"国师"名誉的名僧快川绍喜烧死

虽然这五点看起来都与朝廷阴谋论说相似，甚至暗示朝廷的隐然影响，令光秀叛变。但小和田氏认为这五点都是"光秀眼中信长的无道行为"。换言之，光秀视信长的行为乃无法无天，失信于天下，甚至是侮蔑朝廷的大不敬行为，故此光秀的谋反其实只是在替天行道而已。现在先说明以上五点的大致内容，再进行检讨。

无道与无理

首先就第一点来说，小和田氏对于信长要求天皇让位一说，是表明与朝廷阴谋论说的主张不同。换言之，小和田氏认同信长借迫天皇让位一事，以达成自己篡位成皇的野心，但否定是朝廷操纵光秀行事。只是认为当时人脉广

及公家贵族的光秀眼见信长步步压迫，又察觉到信长有意篡权，于是决心制止。

至于第二点，一如朝廷阴谋论说有关改历问题的说法，信长三番五次迫令朝廷更改京历的事件，引起了劝修寺晴丰等公卿的不满，并引用晴丰《日日记》中"提及十二月有闰之事，说本年应有闰月。此事实难以理喻，各人乃云信长无理也"一节的记事，认定当时公家的反响十分大，因此小和田氏想定这在与公家亲密、又富正义感的光秀眼中，"理应也是其中一个反映信长无道"的事件。

有关第三点，小和田氏认为"源平交替"的思想，即源氏政权与平氏政权轮流交替掌权的历史观在战国时代已经形成，从当时朝廷向信长提议"三职推任"，劝修寺晴丰也认为信长可任将军一事来看，朝廷属意信长任职将军的可能性十分大。

根据这个推论，小和田氏又认为，当时已经自称平氏的信长，在灭亡武田氏之后，保持对关东北条氏、奥羽的良好关系，这与传统征夷大将军保有关东、陆奥、出羽控制权的历史传统相呼应，所以信长在讨伐毛利后，便会向朝廷要求成为平氏将军。身为土岐源氏的光秀为了保护"源姓将军"的正统，自然会视信长这个举动为破坏传统的一个邪恶行径。

有关第四点，小和田氏引用了《甲阳军鉴》的记事，内容是说信长讨灭武田氏后，正准备到骏河，其间随行的太政大臣近卫前久下马对信长说"我也去一趟骏河吧"，在马上的信长便回应道："近卫，像你这样的人就落马走木曾路吧！"小和田氏认为这段记事中，身在马上的信长竟直呼身为太政大臣的前久为"近卫"，又以"像你这样的人"来形容他，故"可知信长亦非正直之人"。

至于第五点，天正十年（1582），信长派信忠等人讨灭了武田氏，其间又进攻武田氏的宗庙惠林寺，把寺内僧人赶出来，并把全员一百五十余人活活烧死。根据《信长公记》的相关记载，当中被烧死的一人叫"快川长老"，也就是出身自土岐源氏，并被正亲町天皇封为大通智胜国师的快川绍喜。小和田氏认为光秀眼见同为一族，又身有国师之尊的快川被织田军活活烧死，内心十分难过，又以此连同第四点的近卫前久事件，一同并为信长"无道"的事件。

以上小和田氏的"五大信长无道"指控，乃光秀决意替天行道的重要催化剂，但以上五点又是否合理？在此，我们检讨一下小和田哲男教授提出的"替天行道说"。

首先，有关第一点的让位问题，以及第二点的改历问题，本书已经不厌其烦地多次表明，想让位的是天皇及朝廷方面，小和田氏想定朝廷欲打倒"篡位野心至大"的信长，是观点相违导致的结果。至于改历问题，也明显看不到信长有意借此鄙蔑朝廷。况且，离开京都，各地都正使用各式各样的地方历，要是说鄙蔑朝廷的话，已经早不止信长一人了。朝廷的威权早在战国时代以前便下坠，这当然亦不是由信长造成的。因此，在"朝廷阴谋论说"一节中，笔者就有关让位、改历问题，已经清楚表明否定的想法，故在此亦不再重复。

至于第三点，一言蔽之，平氏将军的想法只为小和田氏的推想，当时的史料中，根本没有一条提及信长希望获任将军职，以及朝廷方有意或暗示让信长任将军职一事。一如"三职推任"一节中提及，天正年间的舆论，大抵都认为信长会成为关白或太政大臣，将军一说也只曾出现在劝修寺晴丰的个人见解上。而且在战国时代，大名、国人乱认祖宗、更改姓氏的例子多不胜数，信长本身也从原本的藤原氏改称平氏；后来出身不明的秀吉先自称藤原氏，再创造出"丰臣氏"；家康也从藤原氏改称新田源氏等例子，都反映了姓氏的枷锁事实上并不是那么强。再者，站在朝廷的角度，信长要是愿意成为朝官，自然是再开心不过了，身为土岐源氏的光秀也不可能就因此便动杀机。否则，光秀大可早早离开信长，加入反信长势力也是可以的。

最后的第四、五点，《甲阳军鉴》的记事一来是武田家的军记小说，不论在立场上，或者其本身的可信性都存疑。就算后退一步，假设真有此事，光秀又是否会为此而欲杀信长？近卫家的复兴，以至近卫前久得到的荣宠，信长的功劳自不可少，目前无法看到近卫前久为"此事"而愤怒的迹象，同时，光秀会否为他人而背上杀主的大罪名？至于快川绍喜之死，站在当时的立场，纵使是同族，也是自己阵营的敌人。指称烧杀国家高僧为无道一说，或许也是有其道理，但光秀在比叡山一战中也主动出击，后来为了修建城池，也用了不少佛寺的墓石和石佛像当材料，单单攻灭惠林寺一事，光秀作为织田家武将，也没有不服从的理由，又何以为此而萌生出杀信长的动机呢？

总结以上各点，小和田氏所称的"无道"，本身能否算得上"无道"是一个问题，而这些"无道"对光秀来说是否能接受，也是一个问题。再者，这又能否驱使光秀在天正十年（1582）六月二日杀害信长，疑问性更是极大的。说到底，一个为了自己未来而背离将军及幕府，跟随织田信长实现"天下布武"的明智光秀，自己又能否以"无道"为正当理由去打倒信长呢？小和田氏之说的信服力，笔者认为到底不高。

第九章
本能寺之变之我见

到此为止，本书的前半部分已经详细地陈述了从明智光秀出现于战国历史的舞台，到他进行谋反那一刻为止的大致事迹；而后半部分则详细地把一直以来有关事变发生的原因及诸多说法，加以分析及检证。平心而论，就以上的诸说法中，笔者最难以赞成阴谋论说，在前章也已经表明了阴谋论说的诸漏洞及盲点，相信已经是清楚自明。

想必到这里，各位读者都会问，"要是前文诸章节已经针对个别说法加以批判及反论，那究竟本能寺之变发生的真正原因是什么？"笔者认为，本能寺之变是一个突然及偶发的事件，明智光秀发动事变，如果没有任何利益的话，其目的将十分微妙及扑朔迷离。

因此，明智光秀的行动虽然突如其来，但并非是突发奇想，或者在神经失常的情况下发动事变的。从明智光秀发动事变后所做的政治工作、准备及游说，都可以看到光秀本身所想的，并不是单单杀害信长；他所针对的亦非信长个人而已，而是企图摧毁整个织田政权。

所以，我们在思考事变时，必须跳出光秀与信长个人之间的对立，并将之升级至织田政权的内部问题，才可能解释到事件的诸问题。而有关事变发生的其中一个主要原因，笔者认为是近年在研究界受到重视的"对长宗我部氏政策问题"，即所谓的"四国政策问题"。

先旨声明，"四国政策问题"并非笔者新鲜独有的说法。早在数年前，日本研究界已经提出过类似的说法。支持此说法的史学家们认为，信长对长宗我部元亲的外交政策，由合作转化为征伐，致使原本促使两家友好的光秀陷入两难局面，在织田政权内的地位也急转直下，再加上同僚、竞敌羽柴秀吉自天正九年（1581）起，在中国地区（本州岛西部）的战场斩获甚多，而且跟元亲，以及元亲的敌人、刚投降信长的三好康长都有联系。此外，信长让自己的三子信孝成为三好康长的养子，在同年十一月派兵渡海，进入阿波以支援三好康长，对抗长宗我部元亲入侵阿波。

换句话说，"四国政策问题"有两个核心，其一是信长与元亲转而成为敌对关系，使光秀左右为难；其二便是羽柴、明智两位家臣在织田政权的四国政策上产生利益对立及竞争，也就是所谓的"派系斗争"。

就有关信长转换四国政策一事,笔者基本上是认同上述第一个核心的,但有关第二个核心论点则有所不同。毕竟,光秀与秀吉的对立,在当时仍然没有浮上水面,某种程度上也只是受到后来的山崎合战的结果去进行反推的倒果为因,如果真的是因为秀吉而杀信长的话,那么下一步光秀理应挥兵直指秀吉才对,但事实上光秀并没有这样做。再说,笔者认为有关"四国政策问题",还应该考虑到以下三个要点:

1. 四国政策转变与信孝的介入
2. 重臣斋藤利三与四国政策
3. 光秀之不安

下面笔者将就以上三点加以详细解释及说明。

四国政策转变与信孝的介入

前文提到,所谓的四国政策转变,便是在天正九年(1581)的下半年,信长向长宗我部元亲表示,把天正三年(1575)"四国自由切取"的承诺撤回,而改以只承认元亲领有阿波半国及土佐一国(《元亲记》)。"自由切取"很可能只是元亲一方夸大其词,为自己的行动辩护而已。但前面提到元亲于天正九年十一月写给秀吉的书信里，说自己目前为止的行动都是遵照信长的指令。因此，即便元亲的军事行动在后来被信长否定，但他和信长之间有联系、有默契是千真万确。那么，这次外交冲突，何以最终导致信长及光秀决裂，继而引起本能寺之变呢？

本书第四章第三节的"四国征伐与光秀的忧郁"中已经初步交代了织田氏与长宗我部氏的建交过程。而令其关系破裂的原因，主要有二。其一是长宗我部氏的政治价值降低，其二则是神户（织田）信孝的主动介入。

长宗我部元亲与信长的初次接触，最早是在永禄十一年（1568）以前，《元亲记》就记载到"信长卿上洛以前开始已经有交流"，而真正在史料中确认到两家关系的，是上述的天正六年的建交。站在织田家的角度，当然是因为信长打算利用元亲的四国攻略的强势，实行远交近攻的策略，牵制西国的毛利氏，以阻碍其支援大坂本愿寺的行动。

而站在元亲的角度，当然是希望在进攻四国的期间，身为中央政权的织田政权不会做出任何的干预，同时也是为了得到织田政权的保证，使四国攻略正当化。因此，天正六年（1578）的正式建交可说是一种以长宗我部家服属织田家的前提下，两家互不干涉的攻守协定，但要留意的是，元亲要求信长为自己儿子赐讳，这在当时显然是一种自甘居下的姿态,换言之,元亲当时对信长不是平等视之,而是视信长为自己上级般的存在。因此,站在信长的角度,元亲配合自己的心意是理所当然的;但对于元亲来说,这种妥协不过是权宜之计。

还有,促成两家这次的攻守协定,是有中间人协调下的结果。其中一人当然是明智光秀,而另外的主要人物,是一条内基及近卫前久。明智光秀的因素容后再谈,现在先讲一下一条内基及近卫前久这两位摄关家的公卿。

一条内基是当时摄关家一条氏的当主,亦是土佐一条氏的近亲。当时的土佐一条家的当主一条兼定能力有限,不得人心,而一条内基则在兼定与家臣团正出现内讧的天正元年(1573)去到土佐。那时内基远赴土佐的目的,乃是希望当时已经成为土佐实力最强的元亲能协助兼定的幼子万千代成为一条家的新当主,并加以辅佐。万千代成年后改名为"一条内政",从时间及名字上推断,明显是从一条内基到达土佐后得来的。之后,一条兼定逃亡到九州丰后的大友家,而一条内政虽然已经被元亲架空,并且被元亲送到大津城,但仍然在元亲的扶持下,成为荣誉的"大津御所"。

换言之,通过一条内基的协调,元亲的地位得到信长的承认,成为辅助大津御所的武士,也就是属于在大津御所旗下的大名,类似德川家康的地位;《信长公记》中亦提及元亲乃"受命辅助土佐国","土佐国"之意应该就是指"大津御所"一条内政。

如此看来，京都一条氏在介入土佐一条氏问题之中，背后理应是得到信长的理解以及同意。以信长一向重视与摄关家的关系而言，通过一条内基及一条内政，可以间接统制长宗我部元亲。换句话说，信长因一条内基的关系，承认并利用元亲的土佐支配，以期待元亲为织田政权的战略担当一个支援性的角色，从而解决了处理元亲地位及角色的问题。

至于前关白近卫前久方面，他早前因为与足利义昭不和，而在元龟年间离开京都，曾经到过丹波及大坂居住。信长放逐义昭后，一度受邀回京，之后在天正三年（1575）六月远赴九州，斡旋岛津氏、相良氏与伊东氏三家的战事。当前久打算回京时，由于岛津家与大友家关系恶化，故前久不便北上丰后再回京，于是便透过元亲之弟吉良亲贞，向元亲求助。元亲便发船接送前久及随从经土佐回京。

事后，前久向当时亦随行，但一早回京的前幕臣伊势贞知说，会为元亲在信长方面提供协助及协调。而事隔两年后的天正五年（1577），前久又写信给伊势贞知，表达当时元亲对自己的援助的谢意，同时又亲笔写信给元亲，内容也大致是多谢元亲护送自己回到京都。

就以上的简单解释，一条内基及近卫前久与元亲在天正元年（1573）至天正三年的偶遇，在时间上很可能影响到信长与元亲在天正六年缔盟的一个契机，当然最有力的关键人物，便是明智光秀。而促使明智光秀得以接触长宗我部元亲的，便是他的家臣斋藤利三。

还有，天正六年（1578）两家结交的契机，便与元亲家臣蜷川亲长上京有关。蜷川亲长原本是幕府执事伊势氏的家臣，后来伊势氏没落后便投靠元亲，同时元亲、亲长亦是利三的妹夫。长宗我部氏、斋藤氏、蜷川氏以及前述的石谷氏四家拥有着如此错综复杂的姻亲关系，因为亲长的上洛以及元亲的政治考虑，我们自然可以推断，这次的建交是元亲利用这个姻亲关系而带动的。以上四家的关系如何牵动本能寺之变将留待后节详说，现在先回到本节主题。

这一次两家建交的象征，便是同年十月，内容为元亲之子千熊丸受领信长所赐的名字，改名为"信亲"的一纸书信（详见本书"四国征伐与光秀的忧郁"一节）。根据《长宗我部家谱》的记载，这次的赐名乃"明智（光秀）多次上申之故也"。及后两家的外交，光秀利用利三的关系，充分发挥中间人的角色，专任织田家对长宗我部家的外交窗口。到天正八年（1580）为止，元亲几次向信长上贡砂糖及老鹰，都是透过光秀做中间人的。当时，光秀刚平定了丹波国,加上长宗我部氏的外交事务,可以说光秀当时对织田政权而言,已经是不可或缺的重要家臣,对光秀而言,那时候正是人生绝顶好景气的一年。

同样,对元亲来说,他利用家臣石谷氏与斋藤氏的关系,透过明智光秀与织田信长保持良好关系,在当时的四国侵攻中得到绝对的政治优势。到了天正八年(1580),长宗我部元亲已经把势力伸展到伊予、北阿波至赞岐一带。这时信长基本上仍然对元亲的四国之战没有任何反对,对阿波的攻略,信长在维持元亲及三好康长双方关系和平的前提下,也表明"无异议"。换言之,信长可说是默认了元亲入侵阿波的合法性,这一方面可能是遵守当初向元亲提出的"四国自由切取"的承诺,另外也可视为明智光秀外交协调下的成果。

可是,踏入天正九年(1581),情况就急速逆转。天正九年,正当信长命光秀准备京都军事检阅式的时候,三好康长则"渡海至阿波故,可除却",即因为康长将要到阿波,所以免除其参加仪式的义务,但是"渡海至阿波"一句颇具玩味。上节也提及三好康长在天正八年已经在信长的承认下,与元亲保持和平关系,乃至甘于从属长宗我部元亲;而信长在两家的关系上也是表示中立的。

然而,这次信长又命三好康长到阿波,目的明显是为了解救被元亲压迫的三好存保一族。这一个事件站在织田政权的角度看来说，可说是四国政策转换的第一个表象。那么，为何到了天正九年，信长的四国政策便出现突然的变化？

就在信长转变政策的时候，元亲也借家臣波川清宗谋反，一条内政也有参与一事，把空有虚荣的"大津御所"一条内政放逐到伊予，自己成为真正名副其实的战国大名。（《元亲记》）这次事件标志着元亲否定了信长早年承认的"大津御所体制"，也就是说元亲亲手破坏了大津御所体制，为两家的外交关系出现破裂埋下伏笔。虽然现在我们已经不知道信长是否因此而改变对元亲的关系及感觉，但就三好康长在天正九年（1581）渡海一事来说，与一条内政被放逐的时间相差不长，因此，两者的关系出现变化一事，与这次的放逐关系不浅。当然，从当时的政治形势来说，也能得出另一个主要原因，便是前面提到过的，那时候长宗我部元亲在信长眼里的战略价值已经大不如前。

在此不厌其烦再一次说明，当时织田政权的势力已经伸展至备前一带，同时间大坂本愿寺已经在天正八年（1580）降服，邻近四国的周边地区，已经大抵处于织田政权的势力圈内，对信长来说，长宗我部对于织田政权侵攻西国的作用已经大大减退，甚至已经起不了作用。或许因此缘故，信长认为已无须再履行当年的承诺，同时考虑到要把织田政权的政治力、势力渗透至四国内,这便与希望完全"切取四国"的元亲出现矛盾。

不论是什么原因,信长决定转换政策后,第一个感到苦恼的,当然是明智光秀。原本光秀利用斋藤利三的关系,令自己能在织田政权内的重要性得以进一步强化,但现在面对信长改变初衷,这个原本有利于自己的姻亲关系,反倒变成缠脚绳,光秀自己的立场也变得微妙。

当元亲起初坚拒信长的新方案(只承认领有阿波半国及土佐一国)后,光秀的苦恼也一步一步加深。当时光秀能够做的,要么说服信长重拾原本路线,要么说服元亲屈服,光秀明显能选择的只有后者,实际上也起到了一定的成果。最近发现的两封书信便反映了这个事实。一封是在天正十年(1582)正月,由斋藤利三写给元亲的家臣;另一封是在本能寺之变前一星期由元亲发出的。

利三的书信这样写道:

> 信长公的朱印状(书信)已经派人送到土佐,务必请元亲接受朱印状的内容,这一切都为了元亲。我家主公(光秀)也表明信长公不会做对土佐不利的事,恳请阁下以策万全。

我们从利三所写的书信中看到,光秀及利三在事变前数个月依然希望能化解信长及元亲两方的矛盾，信长也没有放弃与元亲的交涉，当时并没有打算必须以战争解决问题。至于另一封书信，我们也看到元亲的态度在事变前一星期终于出现变化，他在信中是这样说的：

> 利三为我家的安全而奔走之恩情，我永生都不会忘记。我们回复信长公的书信晚了，并没有恶意，我们将会按照信长公的指示，将阿波国的城池如数交出，只希望能保留并于边境地区的海部及大西两城，这不是因为我们仍然觊觎阿波，只是为了保护土佐的边境安全。

元亲在最后终于接受了信长命其退出阿波的要求，然而不幸的是，这封可谓元亲含泪写成的书信，因为本能寺之变的发生，并没有顺利送到信长手上，信长已经在本能寺灰飞烟灭，这封信也因此原封不动地回到土佐，自然光秀也大概没有看到这封信的内容。时间上的阴差阳错没能扭转局面，却在结果上使元亲得以喘息，历史又一次演出让人笑哭不得的一幕。

最后，不论是让信长收回成命，还是元亲妥协，前者没有可能，后者来得太迟，终告无功而返。光秀在织田家中的地位也越来越尴尬。当然，对光秀而言还有一步棋可以一改劣势的,那便是向信长提出自请征伐长宗我部元亲一途。

事实上,在织田家内,由中介人改为对战负责人的家臣并非没有先例,秀吉原本便是负责对毛利家的外交工作,但在第一次木津川之战后便成为征伐毛利家的担当大将;后来拜领上野的泷川一益原本也是负责关东国众、奥羽国众及北条氏的外交中介,在天正十年(1582)已经一转成为对战北条的总指挥。

因此,光秀在那时并不是一筹莫展的。然而,更严重的问题是,完成了武田征伐的信长决定出征四国时,完全把光秀排除出去了。

信长征伐元亲,光秀理应是最佳人选,但他却意外地被排除在外;而负责今次四国征伐的担当者,便是信长的三儿子信孝。在前章便提及,信孝在信长决定征伐四国前后,已经是不断请缨到四国去建功立业,换言之,信孝视这次四国征伐为一次立功,或者争取提高自身地位的好机会。因为这个原因,信孝对元亲绝不会留下任何余地,而信长在天正十年五月七日写给信孝的御朱状中就说:

就今度派至四国之诸条

1. 赞岐国之事,一应交付给你(信孝)。

2. 阿波国之事,一应交付给三好山城守(康长)。

3. 其外两国（土佐、伊予）之事，待信长到达淡路后再作交代。

……对山城守，应以视之为君父以侍，给予协助，以致忠义。

就信长所说，四国征伐完成后，信孝将得到赞岐一国，成为一国大名；而三好康长将掌握阿波国，即传统三好氏的出身地。其余伊予、土佐两国则留待信长到淡路后再处理。

换句话说，在信长眼中，是否已经打算灭亡元亲，仍然没有定论，意即信长当时还没有决定要一举否定元亲靠一己之力得到的土佐国以及其他占领地。

其中最值得注目的，乃信孝是以三好康长养子的名义出兵，而不是信长之子的身份，也就是说，光秀被排除的原因，一来是因为信孝主动要求，二来是因为信长已经改取支援三好、牵制长宗我部的策略。

既然已经成为三好康长的养子，那么信孝迟早会继承三好家，甚至连同赞岐、阿波国将来也有机会由他继承。信孝所得到的，可能还包括伊予、土佐。那么信孝为什么会与三好康长拉上关系，从而成为四国征伐军的统帅呢？

织田信孝在十一岁时，信长由于政治需要，把他送到伊势国的领主神户具盛处做养嗣子，改名神户三七郎信孝；而他的次兄信雄则成为伊势国司北畠具教的养嗣子，改称北畠信意。从这时开始，为了父亲信长的政略，信孝多次成为别家的养子，包括最后成为三好康长的养子。期间，信孝作为神户家家督多次参加信长的战事，例如长岛一揆等。可是，即使如此，信孝的地位在织田一族中却不算突出。身为继任家督的长兄信忠自然不在话下，就连跟自己差不多年纪的次兄信雄、堂兄七兵卫信澄、叔父信包的地位都比信孝更高或相当。天正九年（1581）的京都军事检阅式中，织田氏一门入场的次序上，长兄信忠毫无疑问是第一，次兄信雄第二，信包、信澄、信孝则在后列。官位上，信忠是从三位近卫左中将，信雄是从四位下近卫左中将，而信孝却只是从五位下侍从。这些客观标准明显地反映了信孝的地位低下。

信孝的地位低下，很可能是因为其生母坂氏出身远比信忠、信雄的生母生驹氏低。可是，信孝出人头地的转机便来自从天正十年（1582）开打的四国征伐战，当时与信孝关系良好的传教士弗洛伊斯记载道："由今日为止，他仍然无俸无领，但今日（其父信长）终于认同了他优秀的资质，所以开始提升了他的地位。"

"无俸无领"当然是传教士夸张的说法，但也从侧面反映了信孝的地位不高。信孝能够被提升，恐怕是信长考虑到信孝身为自己亲子，但地位远低于两位兄长，故而给他一个立功的机会。而另外一个笔者推测的可能原因，是因为织田信雄在天正七年（1579）九月，无视信长的命令，私自出兵伊贺国。

当时信雄的领地只有伊势数郡，入侵伊贺一事完全是信雄个人的野心，可是最终大败，信雄仅以身免回到伊势。信长知道后大怒，并对信雄私自出兵伊贺又败战一事批评为"不可理喻"。

虽然在天正九年（1581），信长仍然支援信雄平定伊贺，但与其说是因为信雄，不如说是为了挽回织田家的面子更接近真实。或许是有鉴于此，信长深感信雄能力不足，同时又看准了四国征伐的时机到来，于是便相中了当时表现不俗、但待遇较差的信孝。

正当信雄失意于伊贺之战时，有传言说信孝会成为筒井顺庆的犹子。所谓的"犹子"也是养子的一种，但不同的是，犹子并不需要与养父同居，换言之是名义上的养父子关系。如果真有其事，那么在四国征伐战开打以前，信长很可能本想考虑扶植信孝成为大和国的后继国主。

然而，这个传闻后来却不了了之，直到天正十年（1582）五月前后，才看到信孝成为三好康长的养子。这很可能是因为筒井方的协调不成功，或考虑到大和国有武士不入地的传统而改变初衷。无论如何，信孝利用作为三好康长养子的身份开展四国征伐，已经是迫不及待了。

根据传教士的记载，信长在五月末下赐信孝二千两黄金作为军资金。若此事属实，那应可视为信长重视信孝这次军事行动的一个证明。当然，这次的出兵不可能只靠信孝在南伊势两郡领地的兵力，老将丹羽长秀、蜂屋赖隆及津田信澄也应信长的命令支援出兵，另外信孝也从各地大量动员，以组成大军出兵，包括明智光秀所管辖的丹波、丹后：

> 从丹州来到参阵的各队人马，将获分配马粮、兵粮、铁炮、弓矢、弹药……

以上引文所指的"丹州"，虽没有指明是丹波还是丹后，但一般的习惯，两国都并合看待的话，应是指丹波、丹后两国。曾有持怨恨说的史学家以此为证据，指出在天正十年（1582）五月时，光秀已经被信长没收了丹波的领地，改封到石见、伯耆。可是，这个说法是不能成立的，因为既然信孝本身兵力不足，而各地的战事也正打得炽烈，自然不可能从北陆、关东、西国方面的军中抽调军队来支援四国之战，于是身在近畿，又未有获分配任务的明智军自然是最好的对象。

以上可以看到，自从信孝得到信长的赏识后，在四国政策的改变上，扮演一个得益者、主动者以提高自己的地位，这可说是织田政权内部权力改造、再编的一个举动，也可视之为信长扩大织田一门众势力的试金石，以巩固织田家在政权上的势力占有率。但是，这个举动却完全无视，甚至牺牲了光秀、利三的存在及利益，同时也剥夺了他们任何将计就计的可能性。因此，笔者认为这个政策导致的矛盾很可能是致使光秀方开始疑神疑鬼的一个引子。

究竟信长及光秀有没有为此事而争吵，日本本土的史料上并没有记载，但弗洛伊斯在他的《日本史》第五十六章中写道：

> 正在准备宴会（接待家康）时，信长召明智于一密室议事……因明智感到不满，提出谏言后，信长站起来怒不可遏，并两度用脚踢击明智……

笔者在本书第一部说及这段内容时，并没有说明这个记载的含意，但近年史学家开始重视这段耐人寻味的记载。首先，这段记事的真实性已经无从稽考，但若属实，那么二人究竟为了什么而争吵？前述的明智宪三郎则认为事件发生在接待家康之时，便认为信长提议杀害家康；也有其他史学家认为是与四国征伐有关。

先撇开笔者个人的立场，单就以上两说的合理性来说，笔者认为后者的合理性十分大。不仅因为事件的发生与信孝准备征伐四国的时间相近,而且前者所言杀害家康一事,既没有必要,也很突然,同时也如上述,以当时的形势而言,难以想象何以信长要杀害家康。论立场、利害关系,怎么说也是四国方面的重要性更大。

另外,上面也提到有史学家认为秀吉平定淡路岛后,可能出兵阿波,开启了羽柴、明智两家的争权行为,但事实上最影响光秀一派利益的,从以上来看,是信孝,而不是秀吉。况且,最能说明这个可能性的是,明智光秀发动本能寺之变的六月二日,便是信孝等一万四千人的大军渡海四国的前一日,这恐怕并非是偶然或巧合,而是明智军想定的日子。

而与以上的关系并合考虑的话,事变的发动,除了狙击无防备的信长之余,恐怕是为了迫使信孝军停止军事行动的可能性也十分大。而且的确在本能寺之变发生后,信孝的四国征伐军立即溃散,并减至数千人。要是明智军的军事目标真的包括阻止四国军出发的话,那便证明其中一个目标已经达成。

重臣斋藤利三与四国政策

除了自己在织田家的地位在四国政策提出后开始动摇之外,家中的因素也是进一步把明智光秀推向谋反不归路的一个主因，而这个主因的关键人物，便是光秀的重臣斋藤内藏助利三。

现在一般对斋藤利三的印象，都评价是武将型的人物。同时代的记载也大致如此。像是竹中重门所著的《丰鉴》就评利三为"明智无二之臣"；山崎之战后，利三被捕时，公家劝修寺晴丰的《晴丰记》便写道"斋藤藏助（利三），明智之臣，武勇之者也"。另外，江户时代成书的史料，如《柳营妇女传第八·春日局之传》就形容利三为"武勇绝伦"之士，《美浓国诸家系谱》也称利三为"无双之武勇"。

可见斋藤利三在战国至江户时代的风评一直甚佳，而在利三与本能寺之变的关联性上，史料上的记载亦都大致相同。六月十七日，即斋藤利三被处决当日，山科言继就写道"日向守（光秀）家臣斋藤（内）藏助，今度谋叛嫌疑最大"，即是说光秀的家臣斋藤利三是本能寺之变的首谋者、关系至大的人。

刚才引用到的《晴丰记》也写道"（斋藤利三）彼等乃打倒信长之同谋者也"，《信长公记》《川角太阁记》等相关的传记史料也把斋藤利三视为明智光秀谋反事件中最活跃的家臣。另外，与利三关系密切的长宗我部元亲的传记《元亲记》又写道"斋藤内藏助因担心四国征伐之事，于是推动明智殿谋反"，而《长宗我部谱》中的解说则写道"因四国违变(征伐),斋藤因恐殃及己身,于是打算让明智(光秀)谋反"。

以上不论是公家记录、长宗我部氏的记载,甚至是与信长、秀吉有关的军记小说都一致指控利三为整个事变的关键人物,乃至最大帮凶;而事实上,在事变发生后,利三在帮助光秀平定近畿的军事行动,以至签发寺院安全保证状时,也是非常活跃。说利三与本能寺之变有莫大的关系,甚至是主谋者之一,恐怕没有疑问的余地。那究竟利三是如何成为光秀的重臣以及与本能寺之变有什么关系?以下部分将加以说明及分析。

首先解说一下利三与四国政策的基本关系。有关利三的史料其实所传不多,虽然其女阿福,即著名的春日局是德川家光的乳母,但她对其父亲利三的史料保存似乎没什么帮助。一般对利三的事迹记载得较为详细的,是与斋藤利三关系不浅的蜷川氏所收录的《蜷川家古文书》。

根据《蜷川家古文书》的记载,利三的父亲为斋藤伊豆守,而根据编纂于江户时代的《宽永诸家系》《宽政谱》的相关记载,伊豆守的正名应为利贤。至于利三之母,则为幕府政所代蜷川亲顺之女;利三的妻子则为西美浓三人众之一的稻叶一铁之侄女。兄弟方面,其兄乃幕府奉公众石谷光政的养子石谷赖辰。利三的亲弟则成为蜷川家的养子,改名蜷川亲三。至于利三的亲妹(荣春尼),

则是蜷川亲顺之嫡孙蜷川亲长之正室。

从以上的关系可以看到,斋藤、蜷川、石谷三家的关系异常密切,而且都有连带的姻亲关系。而更重要的是,石谷光政之女乃长宗我部元亲的正室,换句话说,元亲在一族关系上是斋藤利三、蜷川亲三及石谷赖辰的妹夫。斋

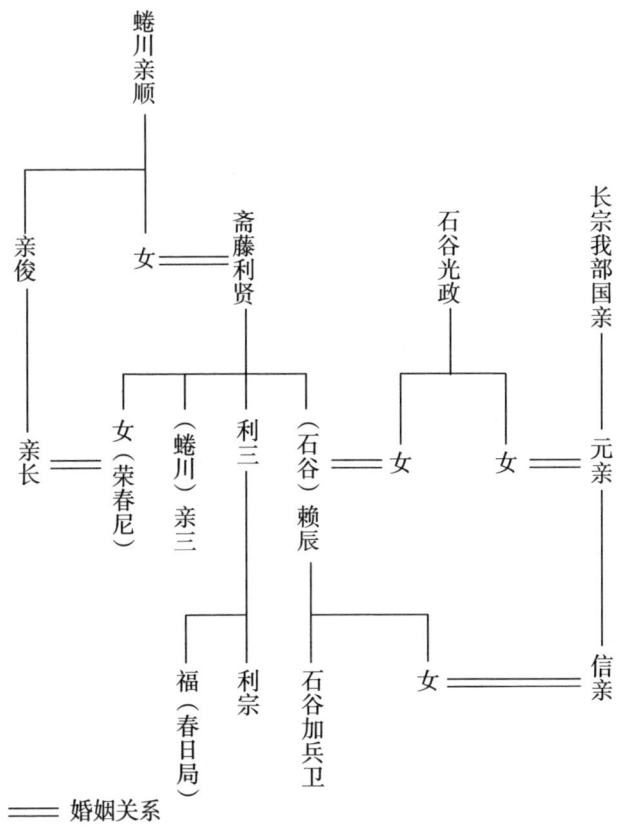

蜷川、斋藤、石谷、长宗我部关系图

藤利三与元亲的姻亲关系，也就是促成织田、长宗我部两家结盟的一个主要因素。

之后略微解释一下以上石谷、蜷川两家主要人物的动向。石谷光政在足利义辉被杀后出家，改名摄津入道空然，之后去向不明，只可以确定他在天正五年前后在纪伊根来的智积院隐居。其养子赖辰（利三之兄）则在足利义辉死后不久，转为明智光秀的家臣。

至于蜷川亲长，他在足利义辉死后出家，法名道标，之后投靠了元亲，更成为元亲对京外交的政治顾问。石谷光政、蜷川亲长二人，一个乃长宗我部元亲的岳父，一个则是元亲的家臣，两者在元亲与信长结交的行动上，乃是核心分子。

前者在近卫前久下九州时负责联络元亲，而后者则以元亲家臣的身份护送前久回到兵库。这两个人都算是斋藤利三的一族亲人，如此复杂、多重、紧扣的亲属关系，乃使后来成为利三主君的光秀更方便促成织田与长宗我部的联盟，可是一旦两者关系破裂，这个多层重叠的关系反而成为一个极大的障碍，甚至是麻烦。

对当时以明智家臣身份侍于织田政权的斋藤利三及石谷赖辰兄弟来说，要是四国征伐开打，那么就意味着同族将变成敌人，即使是自己亲身上阵对战，心中的矛盾及苦恼之大亦可想而知。因此，在天正十年（1582）

五月，光秀派去尽力说服元亲的使者，便是石谷赖辰。由此可见，信长征伐四国的决定，直接打击了光秀家臣团中的亲长宗我部派的利益，而这帮人为了解救元亲方的族人，而鼓动光秀叛变或做一些行动，以停止四国征伐的话，也是不足为奇的。

当然，若光秀只单单为了家臣团的利益而杀害自己的主君的话，那么光秀便与傀儡无异，光秀又是否只为了亲长宗我部家臣的感情而叛反呢？难道没有其他的选择（例如赶走甚至杀害利三）？笔者认为证据还不够。更重要的是利三的个人问题，以下便说明一下利三在事变前的事迹如何促成他在四国问题以外，同样有可能迫使光秀谋反。

事实上，光秀并不是利三的第一个主君，有说他的第一个主君是三好长庆（《宽政谱》），还有说是斋藤道三幺子斋藤利治（《春日局之传》），也有说利三原本是信长的直臣，后来隶属于光秀之下（《翁草》）。以上三说的真假已经无法确认，而根据目前的一手史料，能够确认曾是利三之主君的，就只有稻叶一铁及明智光秀。根据上述的姻亲关系，利三是稻叶一铁的侄女婿，严格来说都是稻叶氏的一门众，而在史料上有关利三与稻叶一铁关系的记载只有以下两处：

一、有关满长就任宫司一事，稻叶伊予守（一

铁）殿望让其（满长）继任。京都方面，则派斋藤藏介（利三）到菊亭（晴季）殿处请示。（《伊势神宫宫司引付》）

二、在这时，稻叶伊予守父子三人、斋藤内藏人佐（利三）作为江州（近江）街道的保卫役，并置于守山町。（《信长公记》）

史料一说的是一铁希望一个名为满长的人成为伊势神宫宫司，而派利三到京都，请求公家菊亭晴季代为向朝廷颁下委任状。经史学家推定，这是在永禄十二年（1569）前后发生的事。至于史料二则是《信长公记》元龟元年（1570）五月六日的记事，当日信长正从金崎撤退回京，其间路经近江守山，便派稻叶父子及利三作守备，后来便发生了守山一揆，但被稻叶军成功击退。

太田牛一把稻叶父子及利三并合记载，当时利三绝不可能是织田家内独当一面的独立大将，故此，很可能是以与稻叶父子有关系的人物而被太田牛一记载下来。再加上利三与稻叶的亲戚关系，两方是同一个部队，乃至是寄骑关系的可能性十分大。

那么，仕于一铁的利三后来又何以成为光秀的家臣？江户末年编辑而成的《稻叶家谱》就记载说，元龟元年发生的近江守山一揆被一铁军大败，"此时，良通（一铁）

之臣斋藤内藏助利三因故离开稻叶家，而仕于明智日向守光秀，明智待之甚厚。"究竟"因故"是指什么，《稻叶家谱》并没有说明，而《春日局之传》记载"利三虽武功绝伦，却因一铁不加以提拔而深恨不已，于是三度离家，但因一铁施以补偿之故，利三再次仕之。其后则成为明智光秀之家臣"。

另外，《美浓明细记》也有类似的记载："数有军功而无恩赏，故转仕光秀。"综合以上三个史料，利三离开稻叶家的"原因"，应有可能是一铁无视利三的军功，又不予以提拔，于是导致利三多次离家出走。事实上，在战国时代，君主与家臣团之间，因为恩赏而产生摩擦、对立是非常普遍的，利三因此而出走，也是十分合理。不过，与明智家关系密切的细川家史料《永源师檀纪年录》则有不同的记载：

> 同年（天正十年），名和和泉（那波直治）与斋藤内藏介（利三）本为稻叶一铁的重臣，但两人因进谏，而触怒一铁，并被其放逐出家。因此两人赴东坂本，寄身于明智光秀。细川藤孝公与明智多次劝说一铁饶恕二人，但一铁拒绝。于是两人决定婉拒藤孝公及明智的劝说，回到浓州，更已经有不能归来的心理准备。但在藤孝公的巧妙游说下，名和最终回到稻叶家。

换言之，利三因为与那波直治劝谏一事而得罪一铁，经过藤孝的斡旋，那波直治最终回到稻叶家。至于利三，虽在上述史料没有提及，但恐怕是在事后，因为斡旋不成功，或利三坚决离开，于是转仕光秀。

不论是因为不满恩赏，还是因进谏而决裂，利三与一铁的君臣关系亦在途中停止，而成为明智光秀的家臣。至于转仕时间，《永源师檀纪年录》则记载为天正十年（1582），但明显时间太晚及不可能，那么利三成为明智家臣又是从何时开始？

最早记载斋藤利三以明智家臣的身份出现的史料，大多是茶人的记录，比如《天王寺屋津田宗及他会计》就在天正八年（1580）首次记载到利三以明智家臣的身份参加茶会；《连歌合集四十二》则更早，在天正六年（1578）已经见到他活跃的身影。至于本书多次引用的《元亲记》也是记在天正六年（1578），即信长赐名字给长宗我部千熊丸（信亲）一事中写道"明智殿家臣斋藤内藏助乃元亲卿之小舅也"。如果《元亲记》的记事可信，利三很可能就是在那一年之前便成为光秀家臣。那并合当时织田、长宗我部两家结盟一事来分析，利三成为光秀家臣的同一年，便利用自己的亲戚关系，令光秀促成两家通交的可能性似乎十分高。

作为明智家臣的利三，其主要的工作当然是追随光秀进行丹波攻略战，同时也是为光秀及织田政权，与元亲方保持联络。天正八年（1580）六月，秀吉写给元亲的一封信中，报告自己在中国地区的战况，而同信的最后段就提及"详细将由斋内藏（利三）解释"。

秀吉写信给元亲，并不代表秀吉已经代替光秀负责对元亲的外交工作，同样也不代表光秀完全垄断了对长宗我部的外交交涉，当时织田家的外交工作，虽然会有一个家臣成为交涉核心，但同时间有数位家臣一同参与交涉，也并不出奇。

关东方面的主要负责人是泷川一益，但松井友闲及佐久间信盛也同样有份参与；而四国方面，秀吉在战略上与长宗我部元亲进行交涉及情报交流，也是正常至极。然而，从以上的书信中可以看到，即使是如此正常的情报交换，最终的交涉负责人是明智家臣斋藤利三。换句话说，明智家对元亲的外交交涉仍然有最高的负责权，而利三则是明智家的首席代表。可是，翌年的天正九年，利三这个首席代表的位置，因为织田政权转变四国政策而面临终结，转换而来的，是以织田家陪臣的身份，与长宗我部氏对抗。

俗语说"屋漏偏逢连夜雨"，天正九年至十年的利三除了为四国政策的抉择而苦恼外，还要面对"那波直治事

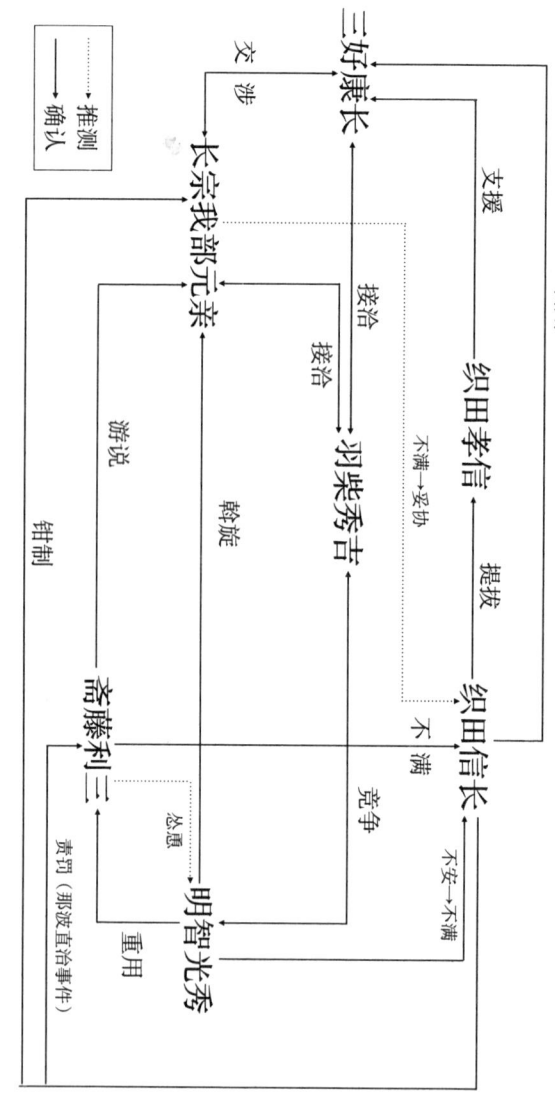

本能寺之变前"四国政策问题"互动关系图

件"。那波直治是稻叶一铁的家臣一事,已经在前面提及。这次他又成为事件的主角,在天正十年五月,亦即上述的事件(利三与直治离开稻叶家一事)后数年,也就是本能寺之变发生前一星期左右,这件重大事件的大致经过被记载在《稻叶家谱》里,内文说:

> 此年(天正十年),那波和泉守直治离开一铁,出仕明智日向守光秀。光秀厚遇之,并收为家臣。一铁大怒道:"不但从前招揽利三(原文注:在此以前,斋藤内藏助利三已经从属明智光秀),今次又说要招揽和泉!"之后便和光秀一同到信长公处投诉。信长公即命光秀把和泉送返给一铁,至于内藏助,则命其自杀。时得猪子兵助为光秀代为斡旋,故内藏助得以免死,续仕光秀。然而信长公以光秀违法,召见他,并以手责打光秀头部两三次。由于光秀头发很少,故常戴假发,这次被信长公责打,连假发都被打掉下来,光秀深恨此事,于是萌生叛意。之后和泉一如以往地出仕一铁,此时,堀久太郎秀政写信给贞通(一铁长男)。

上文有关信长责打光秀的部分,与《明智军记》大致相同,以成书年份来说,恐怕《稻叶家谱》也是把坊间的俗说并合使用。当然，这并不代表上引部分完全不可信，因为有关那波直治的去留问题，也有史料可循。同家谱内便收录了两封由堀秀治写给稻叶直通的书信，其中一封写于天正十年（1582）五月二十七日，提到"今次那波与三（直治）之事，依上意（信长）返还了"。另外一封则提及"应彦六殿（贞通）对内请示之事，依法度的规定，再次确认贵家（对那波直治）的主从权"。前一封表示了稻叶家得到信长的首肯，从明智处夺回那波直治，而后一封则表示了这次的事件，信长根据法规裁定稻叶家胜诉。

以上的记载及两封书信是否属实，学界到现在都没有全面的检讨，但视之为具影响力的史料。笔者认为，单就那波直治事件来说，细川家的《永源师檀纪年录》也有类似的记载，而且利三这个行为也不是第一次。《蜷川家古文书》就记载天正七年（1579）末，利三游说自己的女婿柴田胜定转仕明智家。胜定是柴田胜家的家臣，也是北之庄城的城代，故算是柴田家中的重要家臣。这次事件最终在光秀及胜家的商量下解决，当然信长也应知道其事。

而与柴田胜定一事不同的是，那波直治转仕明智家一事，一来那波直治的主君稻叶一铁应是没有承认，事前也没有被知会，同时信长事前也应没有得到光秀方面的请示，因此才被信长反对。从以上的分析，笔者认为这则事件应该是真有其事。再者，当时稻叶家乃信长直臣，由信长的直臣堀秀政出面代为处理，也没有奇怪的地方。

至于利三得到赦免一事，有史学家认为，以信长的脾性，是不可能把说过的话收回的，同时信长理应十分清楚利三与元亲方的关系，要是借机杀了利三的话，那么明智家内亲元亲势力也会大大削弱，这的确是一石二鸟之计。

可是笔者认为即使是错在明智方也好，信长脾性刚烈也好，当问题涉及重臣的家臣团安稳的话，那信长也不会以"生性如此"便完全不加考虑而强制执行。恐怕信长为了利三违法一事，的确极感愤怒，但因为已经决定亲自出兵中国，如果这时整顿了明智家，又叫明智光秀出兵中国，那么根本与苦迫光秀无疑。

笔者推测，信长很可能让利三跟随出兵中国，以戴罪立功，或者待毛利之事处理好之后，再行处理利三一事。无论如何，那波直治事件对斋藤利三来说，是千钧一发、危急存亡的大事件，最终没有被杀也好，这次事件已经令利三完全处于死亡边缘。同样地，因为这次事件，光秀在某种程度上亦受到牵连，明智家顿时变得气氛紧张。何况信长决定判决的五月二十七日与后来发生的本能寺之变仅隔四日，虽然没有直接史料证明他们的谋反跟那波直治事件有关，但就以上的分析，笔者认为本能寺之变与这事件有些关联，是绝不出奇的。

明智光秀之不安

以上两点已经说明了信孝介入四国征伐、光秀的重臣斋藤利三的问题，都使光秀进退失据，身陷险境。然而，笔者在前面也曾经说到，若只是这样的话，光秀也不至于非谋反不可。他只要把利三放逐，并在此之后向信长要求作为游击军支援信孝的话，也是有方法避免与信长进一步对立的。所以，光秀必定是有个人的理由，才使他决定与斋藤利三立场一致，一同进行谋反，否则单就以上两个对立点，是不可能导致本能寺之变的。以下我们将探究光秀的个人理由。

光秀面对四国政策转变，固然有失去了政治利益的危机，以及迫使家臣团内部面临生死抉择。但是笔者认为，另一个使光秀走向谋反之道的，便是他对未来的不安。所谓的不安来自四个层面：前途不明、妹妹之死、自己的年老以及家族的将来不明。

一、前途不明

首先，所谓的前途不明，是指当时除了九州及奥羽以外，日本各地都已经有织田家的将领进行征伐。原本应属于光秀的四国，也因内外诸因素而被信孝抢去。信孝身为织田氏的一门众，又是信长的亲子，征伐四国是出于信长的命令，光秀在地位上、权力上根本不可能与之对抗。所以光秀在那时，除非信孝作战失利，否则光秀根本没有可能再担起四国攻略的重任。这样的情况，不仅家臣团会面临重大难题，光秀的前途也将走到死巷。

那么信长命光秀到山阴又怎样呢？的确，光秀在五月二十八日写信给伯耆国人福屋隆兼，表示自己将会到山阴作战，预先通报，但是光秀当时的心情恐怕已经是忐忑不安。要是进入山阴，既没有相熟的国人，周围也是秀吉的军队根据地（山阴的负责人本为南条元续及羽柴秀长），光秀终究不会得到什么利益。而且，丹波、丹后平定后的两年间（天正八年至十年），光秀先被排除出原本负责的四国地区，现在又一改成为支援秀吉的助将。而同时间的秀吉借信长之命进出阿波，以支持三好康长（《黑田家文书》《南海通纪》），这样下去，光秀的地位将会进一步下降，并逐渐远离战场的第一线。将来光秀能负责的地方，除了九州以外，便没有其他可能。

然而，假设完成了中国及四国的攻略，光秀很有可能会跟秀吉、信孝、长秀共同进攻九州，那么明智家扩大自己势力的幅度及可能性也大大地减少。这对光秀来说，又是否愿意接受呢？

二、妹妹之死

这里还有一个破坏力不小的打击,那便是光秀的妹妹之死。妹妹死去固然是令人难过的,但这又跟光秀的叛乱有什么关系?为什么会跟光秀的起跌扯上关系呢?

光秀的胞妹虽然在历史上只留下两三处痕迹,但都对我们了解光秀在织田家的地位有帮助。根据记录,光秀之妹叫ツマキ(Tsumaki),这里姑且称她为"妻木姬"。妻木姬在早年便在织田家中效力,虽然现在很难搞清楚她跟信长的关系,但她在天正九年(1581)八月死去时,史料上称她为"信长极为器重之女性",又称光秀对妻木姬之死感到"无助失落"。

其实,妻木姬不仅在织田家与信长有良好的关系,而且是前关白近卫前久儿子的乳母,甚至更帮助信长处理一些关于寺院诉讼的政务,用现在的话来说,可算是信长的得力助理或秘书。这样具有才干、影响力的女性自然是撮合信长及光秀之间的一个桥梁,如今妻木姬死去,光秀与信长之间便少了这个维持、协调双方关系的人。更巧的是,妻木姬的死是在光秀发动叛变的十个月前,同时上述的四国政策问题也恰恰在妻木姬死后不断往光秀不利的方向发酵,这一切能否只用一句巧合、偶然便可盖过呢?

三、自己的年老

当然,如果光秀还年轻的话,那么以上的负面因素倒是没有什么大问题。但不幸的是,当时光秀已经是年过半百的老年人了。

有关光秀的享年一直都有不同的说法,目前大抵都说光秀死时五十五岁,这源于《明智军记》里光秀死时的辞世句"顺逆无二门,大道彻心源。**五十五年梦**,觉来归一元"。在其他明智氏系图上,大抵都说他是享禄元年(1528)出生,也就是跟从《明智军记》的说法,而细川家的《绵考辑录》则记载光秀享年五十七岁。可是,根据据传是德川家康之外孙松平忠明所写的《当代记》中"六月十三日身亡,无后继人,明智岁六十七""(五月)十八日冈崎,惟任(光秀)乃老人也,(信长)遂让其宿于本阵附近"的说法,光秀很有可能死时年龄更大。

《当代记》虽然不是一手史料,但对不少事件的记述,倒是很正确的,在史学家眼中属于可信程度较高的记录,但严格来说,也不过是一种说法,没有实证。不管如何,笔者认为不论光秀死去时是五十五、五十七还是六十七岁,以战国时代的平均寿命来说,怎么样都已经是老年期了。年老的光秀欲得到天下的野心,笔者认为只是表见于人前的理由,以真正的目的来说,到底是难以成立的。

除了年老之外，另外一个重要的因素是健康问题。天正四年五月，当时正在包围本愿寺的光秀因患重病，被迫回到坂本城疗养。同月二十四日，光秀的正室便找到吉田兼见，希望他为光秀祈祷，被除病患。但到了六月十四日，京都一度传出光秀病死的消息，"明智十兵卫尉，号惟任日向守，因患风痫（痫疾的一种），黎明时死去"。

当然，最后光秀并没有真的病死，这不过是误传，但笔者认为，这次重病与年老有莫大的关系。还有，各位读者也不要忘记佐久间信盛、林通胜、安藤守就等在天正八年（1580）被放逐的事件，事隔事变不过短短两年，相信这在织田家臣间的震荡仍然存在。在年老、重病的双重打击下，光秀很可能会害怕自己随时因为大病或老迈，以后将没有能力、机会再举军功，而步佐久间信盛、林通胜、安藤守就等人的后尘，以光秀长年侍奉信长，对信长的作风了如指掌的他大概也曾想过这一点吧。

四、家族的将来不明

最后，还有一个加重光秀不安的因素，便是明智家的未来。明智光秀的子女中年长的都是女儿，并先后嫁给荒木村次、细川忠兴、津田信澄和伊势贞兴。至于儿子方面，除了长男十五郎光庆及另外一个儿子自然丸之外，其他在系图上的儿女都没有详细的记载。而根据在日传教士在天正十年（1582）的信件上，记载过光秀的长子只有十三岁，看来光庆是光秀生下诸女儿后所得的小儿子。老年的光秀膝下的长男十分年轻，而且当时在织田家并未有任何公职，作为父亲，以及明智一族之长的光秀，自然会想到儿子及家族的将来。

再者，一如上述般，光秀与织田一族（核心人物）的关系不足，要是光秀死后，明智家会否被改易、降格也是未知之数。随着信长在晚年开始有计划地强化自己儿子、兄弟的影响力及势力，家臣所得的封赏也会相应减少。

不过，与此同时，信长作为人君，对家臣们也做了一些巧妙的安排来稳住人心，例如织田家的重臣中，很多都与织田信长或具权势的一门子弟拉上关系，就像羽柴秀吉的养子秀胜是信长的第四个儿子；同为老臣的泷川一益、河尻秀隆是辅助信忠的太傅，只要信忠成功接班，两人的地位将得到保障。还有丹羽长秀之子丹羽长重、前田利家之子前田利长都成为信长的女婿，柴田胜家也是多年老臣，在家中有极大的地位，又与信长宠爱的三儿子信孝关系良好。

综观以上各个重臣都多多少少与信长及信长的儿子们有亲密关系，但反观明智光秀，不过是信长侄儿津田信澄的岳父，虽然说信澄也得到信长的器重赏识，但他在地位上、亲疏上明显与信长的亲儿子们有着明显的差异，虽然不能说是主要原因，但这也可以反映明智家将来存在不安稳的因素。

事变后，光秀写给细川父子的书信中就提及"我等做出这般突如其来之事，只为扶植忠兴等，别无其他。……以后的事将交由忠兴及十五郎（光庆）负责，（我光秀）将不再过问任何事了"（《绵考辑录》），说要扶植忠兴一事，很可能是为了讨好、拉拢细川父子的说辞，但后面有关自己儿子的将来部分，说不定是光秀的真心之言，说到底，光秀最终在忠义之间做出了艰难的决定。

笔者认为以上信长对四国的政策转换，以及信孝的积极介入这两个事件，乃织田政权以开辟新战线为契机，强化织田一族的控制力及影响力，并且重新划定家内权力分配的政治工作。结果，这些举动所产生的副作用，便是一步一步地使光秀从四国政策的决策当局中被剔除出去。这起事件不单动摇了光秀个人的地位，同时也刺激到光秀的重臣斋藤利三，以及石谷光政等与长宗我部关系密切的家臣的整体利益。或许正是因为明智家内部与长宗我部有着如此密切的关系，信长才不放心让明智家参与四国征伐。

放眼明智家内部，斋藤利三因为那波直治事件被信长勒令自杀的事件，加上织田信孝即将进攻四国，利三个人的整体利益及身家性命完全与织田家以及织田信长处于对立的局面，所以事变后，诸人都力指利三乃事变的第一首谋，也并不是纯粹的揣测；恐怕在现实层面及利益角度来看，利三积极怂恿光秀谋反的可能性，远远高于其他任何家臣。

可是，一如笔者以上强调的，明智光秀断然不会单单因为斋藤利三一人的利益，或者数个与长宗我部元亲有利益关系的家臣便轻率地发动事变，光秀本身也有自己的利害关系，与信长、织田政权产生矛盾。就像上面提及羽柴秀吉借信长的命令，保持对三好康长的支援，继而出兵阿波，表明对抗长宗我部的立场。

这对于一个相关方面的军事外交担当者而言，即使被排除出决策以外，却被另一个有着利益矛盾的同僚介入自己的领域，而这个人又正好是功绩竞争上的对手（秀吉），光秀的心情恐怕亦难以好过。何况自己将会远赴西国，与介入自己管辖范围的竞争者合作对敌，这对于战国武士的面子来说，到底是难以说得过去的。

回望光秀本身，当时已经步入老年的阶段，又曾经得过大病，虽然捡回一命，但眼见能帮助自己保持地位安稳的妹妹早自己一步死去，而自己年幼的儿子还未获得织田政权擢用的机会，身为人父、一族之长的光秀自然十分焦虑明智家族的将来，在这种情况下，任何一个老年家臣都会是同一个心情的。但是，佐久间信盛父子、林通胜、安藤守就被信长借故放逐的事件放在眼前，虽然光秀在本能寺之变前努力奉公，没有任何谋反、懈怠的记录，但难保信长不会找借口，把明智家当作冗员、弃卒般舍弃，这都使光秀的焦虑越来越深。

这次大规模的放逐事件所引起的不安，亦绝对不是光秀个人的神经过敏，笔者相信事件的余波也已经深深震动了其他家臣的心。光秀选择了谋反自保，也并不是十分出奇。

总结以上的种种打击、不安、失意，笔者认为光秀的谋反很大程度上是跟家族安泰及对自己前途的忧虑有着重大的关系，当然一连串负面意识都由信长转变四国政策而引发及加深，并合了自己在织田政权的所有负面因素，光秀与斋藤利三君臣两人的利害关系已经一步步变得完全一致。

这样的情况下，即使杀了信长也无济于事，但要是摧毁整个织田政权，把所有的负面因素化整为零的话，或许是君臣二人认为比坐以待毙好一些的唯一的重生方法。而就在这时，信长、信忠父子以无防备的姿态滞留在京都，这个消息对光秀及利三来说，恐怕是绝地求生、千载难逢的大好机会。

正因为这个机会对明智光秀及利三来说，是可遇而不可求，来不及做长远细致的规划，因此，事变成功后一连串的政治误判、军事失策也随之而来。最终明智光秀的政治求生是成功了，但因为自身的政治资本、准备及本钱严重不足，加上诸方面的失利、欠运气，使得自己、家臣团以及一族上下因承受不了谋叛所衍生出来的一连串困难、失利，最终也沦为自己谋叛行动的陪葬品。

◎日本武士社会"忠"与"叛"背后的权力游戏

本能寺之变是日本史上非常著名的谋叛事件，了解日本史的读者可谓耳熟能详。有趣的是，多年来在日本输出的游戏、动漫、影视作品，以及相关书籍和网络资源的帮助下，即便是不熟悉日本史的读者，也可能听说过"本能寺之变"、织田信长和明智光秀。

在游戏、影视作品的渲染下，"本能寺之变"这个事件的描述方式越来越单调，人们将目光和焦点过度集中在织田信长和明智光秀两个主角的关系上，把他们的矛盾冲突生硬地套在"忠""叛""恩""仇"的道德框架里，并且将"本能寺之变"定性为"下克上"的代表例子。其实，放眼日本历史长河，臣子因故反叛主君，甚至发动兵变杀害主君的事件并不是很多，像"本能寺之变"这种非常极端的政变也属于较个别的案例。笔者在此想引申谈一谈与之相关的深层次的社会结构和思想观念问题。

一、武士社会的"下克上"

"下克上"（以下犯上、Ge-koku-jyō），是目前绝大多数日本战国时代相关书籍，无论是中文、英文还是日文的，都必然会提到的一个词语；大多强调那是武士社会里臣下为了权欲而推翻、取代主君的频发现象，是日本历史比较黑暗的时代云云。可是，这种说法有点过于绝对，而且不太妥当。

首先，"下克上"的意思的确是"下位者驱逐、排除上位者，施展威势"，但是这里有两点需要留意。第一，从学术角度来说，"下克上"不单指武士上下阶级间的矛盾（以下犯上、犯上作乱），其实还包括当时日本社会人数更多的阶级——农民百姓的"以下犯上"。我们甚至可以说"下克上"真正的主角和指称的对象本非武士领主，而是农民百姓。

这是什么意思呢？简单说明一下历史背景。在室町时代，随着农业技术的进步和贸易物流的发展，日本社会的部分地区从自给自足过渡到农业产品化、商品化的阶段，从中国明朝引进的货币进一步促进了货币经济的发展，促使原本比较封闭、分散的庄园制度走向新的形式。

在富庶地区，有实力的豪农、地方豪强，甚至村落获得剩余资本，纷纷追求自治和更多的权益，意图减少庄园领主的束缚和剥削。远在京畿、奈良的庄园领主和贵族们既要努力维持庄园经营和收入的稳定，又要面对庄民、村落和各方势力削弱庄园支配的压力。结果，庄园领主普遍做出一定程度的妥协，在确保收入得到基本的保障下，默许地方自治的发展。

另一方面，室町时代后期，在频发的内乱和天灾打击下，庄园领主控制庄园的力度减少，要么各地庄园被地方势力侵吞夺取，要么失去庄园的实质管治权，问题越来越严重。即便勉强保住控制权，京畿的庄园领主们还要面对同样受兵乱和天灾打击，生活无以为继的庄民、庄官等拒绝缴纳田税、勾结地方上那些不听朝廷、幕府指令的地方豪强的问题。

这些一直被庄园领主视作蝼蚁的民众反抗统治，不再认命，甚至利用个别时机，跟武士、商人等结成地方武装，撕毁债务契约、拒绝偿还欠债。众怒难犯之下，领主们统治失效，连带酿成自身的收入、财政渐渐出现困难，濒临破产的边缘。上至天皇，下至普通贵族无不为之苦恼。即便他们要求幕府出手解决，但是应仁文明之乱时的幕府陷入危机，自身难保。

幕府"事不关己"的态度使庄园领主们焦虑万分。奈良兴福寺（摄关家藤原氏的氏寺）大乘院的僧侣在战国时代来临前夕的文明九年（1477）十二月十日就发出这样的感慨：

> 天下已无可喜可贺之事了，近国（京畿地区附近的律令国）、近江、美浓、尾张……皆不听幕府、朝廷号令，纷纷不上缴年贡（田税等）。其外诸国……国内生乱，年贡之事无可奈何。公方（室町幕府将军）管治的诸国……也不应其命令，守护们虽然说谨遵钧命，立刻下令实行，但是守护代（仅次于守护的领主、守护的副官）和其国的国内领主们均不听命。至此，日本国内皆不听幕府、朝廷号令了。（《大乘院寺社杂事记》）

表面上看，大乘院的僧侣是在感慨国家内乱（当时正值"应仁文明之乱"），政令不行。但其实他们最关心的不是武士引起的兵乱，毕竟武士内斗已经好几百年了，他们早已司空见惯。作为剥削阶级，他们忧虑的是赖以维生的年贡没有像从前那样顺利到达他们的手上，导致他们生活困顿，面临巨大的打击。

除了在经济、生活和政治因素的影响下，出现这种下位者反抗上位者主导的支配体制外，文化上的"下克上"也是这个时代的写照。虽然平安时代以来发展极致的京都文化仍然是日本的核心代表文化，但随着各个地区发展加速，武士、庶民阶层的生活进一步得到改善，由他们推动的地方文化也在这个时代迅速崛起，相对降低了"京都文化"的影响力，形成了上述文化上的"下克上"。

总之，无论是从哪一个角度来看，"下克上"并非单指武士内讧，而是拥有更多内涵、更加复杂多元的社会现象。所以，将武士视作"下克上"的唯一主角，跟我们先入为主、认为当时的武士掌握了日本权柄，以及从前的研究过度重视政治史有关。

另外值得一提的是，"下克上"一词，或者说类似的用语早在战国时代以前就出现了。换句话说，"下克上"并不是战国时代的独有产物，不过是相对其他时代来说，出现频率比较高而已。按照前述的逻辑，"下克上"是既得利益阶层批评受他们剥削的阶层做出反抗，以及对他们的利益构成威胁。这种情况在平安时代和室町时代已经出现过。

前者是武士领主崛起的时代，改变了从前贵族政治主导国家的格局，他们干预和主导了原本由贵族、寺社垄断的国家政治，改变了贵族那套以追求利益、收割国家财富为目的的社会经济体系。即便如此，本来也是从这套体系发展出来的武士们只想挤进这个权力核心，并不打算，也从没企图从根本上否定贵族的权势和地位。但从贵族的角度来看，他们的利益和"与生俱来"的优势被下级的武士们夺取、削弱了，只能在武士领主的保护下唯唯诺诺、苟延残喘。到了室町时代，就是前面提到的农民百姓等阶层抬头，一定程度上抵抗了本就被武士压制的贵族、寺院的剥削，争取村落自治，获得相对较高的自主权。

上述的武士、百姓对贵族、寺社统治的反抗跟我们一直说的那种仅限于主从关系颠倒的"下克上"似乎大不相同。其实这不过是我们从前过度把"下克上"限定在武士内部，而忽略了整个社会变化所产生的盲点和偏见而已。

二、"上克下"与武士人事关系结构

我们在前面再三强调，"下克上"被塑造成日本战国时代的代名词，但从整体的历史发展来看，其实不然。而且，即便是多发现象，"下克上"也不是反映战国时代主从关系紧张的唯一写照。在最近的研究里，"上克下"现象也获得了关注。

表面上看，所谓的"上克下"就是主君钳制臣下，防止他们夺权、尾大不掉的反制现象，恰似"下克上"的反义词。如果这样理解的话，就会陷入一叶障目的误区。

无论是"上克下"还是"下克上",它们背后反映的是中世纪日本武士社会的运作方式的两种推力。武士集团在运行上借用儒家思想和佛教思想,追求"孝""忠""悌"和"慈悲",尤其是强调尊重父权,突显"孝"的重要性。武士阶级发展以来,武士是由大家族和家族的分支(一门),以及依附在这个家族的臣下领主(当时称为"郎从""家风"等)组成。

武士集团从来都不是单靠主君个人的能力来带领团队超越难关,而是团队内的各个成员通过互相扶持、商议和磨合,共同面对问题,从而获得发展壮大的机会,互惠互利。团队成员间不是封闭的关系,团队里的各个家族通过地缘政治,利用通婚、结交、结盟等方式扩大团队的同时,也带来破坏团队团结,分化、制造矛盾的危险因子。这些复杂、多元的人际关系、利益关系在团队里衍生出各种利益冲突和派系纠纷。在这种环境下,团队的领袖——主君被要求平衡这些利益,为大家谋取利益最大化和稳定,还得带领团队对应外来的威胁和内部的隐患。

因此,基于这种半开放的结构,武士的首领(包括后来的战国大名)难以只手遮天,成为独裁君主,唯我独尊,他们需要臣下的支持,也需要对臣下展示自己拥有带领团队前进的能耐。当时,人们称这种能力为"器量",具备这种能力的,则被称为"器量之人"。

"下克上"的根本原因,不是说某个怀有野心的臣子希望有一天推倒主君,取而代之,君临天下;更多的是个别主君的能力和行径不符合团队整体,或者部分成员的期许,继而产生矛盾。在无法调和的情况下,臣子集合利益一致的同志,以暴力行动强行改变现状。值得留意的是,这个"改变现状"指的不是根本性的"革命",绝大部分都只是换人和局部洗牌而已。

但凡在战国时代推倒主君(不管是杀害还是废位、架空)的臣下,既不是单人犯案,绝大多数的替代方案也不是自己上位,而是从主君家族里另找人选,然后自己和同谋者排除反对分子,在背后隐隐操控一切,尽量维持原有的框架。

例如战国时代另一场著名的叛乱"大宁寺之变"(1551),发动叛乱的陶晴贤和同伙逼死主君大内义隆后,找来了跟义隆有血缘关系的亲戚大内义长接任当家。这种措施在我们看来,似乎是陶晴贤的权宜之计,其实不然。一个战国大名主君之下由同族各家和各臣从的家族臣子支撑,作为臣子的一员扭转格局,从臣子变成主君的话,原有的各种利益关系将遭到大洗牌,有人得益,有人吃亏,团队内部的矛盾激化,极有可能酿成更乱的局面。

何况,在日本的历史里,主君家族被团灭抹杀的例子非常少,毕竟臣子们多少都受过一两代主君的恩惠,在道德和情理，以及危机管理的角度上说，都不会轻易否定这种羁绊。用现在的话来说，就是"出现问题，就解决使问题出现的人"。

再者，古代日本是身份制度构成的封建社会，主从关系纽带是构建社会体系的基本——人与人关系的核心部分。在武士的发展史里，面对内外的威胁和保持战力，维持君臣关系，加强团结自然是十分重要的课题。由这种关系衍生出来的道德标准——"忠""不忠（叛）"也自然成为了武士们十分关心的事。只不过，这并不是一个绝对的法则。

在战国时代以前，日本社会多少受到儒家思想的影响，为君臣关系提供了理论依据和思想铺垫。例如在镰仓时代，日莲宗开创者日莲观察镰仓武士的伦理观念和主从关系时说：

> 世间之法，重恩舍命以报，而为主君舍命者似乎较少，然其数亦甚多矣。（《佐渡御书》）

活在镰仓时代的日莲非常清楚，镰仓时代的武士对主君和家臣的伦理关系看得很重，同时代的一名武士富谷左卫门在缅怀英年早逝的主君金泽贞显时说出他的君臣关系观念：

> 大体"臣以君为心，君以臣为体"，则为臣使君，为君惠臣之理，君臣合体之所以也。(《金泽文库文书》)

虽然如此，君臣一心终究是一种理想，家族骨肉随着血缘淡薄而疏远，君臣之谊也因时间而磨灭殆尽。为了生存，自然要考虑现实层面的因素。前面提到，负责带领团队的主君一旦无法平衡和保障团队内成员的安全和发展前景，或者是无法摆平内部矛盾，主君被判定为"无器量"，将面临被质疑、被推倒的噩梦。

最常见的威胁是团队内部出现一个足以撼动主君地位的新星，靠实力和拉帮结派，赢得团队内的声势和主导权的竞争者。害怕大权旁落的主君选择先发制人也就是在情理之中了。

这样的例子在战国时代为数不少。比如说著名的"越后之龙"上杉谦信的父亲长尾为景就是依靠家族和自己的实力，渐渐赢得团队内外的支持和人望，主君上杉房能为免留下后患，打算先下手为强，不料兵败而死。还有，前面提到大内家的大宁寺之变，最终被逼死的主君大内义隆也不是毫无察觉陶晴贤的异样，只是行动不够快，被对方先发制人，结果殒命。

当然,"上克下"的成功例子也不少,最有名的就是"西国之雄"毛利家了。天文十九年(1550),毛利元就和他的团队成功讨灭一直在家中跋扈不法的重臣井上元兼和他的党羽,而且利用这次扫荡潜在威胁的胜利,迫使家臣宣誓效忠,听凭差遣。这次重大胜利也为毛利家在后来称霸西日本打下极为关键的基础。

虽然如此,成功"上克下"的毛利元就后来回想这次重大胜利时,他感叹:

一家的主人杀害家臣,犹如切断自己的手足,是最坏的情况。(《毛利家文书》)

元就非常明白消除威胁,赢得胜利,稳住权柄和地位的重要性。但是,通过这种残酷、暴力的方式来达到目的,无疑是一把双刃剑,团队(毛利家)里的其他成员虽然被震慑了,但不代表他们就此心悦诚服。坐在主君的位子上,永远都得战战兢兢。

因此,元就告诫儿女时道出了人君的无奈,他说:

如今家臣们没有一个是因为觉得毛利家很好而效忠的……一旦我们变弱了,他们就不一定再跟着我们了。(同上)

由此可见，"下克上"既不是纯粹因为野心，"上克下"也不是只因为君主意图大权独揽，双方都在追求利益最大化，甚至我们可以说这是两种"正义"的交锋。

不过，即便是这样，"下克上"和"上克下"最大的分别是：前者不一定要置对方于死地，可以架空、弱化对方，让对方成为神台上的花瓶，又或者在主君家族内找人替换。这是因为主君的权威伴随而来的号召力，积累下来的关系和能量都是一种无形的约束，加上道德思想上的束缚，弑主、背叛的骂名落在头上，影响内部稳定团结，成本实在太高。

与之相反，后者往往是以流血收场，主君必须把威胁连根拔起，或者起码把威胁赶出团队外，确保威胁不再出现。像毛利元就说的，主君一方面明白诛杀臣下有极大风险，不可不慎重为之，另一方面对待这种看在眼里的威胁，也不得不雷厉风行，斩草除根。

不过，由于历来的道德价值稍稍有利于主君一方，主君手握大义名分，占领道德高地，与臣子犯上作乱相比，扫除企图威胁自己的臣下，好像稍微更有理。

可是，从真实情况看，日本战国时代的"下克上"和"上克下"的成功例子相比，前者还是多一些，这是因为团队毕竟是众人协作的组织，即便主君铲除犯上作乱的臣子有理，寒蝉效应之下，臣子即便不一定愿意加入叛乱，也不希望铲除异己的主君成为独裁君主，危害组织。于是，臣子们联合一起，既牵制想要强出头的同僚，也要压制企图唯我独尊的主君。这种理想状态要到战乱结束的江户时代才能够实现。

像战国大名这样由家族结合而成的团体，重视协调和互惠互利，武士团队内部的关系自然会因为力量、利益和人际关系的变化，需要定期作出调整。正所谓"一朝天子一朝臣"，这一世代的君臣和睦，不代表下一个世代的君臣也必定和颜悦色、同心协力。一旦出现或者预见到矛盾的苗头，以家族为本位的君和臣必然想要做好危机管理预案。

因此，在很多情况下，"下克上"和"上克下"常发生在换班子的时候。例如有关本能寺之变的一个获得公认的说法，就是明智光秀即便获尽信长的恩宠，但是担忧年幼的儿子无法顺利接班，或者在织田家失去生存空间的忧虑，连同其他因素，迫使他做出反制措施。

总而言之，日本中世纪武士社会，包括相对稳定的江户时代里，君与臣的关系存在两层思想规范。第一层是私人的羁绊纽带，以"忠""叛"来衡量；第二层是作为团队的成员、契约合作伙伴的关系，确保团队内部的利益能够稳定维持下去。第一层的思想规范在战乱时代是理想性的、理论性的；而第二层的思想规范则是功利的、现实的。

因此，我们可以说，无论是"下克上"还是"上克下"，表面上看到的是恩怨情仇，但背后包含的，是一个团队里的平衡游戏和力量上的较量。总之，日本武士社会结构里，不存在也不容许君主独裁霸道、臣子仍然无条件跟随的戏码，重视的是协调和互惠互利，良臣择主而事，明主择贤而用，争取双赢。

综上所述，日本战国时代为止的叛乱虽然多少带有一些感情因素，但是基于上述社会结构和思想的影响，纯粹出于私利、私怨和野心而发动的叛乱少之又少，背后牵动的是千丝万缕的羁绊纽带和错综复杂的利益关系，牵一发而动全身，本能寺之变就是其中一例。倘若我们看不清这些藏在背后的深层因子，就只能把问题的症结归结到易懂好理解的个人因素（欲望和情感）上，而无法具体说明问题的本质。

终章

本书第一部《明智光秀传——忠与叛之间》，旨在运用可信性较高的系图、史料，结合笔者的推论，详细剖析和叙述了"本能寺之变"的主谋明智光秀的身世和生平事迹，以及表明他对织田政权的贡献。

第一章主要介绍了从"本能寺之变"发生到"二战"前，明智光秀的形象的变迁。在江户时代愚忠思想的影响下，明智光秀被严重贬抑至无可翻身的地步；及后至明治时代，从江户时代解脱出来的史学家开始反思对明智光秀的评价，但由于信长的勤王形象深入民心，一直到了"二战"以后，明智光秀才得到摆脱信长神话、以务实为主的史学家的重新评价。笔者承接这个风气，引用同时代与光秀有交情或联系的人物史料，以证明明智光秀在战国时代（本能寺之变以前）的名声与事变后直至数百年后的今日都大相径庭。这个差异性说明了光秀的真实一面及生平极度需要重新定位及评价,否则将难以客观分析本能寺之变。

于是在第二章,面对明智光秀的前半生充满了太多的扑朔迷离,就连出生地点、年龄、父母都是一个个的谜团,我们根据诸系图及其他史料,推论出明智光秀应该是土岐氏的庶族长山明智氏的子弟,但其在氏族中的真正位置,则仍然无法完全确定。另外,光秀因故流浪到达越前长崎,但他并没有侍奉朝仓义景,而是在这前后偶遇细川藤孝及足利义昭,并因为二人的关系,有机会接触到织田信长。最初以幕府奉公众身份登场的光秀在本国寺一战中表现出武略方面的才能;而在担任信长陪臣的时候,光秀便在京都行政方面,发挥了自身的文治能力。或许是文武兼备的原因,光秀逐渐得到信长的注意,最终光秀亦偏向织田家,进而成为正式的织田家臣。

到了第三章,我们讲到明智光秀透过出色的才华,受到信长及义昭的赏识,后来面对义昭与信长的对立,光秀毫不犹豫地选择了信长,这可说是光秀一生中最重要的一个人生决定,否则本能寺之变会否发生,也是未知之数。义昭败北后,成为织田家臣的光秀历经元龟争乱及丹波平定战,一跃而成为织田家中不可或缺的五大重臣之一,更是担当织田政权外交事务的重要一员。

最后在第四章和第五章,我们回顾了光秀和信长在最后两年的所有事件，并把一些坊间流传已久的说法，如怨恨说、对立说一一剖析，证明二人在天正八年至十年之间，关系大致良好，从一手史料上，并没有找到二人明显的对立痕迹。在这个情况下，就突然发生了本能寺之变，当中的谜团亦是不少。笔者尝试推论信长在事变时的一举一动，并以信长一贯的做事风格，重新考量当时信长的心境，认为应与坊间的想法有所不同才是。

有关信长之死，笔者引用各方有关的史料，如《信长公记》《弗洛伊斯日本史》以及《本城总右卫门觉书》等，重新评估信长当时死于本能寺的实相。还有，在第一部的最后，我们也通过较为可信的史料，回顾了光秀在成功杀死信长后，至山崎之战为止的十三日内，如何面对四面楚歌的绝境，走向人生的终局。

到了第二部《本能寺之变考疑》，笔者尝试在所有由江户时代到现在有关本能寺之变的诸说法里，选出四个最著名及具可能性的说法——野心说、怨恨说、阴谋论说及非道阻止说，并对各说的形成及论点加以检讨，从而得出各说的漏洞、谬误以及可取之处。并在最后提出了笔者个人的观点和看法。

首先在第六章，笔者分析了两位日本战国史研究领域的泰山北斗——高柳光寿及桑田忠亲的见解，认为野心说在政治角度来看，的确具有一定的信凭性；而怨恨说则因为立论基础不够稳固，故不能予以认同。然而，以上两说都因为其理论过于空泛，难以直击发生事变的真正原因，故笔者只视之（野心说）为"基础动机"。

在第七章，笔者利用相关的史料及其他材料，尝试把朝廷阴谋论说、足利义昭阴谋论说为首的主要阴谋论说逐一检证。大抵各个阴谋论说在立论上犯了脉络不清、前后矛盾的谬误，阴谋论说的提出者亦因为有哗众取宠之嫌，以及先入为主、曲解史料的错误，使其说法无法得到大部分史学家的同意。笔者借用、参考诸学者的见解，并结合自己的想法，得出否定所有阴谋论说的结论，并认为明智光秀从来都是个人，连同家臣团行叛变之举而已。

在第八章，我们全面检讨所谓的"非道阻止说"。首先，笔者不否认信长确实存在某些"无道"行为，但若因此就认为光秀跟跟信长之间存在意识形态的对立，实在难以认同。其次，笔者不太同意所谓明智光秀因为信长"无道"，于是发动了本能寺之变的说法。光秀本身凭什么条件可自称为"打倒无道"的急先锋？这亦是对"非道阻止说"的一个大质问。

最后到了第九章，笔者认为明智光秀与织田信长，以至与织田政权的对立，乃自天正九年信长与长宗我部元亲交恶开始。这个政治矛盾的发展亦应视为本能寺之变的远因，但这并不是构成事变的唯一原因，后来加上斋藤利三这个特殊因素，以及明智光秀的政治生涯越见不明朗等，以上诸多因素在同时间受到信孝远征四国一事的影响而急剧恶化，最终迫使明智光秀、斋藤利三利害一致，并导致了本能寺之变。

本能寺之变可说是日本中近世史上影响深远的政治事件。有人说，即使研究出本能寺之变的真相，也不会对日本中近世史的研究有太大的影响。可是，本能寺之变发生的原因如不解释清楚，将对了解丰臣政权的成立基础及过程，造成严重的漏洞及不明点。

本能寺之变后，织田政权面临瓦解的危机，虽然羽柴秀吉在山崎合战遏止了明智光秀摧毁织田政权的行动，但问题是，突然失去了信长及信忠的织田政权应如何重组、分配各重臣的权力，以及对付各地的反信长大名，都是本能寺之变后，各家臣急需迫切解决的问题。而这些问题便透过清洲会议、贱岳之战以及小牧长久手之战，由秀吉成立羽柴（丰臣）政权来吸收、改造织田政权遗下的权力架构。换言之，造成织田政权的骤然终止与丰臣政权创立的关键，便是本能寺之变。

经过以上二部九章的讨论，我们已经尽可能地解明明智光秀的整个生涯（包括谜团）以及本能寺之变的诸问题。综观而言，整个本能寺之变的发生虽然来得突然，但绝对不是一个偶然的错乱。织田政权作为第一个由中世日本走向近世日本的政权，当中自然会产生各种磨合及对立。遗憾的是，在织田信长执行"天下布武"的过程中，究竟如何克服这些伴随着时代转变而来的诸多问题，却是鲜有史料可加以研究。同时，织田政权的定位及政治目标究竟是什么，到现在亦没有史料可以清楚地帮助我们去了解，否则，对了解本能寺之变的构成背景，或许会很有帮助。

现时本能寺之变的研究已经到了百家争鸣的局面，这可说是受惠于日本战国史研究热潮的结果；2021 年的 NHK 大河剧《麒麟降临》（麒麟がくる）更以明智光秀为主角。在播出的一年间，在日本各界，甚至我国的社交平台上都引起了很多讨论。本能寺之变的话题再次成为热话，不过，也因此出现了很多投机取巧、哗众取宠的说法。笔者认同史学家所说的"应以研究历史般研究历史"，而不应夸张化。但笔者在查考各个史料时，亦深深体会到研究本能寺之变的困难。零碎又不知真假程度的史料群，很容易令研究者及爱好者望而却步。幸而，现在有关战国史的史料、考古发掘的成果十分可观，笔者期待日后会有更多相关史料被发现，然后让包括笔者在内的战国史爱好者，进一步探索本能寺之变的经过和真相。

特别专集
典籍里的本能寺之变

明智光秀发动本能寺之变,无疑改变了日本历史发展的走向。然而,关于这场重要的历史事件,虽然已经有不少原始(日语)史料和相关的军记物语记载其事,但到目前为止,绝大多数资料还没有被翻译成中文,以飨爱好这段历史的读者。因此,本书在终章后附上了相关资料的中文翻译,希望能够让读者更具体地知晓当事人和后人是如何描述这个事件的。

本能寺之变的相关资料繁多,笔者以"明智光秀"和"本能寺之变"两个关键词,选出了九份跟本能寺之变既重要,也十分有名的资料,提供给各位读者参考,无论是希望了解更多相关的信息,还是想通过历史资料,更好地感受当事者们和后来人描写这场事变的方式,阅读这些资料都是十分必要的。

各个资料的详细介绍留待后面的题解部分来说明。这里要先给读者说明的是，这九份资料的长短、体裁、性质均不一样，而且并不是以本能寺之变为主题而编写的。虽然如此，由于著作的需要，它们必然提及本能寺之变，并且占据了整体内容的一大板块。

另外，考虑到要紧扣本书的主题，笔者经过权衡取舍后，决定仅选取这九份资料里提及本能寺之变的相关部分，从明智光秀密谋发动政变，到织田信长、信忠父子双双死亡为止，方便读者更好地聚焦。

最后要说明的一点是，为了让各位读者更好去感受各个文本的原本风格，笔者在进行翻译时只更换了生僻、与中文意思不同的日本汉字、词汇；对专有历史名词也作出了适当的翻译，除此以外，尽量还原原文的风格和文意，希望读者了解。

本次选取的九份资料如下：

一、《惟任退治记》（节录）

二、《信长公记》[（卷十五下）节录]

三、《川角太阁记》[（卷一）节录]

四、《耶稣会1582年日本年报追加》（节录）

五、《本城总右卫门觉书》（节录）

六、《乙夜之书物》（节录）

七、《甫庵信长记》[（卷十五下）节录]

八、《明智物语》[（卷二下）节录]

九、《明智军记》[（卷九、卷十）节录]

《惟任退治记》

题解

《惟任退治记》的作者是羽柴秀吉的佑笔（注：秘书兼文书官）大村由己（？—1596）所著，"退治"在古日语里是"征伐""打倒"的意思。内容上从秀吉得知本能寺之变后与毛利家议和，然后火速撤退回师，在山崎之战成功击败明智光秀，再到同年十月主持故主织田信长的丧礼为止。本次节录的内容则从秀吉请求信长到前线出兵助战，到明智光秀的军队逼死信长、信忠父子为止。

自天正十三年（1585）起，大村开始为主君秀吉做政治宣传，以秀吉的连场军事胜利为主题写下一系列文章，除了《惟任退治记》以外，还有《西国征伐记》《柴田合战记》等。这些文本最后合辑为著名的《天正记》，讲述了忠于主君的秀吉转战各地，肝脑涂地，在本能寺之变后率先替信长报仇，继而一步一步篡夺织田家，力压群雄，一统天下，成就大业的传奇。"天正"就是当时日本的年号，而信长于天正十年（1582）死后的天正时代后期（1583—1592）起，日本踏入了"秀吉的时代"。大村由己最重要的写作目的就是要以文章见证、记录这个历史时刻。

虽说《天正记》的各个篇章是从秀吉作为信长的主力干将，代表织田政权征伐本州西部的别所、赤松、毛利各家的经过起笔，但作为改变秀吉一生的转折点，本能寺之变到山崎之战的经过无疑是绕不开的。

基于政治需要，《惟任退治记》等文本在写成后立即被有意地流传开来。从京都的贵族社会为起点，慢慢地扩散到武士、百姓圈子里去。随着丰臣政权建立，《惟任退治记》在写成后几年内，已经在贵族社会内部广泛传阅。到了江户时代初期，在城下町的书斋都可看到其手抄本。可见在政治操作下，配合其内容的巨大话题性，《惟任退治记》从一本"政治宣传读物"，变成一本获得广为流传的"大众历史读物"。

更为重要的是，比起后来的军记物语（如《明智军记》）和一些相关人士的回忆录、随笔（如《明智物语》）。《惟任退治记》是站在丰臣政权起家角度，出于政治需要写成的。尽管本能寺之变发生时，大村他本人不在现场附近，所写所说都是根据后来的道听途说，内容不一定可信。但是，由于他份属当事人的身份，内容是在事变后不久记录而成，代表秀吉阵营的角度去总括了本能寺之变到山崎之战的经过和结果。从这个角度来看，《惟任退治记》填补了文书类史料的空白和不足，其史料价值和参考性不言而喻。

体裁方面，大村由己作为儒僧，书写汉文颇为熟练，《天正记》中（包括《惟任退治记》在内）的大多数文本，均以仿汉文体书写，同时混杂了当时日语书面语的用词和行文风格。这种独特的文体是当时谙熟汉文的禅僧惯常使用的。不过，考虑到这种和汉混杂的文体不利读者轻易理解，同时又为了尽可能让读者感受到原文的氛围，所以文本的翻译以尽量忠于原文原意为大前提，另外为个别人名、地名添加注释，以便读者理解。

文本

[前略（注：前面部分描述了秀吉攻打毛利家的大概经过。至天正十年三月，秀吉围攻备中高松城时，遇到毛利家发重兵从后方赶来支援，秀吉急求信长派兵助战）]

（信长）命令堀久太郎秀政，加上池田胜九郎之助、中川濑兵卫清秀、高山右近重友等人出战协助秀吉。将军（信长）与（织田）信忠从京都出发，同时，信长公命令惟任日向守光秀作为军使早早出发，并与秀吉商谈。依照战事发展，信长父子将随时出发。光秀奉命率领两万余人，却不前往备中，而密谋造反。我（大村由己）认为这不是（光秀）临时决定的，而是他蓄叛逆之意多年所致。于是在五月廿八日，光秀登上爱宕山（今京都市右京区）举行一场连歌会。光秀咏句云：

时为今下雨之五月哉。
（原句：とき八今雨がしたしる五月かな）

现在我想来，这实在是谋反的先兆啊！但谁何曾察觉到呢？然后，天正十年六月一日，光秀半夜率领两万余人，从丹波国龟山（今京都府龟冈市）出发，进逼位于京都四条西洞院的本能寺，那是相府（信长）下榻之地。信长公做梦也没有想到此事。临近深夜，信长公召信忠来私谈，信长公说："我正值壮年，很开心今日得尽收获，而且身兼万代的荣耀。"又慰问村井入道（贞胜）以及近侍、随从等人。到夜深时分，信忠向信长公告退，回到妙觉寺阵所。信长公则回到深闺，召集佳妃、好嫔，行鸳鸯之衾、连理之枕，夜半私语，这岂不是世间最美之梦吗？

光秀进军途中，命令明智弥平次光远、胜兵卫、次右卫门、孙十郎、斋藤内藏助利三，还有其他家臣率领士兵分四路包围本能寺。到了凌晨，明智军士兵拉倒寺边的土墙，砍破木户后一起闯入。

信长公的好运到头了，如今天下静谧，信长公放松警戒之心，而且分布在领国内的诸家臣或到西日本出战，或被配置去守护东日本的边境。至于织田三七郎信孝（信长三儿子）准备渡海前往四国，与惟任（丹羽）五郎左卫门尉长秀、蜂屋伯耆守赖隆一起驻扎在和泉国的堺港（今大阪府堺市）。其他家臣因为信长公出战西日本，他们正为侍奉其左右、回到各自的领地做准备，所以当时没有重臣在京。而已经入京侍奉在信长公左右的家臣们则分散在京洛各地悉心游兴，本能寺卫所内的随从们不过一百人。信长公得知有人发动夜袭后，召唤森兰丸前去探勘。兰丸回报说是光秀谋反，这就是所谓的"以怨报恩"啊！这不是信长公暴露丑态，所谓"有生者必灭"，这也是定理啊！事到如此，又有什么好惊讶的呢？信长公手执弓箭，步出室外缘边，射杀五六名明智士兵后，再用十文字枪击倒数名敌人，将他们驱逐出门外。可是，信长公本人也数处受伤，于是退回室内。森兰丸、高桥虎松、大冢又一郎、菅屋角藏、薄田金五郎、落合小八郎等人不离信长公身旁。这次突发事件，众人一同出击，不离半步，结果纷纷战死。继而出击的人们如中尾源太郎、狩野又九郎、汤浅甚助、马乘胜介和针阿弥等七八十人倾力作战，虽然一度阻挡敌人的攻击，但遭到多人围攻之下，他们先后被杀。此时，信长公了结了身边在春花秋月之时赏玩的高贵优雅的美人们的性命后，看到随从全数战死，亲手放火焚烧本能寺内的主殿，当场切腹自尽了。

村井贞胜的宅第在本能寺门外不远处，听见本能寺的骚动，起初以为是什么人在争执打架，便没有带兵器到本能寺附近查看，以便平息吵闹。但他看到的是光秀的两万余人军队包围本能寺，虽然眼见这种情况，贞胜却无计可施，于是他赶到信忠驻扎的妙觉寺，报告兵变的事。

信忠想无论如何都要冲入本能寺，誓与所有人一起切腹共存亡。然而，经过紧急商议，如今本能寺已经被重兵包围，除非身插翅膀，否则难以进入。这实在是咫尺千里之叹啊！而且妙觉寺不是耐于坚守的阵所，于是信忠问道："这附近有没有可供我切腹以谢天下的地方？"贞胜回答说："可以去(诚仁)亲王所在的二条御所。"于是贞胜带信忠等人到二条御所，奉请亲王坐辇移驾入宫，信忠身边仅有五百人，全数进入二条御所。而信长公亲卫队中残存下来的人受阻于光秀军，顺利到达二条御所的只有一千余人，包括信忠的弟弟又十郎信次、村井贞胜三父子、团平八景春、菅屋九右卫门父子、福住平左卫门、猪子兵介、下石彦右卫门、野野村三十郎幸久、赤泽一郎右卫门、斋藤新五、津田九郎次郎信治、佐佐川兵库、毛利新助、堉传三郎、桑名吉藏、水野九藏、樱木传七、伊丹新三、小山田弥太郎、小胯与吉、春日源八等骨干之臣。

他们心有觉悟，等待光秀挥军扑来。

　　光秀知道信长公切腹自尽、火烧本能寺的主殿后，感到十分安心，后来知道信忠率家臣死守二条御所，马不停蹄地指示士兵攻向二条御所。御所内的人当然做好了准备，他们打开御所大门，架好弓箭和火绳枪在前，御所内的士兵人人手持武器，严阵以待，威风凛凛之兵争相布阵。前面弓箭、枪弹轮番射击，士兵接踵杀出，追逼驱赶敌人。经过数个时辰的防守，敌人（光秀军）重整旗鼓，派出新部队来攻，而守方装备单薄，心虽刚勇，手持长刀、短刀杀出，这五十人要面对上百的敌人，而剩下来的人手已经所余无几了。敌军已经逼近御所内的主殿了，信忠、信次兄弟穿上甲胄，两人身旁的一百余人也身穿甲胄。信忠率先杀出，斩杀十七人，身边的家臣也争先恐后地拼死一战，一度逼退周围的敌兵。就在这时候，明智孙十郎、松生三右卫门、加成清次等人率领强劲之兵数百人进行反击。信忠看到这情况后，杀入敌阵之中，使出从小学习而得的浑身解数，展现手执长刀奋战的英姿，斩砍劈捅，清次、三右卫门成为信忠的刀下亡魂。信忠的随从们尽全力迎战，但仍然被攻进来的敌人全数杀死。

　　在最后一战里，众人无不希望永久伴随信长公左右，于是他们在御殿放火，然后集结在一起，信忠切腹自尽，其他人也跟随其后，丧身火海之中。信长公享年四十九岁，信忠享年二十六岁。可悼可惜，京中万民上下哀恸洒泪。

《信长公记》

题解

《信长公记》是记载织田信长生涯的传记，全书由十五卷组成，此外还有后来补充的首卷，总共十六卷。

作者太田牛一（1527—1613）是织田信长的家臣，与后述的小濑甫庵是同乡。牛一曾经在 1565 年的堂洞之战中以弓兵的身份立功。后来，太田牛一成为了信长重臣之一的丹羽长秀的佑笔，长秀死后，牛一转为丰臣秀吉的家臣，曾担任检地奉行（负责丈量土地的官僚）。

从以上的经历来说，牛一是一个文武兼备的武士；不过，他的文字能力更胜一筹，其影响深远的作品除了《信长公记》外，还有丰臣秀吉的传记《太阁殿下军记之次第》等。史学家通过研究文本，发现牛一是在传主在世时便开始书写这些作品。按牛一自己的说法，这是他在执行文书工作时，顺手做的记录。后来在他主观意志下，将这些手记集腋成裘，形成人物传记。

不过，从各个抄写本里可以看到牛一修改文本的痕迹，显示他经常检查文本，以及随时按需要进行更新和订正。换句话说，牛一并不是一气呵成地编撰《信长公记》的。他一方面依靠即时记下的笔录，另一方面是在后来通过回忆、调查所得的资料，然后将两者拼合重组，形成了《信长公记》的基本结构。

随着年纪老迈，牛一开始以写书为主要事业，主动，或者接受"订单"抄写自己撰写的《信长公记》，并且按照客户的需要，在各个抄写版本的内容上作出一些调整。需要牛一提供《信长公记》抄本的人，大多是信长旧臣的子孙，他们为了收集父祖辈的事迹以便编撰家史时，得知牛一撰有《信长公记》，于是请他提供抄本。

即便如此，也无法动摇《信长公记》的可靠性和重要性。作为织田信长最可靠的传记作品，《信长公记》为史学家研究织田信长和其他跟信长有关系的人和事，提供了既宝贵又相对可靠的信息，帮助我们了解信长搅动战国时局的经过。当中也包括了明智光秀和本能寺之变。

明智光秀作为信长的重臣之一，以及杀害信长的凶手，在《信长公记》里自然屡屡登场。有关本能寺之变的部分，由于牛一不在现场，所以牛一只能在事后通过调查所得的资料，包括从本能寺里逃出来的侍女的口供，重新整理还原事变的经过。虽然这部分的准确性值得商榷，也揭露出太田牛一编写《信长公记》的一些局限性，但是，在现在为止,这部分内容依然是研究本能寺之变的一份很重要的资料。

跟《信长公记》的其他部分一样,牛一在描写战斗场面上花了不少的笔墨,强调织田武士们奋勇战斗的样子。作为《信长公记》记载的最后两场战斗——本能寺和二条新御所之战,当然也不会例外。牛一写到这部分时是什么心情呢?各位读者阅读译文时,不妨也来想象一下。

文本

五月十六日……于中国(注:本州岛西部山阴道和山阳地区)的备中国(今冈山县西部)……秀吉包围了高松城,下令在可以俯瞰该城的墨云津(足守)川、长良川两条河之间筑堤堵截河水,以水攻城。毛利(辉元)、吉川(元春)、小早川(隆景)率领大军从(安)艺州赶来与秀吉对峙。信长公听闻此事后,认为这次能够在这么短的时间内直接与毛利家决战,实在是天赐良机。于是信长公下令出兵西向,征服中国诸家,然后一举平定九州岛。信长公指派堀久太郎(秀政)为军使,前往秀吉那里交代各种布署。另外信长公又指令光秀、长冈与一郎(忠兴)、池田胜三郎(恒兴)等人担任先锋,允许众人暂停目前的公务,以便准备出发。

五月十七日，光秀从安土回到坂本城，其他奉命西征的家臣也同样各自回到自己的居城，准备出征。

……

五月二十六日，惟任日向守光秀即将前往中国，离开坂本（今滋贺县大津市）到达自己的居城丹波国龟山。在第二天的五月二十七日，光秀从龟山到爱宕山参佛，在寺里闭门祈愿一晚。可能是因为心有所思，听说光秀当晚来到爱宕山太郎坊（注：祭祀天狗之地）的神坛前，在那里接二连三地取阄占卜。五月二十八日，光秀在爱宕山的西坊举行连歌会。

发句（注：连歌的第一句） 惟任日向守（光秀）

时为今下雨之五月哉（原句：とき八今あめか下知る五月哉）

更胜水上之庭中松山　西坊

止住这落花流水之末　绍巴

就这样写作百句，奉纳在神前。

五月二十八日同日，光秀从爱宕山回到丹波国龟山。

五月二十九日，信长公从安土城（今滋贺县近江八幡市）上京。津田源十郎（以下家臣人名省略）等人受命留守安土城。信长公带着二三十名近侍随从上京。由于进京后立即要出兵中国地区（毛利家），所以信长公命令众人准备出兵的相关事宜，待他一声令下，立即出动。这次信长公上京没有召唤重臣伴随，不久后便发生了让人始料不及的事态。

六月一日入夜后，在丹波国龟山，光秀密谋造反，跟明智左马助、明智次右卫门、藤田传五和斋藤内藏助等家臣商议，决定讨灭信长公后，使光秀成为天下之主。他们向诸将士下达命令，所有人从龟山出发，前往通向中国地区的三草山谷后，在那里折返向东，跨越老山（老坂山道）到达山崎，再从山崎到达摄津国境内；参加秘密会议的几个家臣负责担任先锋。

六月一日入夜后，翻过老山向右的路通向山崎、天神、马场、摄津国；向左直走则是进入京都的干道。光秀军从这里再向左面走，渡过桂川。这时候天色渐亮，军队已经包围了信长公驻留的本能寺，并且从五个方向攻入寺内。

信长公和他的随从们都以为是下人在吵架之际，听到跟往常不同的嘈杂声，而且发现有人用火绳枪射击信长公的主殿。

"这是有人谋反吗？是什么人的阴谋？"听到信长公的询问，森乱回答说："看来是明智家的人。"信长公听后说："那别无他法了。"然后立即撤退到寺内主殿，其他在前堂的"御番众（护卫）"也一起集结在主殿里。从马厩里冲出来抵抗的矢代胜介等人战死，此外"御中间众（下级护卫）"藤九郎等二十四人也在马厩里战死。

主殿内战死者（人名略）。随从们倾力奋战也一一战死。其中，汤浅甚助和小仓松寿二人原本是被安排寄宿在本能寺外的客栈，听到明智军突袭本能寺之后便冲入寺内而战死。在御台所（厨房），高桥虎松力战敌人，其功无人可比。信长公一开始用弓箭射倒两三个敌人，但是没过多久弓弦被拉断，信长公改用长枪作战。然而，手臂被敌人用长枪刺中受伤后，信长公退出战斗。

一直伺候信长公的侍女们希望陪伴信长公左右，但信长公说："女人无须受累，抓紧逃吧。"把她们赶出寺外。这时候寺内主殿已经起火了，可能是信长公不想被人看到自己的身影，于是进入寺内深处，然后在"御南户之口"这个地方从容地切腹了。

信忠卿听说本能寺出事后，希望与信长公会合，于是打算离开所在的妙觉寺。这时候，村井贞胜父子三人走到信忠卿面前说："本能寺那边的情况已经尘埃落定了，主殿也已被烧毁，想必敌人很快便会攻来这里。二条御所的防御性更好，可以供我们据守。"于是信忠卿等人来到二条御所，信忠卿奏请说："这里（二条御所）很快成为战场，（诚仁）亲王殿下和王子殿下请前往宫内。"虽然心有不甘，但信忠卿跟亲王行道别之礼，然后送两人到宫内。这时众人各有看法，有人提议说："这里不宜久留，大人您还是快逃亡吧。"信忠卿回答说："面对这样的谋反，即便我逃跑了，一旦死在杂兵手上，我将遗憾万分。不如就在这里切腹好了。"这实在是了不起的悲壮之举啊！于是不久后，光秀的军队便攻来二条御所，猪子兵介等人冲出去与敌人厮杀，但结果被杀，其他人也争先恐后地出战，忘我地拼斗，他们刀锋相交火花四溅，他们每一个人的奋战不下于张良之奇谋，樊哙之气势。

他们之中有一名叫小泽六郎三郎的家臣，他寄宿在乌帽子屋町的一个民宅里。当他听闻信长公已经自尽后，他便跟屋主说："我想赶到信忠卿所在之地，跟随其左右。"屋主和邻里们也跟小泽一起前往，但看到二条御所的外郭已经被明智军重重包围。屋主等人便纷纷劝阻小泽说："既然已经无法跟信忠卿会合了。干脆我们把你藏起来，你还是快走吧。"但小泽不同意他们的建议，决意要跟自己人共存亡。于是小泽扛着枪，沿町道往二条方向走去。屋主和邻里们不忍与小泽就此永别，只好跟在他身后，目送他远去。

小泽冲入二条御所的外郭内，拜见了信忠卿，然后走到正门护防，跟其他人一起奋战到底，实在是无与伦比。但是在这个时候，敌人（明智军）登上御所旁边的近卫公宅第，居高临下，用弓箭和火绳枪向御殿展开攻击，导致信忠卿的家臣死伤无数，幸存下来的人所余无几；而明智军的士兵也在这个时候冲入御所的外郭内放火。至此，信忠卿下令，自己要切腹自尽，然后取出走廊的一块木地板，走进御殿里面，让家臣在自己死后藏好自己的遗骨。介错（注：切腹者自尽时负责把他的首级斩下的人）由镰田新介负责。这时候信忠卿眼见御所内织田家的家臣、下人全数战死，尸横遍地，感到十分悲恸。不久后，御殿也烧了起来，信忠卿就在这个时候切腹自尽，镰田新介毫不犹豫地砍下信忠卿的首级，按他生前的指示藏好尸首，在火海中化作无常之烟。这样令人哀痛的光景，实在是惨不忍睹。

《川角太阁记》

题解

《川角太阁记》成书时间稍微晚于《惟任退治记》。顾名思义，这是一部记载从"太阁"丰臣秀吉在本能寺之变前后发迹，然后统一日本，到他死后不久由权力斗争引发的关原之战为止的书籍。这次的翻译抽取该书关于本能寺之变的部分，也就是第一卷的开头部分，换言之，作者认为秀吉飞黄腾达的起点就是本能寺之变。

《川角太阁记》的作者未详,不过在很久以前,史学家一般认为这部作品是由丰臣秀吉的老臣、后来江户时代的九州柳川城主田中吉政的家臣川角三郎右卫门(？—？)撰写的。至于写成时间,一般认为是在1621年至1623年之间,也就是田中家因为绝嗣,被德川政权没收领地之后。

因为资料不足,目前我们对于作者的底细,所知仍然不多。同时,这部作品的名气完全被后来出版的小濑甫庵《甫庵太阁记》,以及其他版本的《太阁记》盖过,一直没有得到重视。而且,由于《川角太阁记》没有对外大量发行,原版也失传了,只有几部抄写本传世,到了江户时代可以说是几乎无人问津的。

随着近代日本史学的发展,《川角太阁记》才得以重见天日。由于是同时代的人撰写的,而且作者将相关的所见所闻、当时的各种传言,还有一些回忆统统记录在书中。所以,从学术角度来说,《川角太阁记》的史料价值远胜于后来各版本的《太阁记》。

当然,由于我们没有办法找到其他证据——证实这些消息和记事的真伪,加上作者记述各个事件时并非都在现场,所以我们不能断言《川角太阁记》的内容确切无误。即便如此,作为同时代人对从战国末期至织丰时代所观所闻的记录，《川角太阁记》的价值仍然是非常高的。

另外，我们可以发现作者在撰写《川角太阁记》时，大量提到自己的消息来源，例如在本能寺之变的部分里便提到了成书时间稍早的太田牛一《信长（公）记》，还有其他跟信长、秀吉有关系的人们。因此，《川角太阁记》其实是作者经过大量调研，汇聚各种情报后写成的见闻录。而且，作者始终以呈现自己看到听到的消息为宗旨，没有作出主观的评论，这跟后述的小濑甫庵力图从自身儒家立场的角度来叙事、评论是非对错，有着很大的差异。

总之，本次翻译节选的有关本能寺之变部分，也是作者在事后的一段时间，听取"消息人士"的口供和收集其他如《信长公记》等资料的记载，而后编辑而成的。无论其可靠程度有多少，这部分内容反映出当时事变发生后不久，人们交换、寻找有关本能寺之变信息的实际情况。

文本

天正十年壬午，信长公征讨甲斐国的武田四郎胜赖，为此，信长公从（近）江州安土城出兵，但任命信忠公为先锋。信忠大人从岐阜城出发，（德川）家康卿从骏河边境攻入（武田家领地），此外还有其他势力从各路涌入。因此，胜赖离开甲府的居城，到同国的田野山林内自裁。

此后，信长公指示了战后的处置工作，将骏河国赏赐给家康卿。同年四月初左右，信长公收兵回到安土城后，听闻家康卿为了回谢受赐骏河国，与穴山（梅雪）大人一同上京。

于是，信长公安排家康一行人留宿在明智日向守光秀的邸宅，光秀倾力接待一行人，还准备了菜肴，待准备就绪后请信长公前来查看。可是，当信长公来巡视时，正值夏日，光秀准备好的鲜鱼腐坏了，信长公来到宅门外时，强烈的臭味随风飘散。信长公闻到这阵阵恶臭后勃然大怒，直奔厨房而来，愤然说道："弄成这样子的话，不可能招待家康了！"因此，信长公下令让家康卿等人改在堀久太郎的邸宅留宿。以上的内容是我（川角三郎右卫门）听当时身为信长家臣的老人们口述而来的，《信长（公）记》说信长公安排家康卿留宿在大宝坊。有关留宿地的说法大致就是以上两种了。

听说光秀因为觉得颜面扫地，于是他把用来盛鱼的木制台盘，还有其他菜肴全部倒进（安土）城下的水沟里，结果臭味传遍整个安土城内外。

家康卿在五月十五日到达安土。

另一边，光秀接到信长公的命令称，早前收到军报，羽柴筑前守秀吉在当年三月下旬起，向毛利辉元发动攻势，而且攻陷了辉元位于备中国的要塞冢城。然后，攻下冢城的威风让诸势力举旗乞降，秀吉接受请降，接收了冢城后，联合新降的领主们一起攻向高松城。城主志水长左卫门（即清水宗治）据城死守，秀吉军虽然举兵实施多重包围，但高松城防卫坚固，一时难以拿下。于是，秀吉军决定用水攻破城。

秀吉派人跟信长公上报说，事到如今，毛利家一定会派援军从后方包围的。因此，秀吉军决定要修筑堤堰，然后分派兵卒在各处临时建成的小屋驻守。在堤堰之外，牵系围栏，又放置好削尖的刺木、木栅，河水也已经涨至堤堰高度的一半以上，秀吉将这些情况都一一向信长公报告。

为了增援秀吉，信长公下令中川清秀、高山重友及长冈忠兴，也就是现在的三斋，还有摄津国的盐川党动员组织兵力，然后前往备中出战。因此，信长公下令他们回到领国。至于光秀，信长公下令说："你当从但马国攻入因幡国，再从因幡国入侵毛利辉元的领国伯耆国和出云国，不可有任何疏忽。你必须尽快回到丹波国，做好出战准备，然后出发。"光秀复命说："谨遵命令，立即整装出发。待命令到来，我便入侵辉元领地，并回报前线的情况。"安排好领地内的事宜后，光秀便离开安土，回到丹波国龟山城。

……

信长公认为辉元既然来到备中,必须把握这次机会一举歼灭。于是,信长公带着近卫队一百六十七人,还有信忠卿一起入京,信长公留宿在本能寺,信忠卿则进入二条御所留宿。

……

听说当年光秀一回到丹波龟山城,便日以继夜地准备出战。五月二十八日前往爱宕山祈愿,留宿在山上的西坊。据说,光秀当日在那里举行了连歌会。这事在《信长(公)记》已有记载,这里便不多记述,但是为免前后内容有失,姑且抄写此书以下的内容:

时为今下雨之五月哉　光秀
更胜水上之庭中松山　西坊
止住这落花流水之末　绍巴

此后与众人联作百句后,光秀便下山,回到龟山。

太阁(秀吉)殿下取得天下后,知道了光秀写作上述歌句的事,于是叱责绍巴说:"事已至此,你这是等同默许了光秀的恶行,实在太不妥当了。"太阁殿下责令绍巴在近江国三井寺的山林里隐居,后来他获得了赦免,被太阁殿下召回京中。

光秀谋反的详情,以及他的五名家臣参与其中的事在

《信长（公）记》里已有记载。这五名家臣就是明智左马助，也就是弥平次，还有明智次郎左卫门、藤田传五、斋藤内藏助和沟尾胜兵卫。《信长（公）记》记载说，光秀跟他们讨论自己心里所想，然后命令各人当场提交印有牛王宝印的誓书，又要求他们交出人质，然后结束这个会议。

光秀的家臣里，有一个名叫"山崎长门守"，后来改称为"闲斋"的人，他后来被加贺国的前田利长大人招揽为"武者奉行"（译注：作战时统率、管理士兵的职位），而且在两次大坂之战（译注：大坂冬、夏之战）以前田军"武者奉行"的身份参战。

山崎长门守的口述是跟一个名叫"林龟之助"的人对谈时说出的。……他们两人的对谈我时有耳闻。但他们没有提到所谓光秀跟五名家臣商议谋反的情况。在对谈里，他们提到光秀当时的命令称，全军即将向备中进发，翌日（二十八日）起各家臣要征集役夫等人员；五月二十九日下令将火绳枪的火药，还有长枪等武器集齐在龟山，再于当日从龟山运送上百箱物资到西国。这是事变三天前的事。

六月一日申时（下午三点至五点），光秀跟家中的重臣们下令说："森乱从京都派使者来传令说，主公（信长）下令我们准备好出兵后，要让他检阅我们的军容和马匹。

因此，主公命我们立即集齐人马上京。"光秀跟家臣们说："既然收到主公的命令，我们必须照办。作为武人，这是理所当然的。"于是，明智军离开龟山，向东面的柴野前进。到了当天的酉时（傍晚五点至七点）时，光秀下令军队分成三队，询问斋藤内藏助这次召集的军队有多少人。内藏助回报说，军队总人数应该在一万三千人左右。

光秀从这里（柴野）向南推进，三队之间相隔一町半（一百六十五米）。光秀后来召见女婿明智弥平次，称有事商讨，让弥平次派使者通知其余五名重臣立即到他面前。收到弥平次的使者的通知后，五名重臣来到光秀面前，摒去闲杂人等。这时，光秀从板凳站起来，然后重新展开板凳，重新坐上，跟眼前的重臣们说出自己心底的真正打算。他说："你们都知道主公（信长）是如何提拔我家的。我从身为区区三千石的家臣，瞬间成为从主公那里拜赐二十五万石的重臣。那时我在（织田）家没有搞好人脉关系，结果主公在三月三日召集重臣、诸侯到岐阜参加节会时，我在众人面前丢脸。后来在信浓国上诹访（今长野县诹访市）被主公责备。还有，这次家康卿上京，到安土时，我受主公之命安排、打点家康卿的住宿，但由于我的大意，在款待家康卿时犯错，遭到主公责骂。主公突然命我率军前往西国。这些事端接二连三地发生，我想这终将危及我家的未来。可是，我反复思量，现在觉得这三件悔恨之事对我来说，其实是值得庆幸的。方今世道浮沉不定，繁荣和衰败只在瞬间之中。作为我老后的回忆，哪怕只有一夜也好，我决定要夺取天下。我已经想得很清楚了，如果你们都不跟我一条心的话，我干脆只身一人杀入本能寺，然后在那里切腹自尽好了。你们意下如何。"

弥平次上前说："主公您的决心可以说是天知，地知，我知，众人皆知了，何况现在你把这决定告诉我们五个人，就更加没有必要去劝谏您了。"说罢，沟尾、（斋藤）内藏助等人异口同声地说："恭贺主公终于下定决心，从明天起，我们终于可以如愿地尊称您为'殿下'了。既然这样，就没必要再讨论什么了。适逢六月的夜晚意外的短暂，而且从这里到京都还有五里（注：约二十公里）的路程，我们必须在黎明时分到达本能寺，再实施包围。我们最好能在辰时前拿下本能寺，然后再攻陷二条御所，快出动吧。"

此后，光秀和家臣没有再作谈论，快马加鞭地越过老坂，再穿过谷堂、峰堂，在沓挂附近下令军队用餐和让马匹休息。这时，光秀召唤天野源右卫门到跟前，说："从这里开始我军要加快速度前进。那是因为很可能有人会将我军扑向本能寺的消息传出去。所以，如若发现可疑人等，必须将他当场击杀。"源右卫门领命后，立即策马来到军队前面监视。时值夏天，东寺附近的田野里，有很多在种黄瓜的农民。他们看到一大群武士来到时，纷纷逃散。天野源右卫门为免他们可能向本能寺通风报信，于是派出二三十名士兵截杀这些逃跑中的农民。虽然他们都是无辜的，但天野源右卫门为了万无一失，只好这样做了。

光秀到达桂川后，传令军中："切断马沓（注：包裹马蹄的草鞋），步兵换上新的草鞋，火绳枪兵将火绳剪到约一尺五寸（约四十五厘米）长，点燃好绳子，已点燃的绳子每五条为一束，火口朝下。"于是，军队渡过了桂川。

渡河后，军中又传令说："从今天起，我们主公将成为天下霸主，军中上下至杂役人等，你们都给我亢奋起来。"后来又说："武士们尽管在那两个地方（注：本能寺、二条御所）奋勇战斗。有兄、弟、子嗣的，一旦战死，军功由其兄弟子嗣继承。没有兄弟子嗣也不用担心，我们自会从你们的家族中找出人选来继承，不会有所差错。现在就是看你们忠心高低的时候了。"

到达京都附近时，斋藤内藏助大声地向军队下令说："京都门户的门关一定跟往常一样没有上锁的，你们去冲开门关。到达门关前，大可不必展开军旗。当你们冲进去市中后，集体行动会妨碍进击，你们先冲开各个町区的门关，然后分成各个小组，小心翼翼地到达本能寺。你们借助夜色微光的帮助，找寻寺外的草木作标记，朝本能寺前进。在夜间，你们按照我说的做法行动的话，断不会走错路，都给我好好记住了。"

从这里以后的情况已经在《信长（公）记》里详细记述了，《信长（公）记》与目前外间所说的内容有出入的部分大概就是这些了，请您比对这两个说法以作参考。如我前面说的，以上的内容是我根据现在侍奉前田肥前守（注：利长）大人的山崎长门守，以及曾担任关白秀次公近卫队的林龟之助他们二人谈及当年侍奉明智家，并且参与事变时的回忆而得来的。

《耶稣会1582年日本年报追加》

题解

《耶稣会日本年报》是耶稣会日本教区提交给罗马耶稣会总部的年度报告，汇报每一年日本的各种情况和耶稣会在日本的传教活动进展；也是耶稣会为了提高日本教区内外的联系制度和消息传达效率，于1582年开始编撰的。

简单来说，日本各个分教区（主要在京都以西）将所在地的信息传送到九州后，由当时在九州口之津（今长崎县南岛原市）的传教士路易斯·弗洛伊斯（Luís

Fróis，1532—1597）整理，而后将年报寄送给印度果亚（Goa）的教区，经翻译处理后转送给罗马总部。弗洛伊斯死后，上级指派其他传教士接任其工作，直到日本的德川政权在十七世纪初禁止传播基督教、耶稣会被迫完全撤出日本为止。

本次的翻译文本是 1582 年追加年报的部分章节。当然，弗洛伊斯之所以发出这份追加年报，其中一个原因是他接到了驻京都的传教士发来本能寺之变和织田信长父子死亡的情报。由于织田信长生前一直容许耶稣会的传教活动，又积极保护传教士的安全（不过，传教士们对信长的一些作为颇为不满），而且织田信长在当时推进日本的统一，左右着日本和耶稣会日本教区的命运，因此对耶稣会来说，信长遭遇叛变罹难的消息绝对是十分重大和紧急的情报。

1563 年，三十一岁的弗洛伊斯按照耶稣会的命令首次来到日本九州，借助更早到达日本的其他传教士的教导，努力学习日本的语言和风俗文化。两年后的 1565 年，弗洛伊斯来到京都，获得当时的室町幕府将军足利义辉的保护，开始在京都传教。义辉被杀害后，弗洛伊斯逃到京外。

1568 年，织田信长保护义辉之弟足利义昭上京，成功拥立他就任将军。弗洛伊斯不久后在京都二条与信长初次见面，开启了两人的交往，以及信长跟耶稣会的交流。由于获得信长的保护，弗洛伊斯被委任为日本中部教区的负责人；后来于1581年受命回到九州，开始编辑和整理耶稣会在日本的传教活动资料和记录，即《耶稣会日本年报》。

年报用葡萄牙语写成，为了方便保管，以及避免运送到印度果亚途中遭遇自然灾难或事故而丢失，一般都会在发送年报前抄写几份文本，还会预先翻译成其他主要语言。到达果亚后，当地的教区人员将年报的原本发送给罗马耶稣会总部，然后收藏在耶稣会的文书馆里。同时，在果亚进行抄写年报后，译本将分发到欧洲等地的教区传阅，以便交换消息。本次翻译的追加年报就是弗洛伊斯收到由京都分区的传教士发来的紧急报告，经编辑后再发送到果亚的。

《耶稣会日本年报》以及其他由当时驻日传教士写成的各种报告和书信，有助于我们在日本本土史料以外，了解从战国时代到德川时代初期为止的风土人情，还有个别地区（九州、京畿）的各种事件，包括本能寺之变。尤其是传教士以外国人的身份，用截然不同的角度详细记载了那些不见于日本史料的见闻，有利于史学家多角度地复原当时的社会情况。因此，自明治维新以来，耶稣会的资料一直广受日本史学界的重视。

然而，通过史学家对各个文本的分析，发现传教士们的记录不一定都是他们亲身见闻的。另外，由于传教士以传教为最终目的，即便他们努力了解日本文化，始终都是为了方便传教而已。他们既无法认可当时日本人的一些风俗习惯，也难以放弃以欧洲文明的标准，以及描写对象对基督教的好恶程度，来衡量、描述各个人物的性格和事件的性质。

本能寺之变的主角之一明智光秀就是其中一个明显的例子。在其他传教士和弗洛伊斯的各种著作（如著名的《弗洛伊斯日本史》）里，均几乎没怎么提及过明智光秀。

可是，这份追加年报记述本能寺之变的原因经过时，却突然介绍光秀出场，而且断定明智光秀是一个"喜好叛逆""富有谋略"的"残忍"之人，很可能是基于他们知道光秀发动叛变乃至弑君的行为后作出的评价，而不是基于从前他们跟光秀的交往后得出的印象。

即便如此，抛开光秀的评价问题，传教士在京都发生本能寺之变的时候近在咫尺，所看到的一切事变经过都极具价值，填补了相关的日本史料的盲点，其重要性不言而喻。因此，各位读者在阅读这则传教士的见闻时，小心留意内容的逻辑和比对其他史料，或许会得到不一样的观感。

文本

信长的宫廷里有一个名叫明智（光秀）、出生卑贱的人。在信长统治之初，他是一个贵族的家臣，但是他大大地利用自身的努力和智慧，攀升到现在的地位。他不被其他人喜欢，喜好叛逆，行使残酷的刑罚，善战且富有谋略，内心勇猛，而且擅长建筑城池。通过这些才能，即便是出身卑贱的士卒，信长后来让他领有丹波和丹后两国，又赏给他比叡山大学（注：这里指的是延历寺）的所有收入。这个收入超过其他（律令）国的一半。

但是，明智是一个让人感到可怕的人，他还试图成为日本王国之主。这时候，信长命令他率领三万人去支援羽柴（秀吉）大人消灭毛利家。他看见信长和世子（信忠）均在京都，而且所率士兵人数不多，认为这是杀害他们父子的最佳机会，于是决定要实行这个计划。明智命令手下士兵齐集在距离京都二十公里，位于丹波国的一个城堡里。士兵们发现前往战场的路线不对劲，无不感到吃惊。这是因为明智十分聪明，他没有向其他人透露自己的计划，所以没有任何一个人能够想象到这个十分大胆的计划。

6月19日（注：和历五月二十九日），当明智的军队齐集城内的时候，他召见四名部将，告诉他们自己决定暗杀信长父子，然后成为天下之主的计划。部将们十分震惊，但他们看到明智主意已决，答应帮助他达成目的。于是，明智告诉他们实行计划，下达指令。为了不让他们出卖自己，明智要求他们当着自己的面整装出发。

就这样，明智军在半夜出发，到达京都时已是黎明时分。明智对外声称要确保自己不在时，领内没有事故发生，要加强诸城池的防卫，要求部将时刻保持警觉。为了让身在京中的信长知道明智军在人数上占有优势，明智命令将士们在进京前，必须处于全副武装的状态。

那是发生在1582年6月20日（注：和历六月一日）星期三的事。士兵们受命点燃火绳，拉好火绳枪的板机，架好枪支。部下们均疑惑这些准备是为了什么，有人认为这是明智受信长之命，准备杀害信长的义弟三河国王（注：德川家康）的行动。信长素来有留宿京都的习惯，他赶走了天王寺（注：本能寺之误）的僧侣，悉心改建了这个寺院。明智军三万人在天亮前到达那里，而且包围了这个寺院。京都市内的人们都对这突如其来的行动感到吃惊，感觉将有乱事发生，这个消息传到了我们在京都的教堂里。我们在那里的教堂位于信长下榻的寺院一条街之外。因此，教徒们立即来到教堂。我（注：传教士卡瑞安）当时为了准备主持早上的弥撒，正在更换衣服。教徒对我说，宫殿（本能寺）前吵了起来，看起来就要发生大事件，所以来劝我留在教堂，等待消息。后来，我们听到枪声，看到火烧了起来。然后消息传来说，那不是吵架，是明智背叛信长，派军队包围宫殿。

明智的士兵来到宫殿的门户，立即冲了进去。在那里，没有人能想象出这次背叛的发生，也没有人做出抵抗。因此，士兵们顺利地闯进宫殿内部。当时，士兵看到信长刚用水洗手和洗脸，正在擦拭手和脸上的水滴。于是，士兵向信长背后射箭，信长（中箭后）拔出箭支，手执薙刀，即长柄，刀锋好像镰刀一样的武器迎战。可是，因为手臂中枪，信长不久后退回房间内，关闭门户。有人说他后来切腹了，也有人说是其他人放火烧毁宫殿，信长葬身火海。但是，据我们所知，那个让所有人尚未亲闻其音、只闻其名便胆战心惊的人，一根毛发也没有剩下来，完全灰飞烟灭了。

迅速地杀害信长，又杀害了几个守卫宫殿的少年贵族后，明智军便烧毁了宫殿。京中的人们都知道发生事变了。有几名诸侯想赶去现场，但由于宫殿附近的街道被明智军占领，所以他们没有办法靠近宫殿，转为前往世子（信忠）的宅第（注：妙觉寺）。世子听闻事变后坐了下来，不久后又站了起来。他认为自己身处的寺院不安全，于是跟刚刚赶来的人们一起前往位于妙觉寺附近，国王儿子（注：诚仁亲王）住居的宅第（二条御所）里。这是仅次于安土城宫殿的建筑物，是三四年前由信长重新兴建的，后来它成为了国王儿子的居所。世子虽然顺利来到这里，但是由于太过匆忙，他只携带了佩刀，没有带上其他装备。由于这里是王子的居所，里面只有妇人，没有任何武器。王子看到世子等人突然到访，感到十分困惑。京都总督村井大人（贞胜）跟随世子前来，王子听从他的建议，派使者来到已经策马进入京都市内的明智面前，使者代王子问明智说："我（诚仁）应该做什么？需要跟他们一起切腹自尽吗？"明智对王子没有任何要求，只希望他立即离开宅第，为了不让信长的世子趁机逃走，王子离开时不能骑马，也不能坐轿。

这位天皇的儿子收到明智的回答后，跟宅第里的妇人一起离开，前往位于上京的王宫。宅第里的人都是具有身份名望的，而且善战，他们奋力战斗一个小时以上，只是（宅第）外面有许多全副武装的敌兵，而且携带的武器也十分多。他们很难继续抵抗。然而，世子依然奋勇战斗，身体多处受了枪伤和箭伤，最终明智的士兵获取胜利，他们冲进宅第后放火，里面的人大多被烧死，世子也在其中。

《本城总右卫门觉书》

题解

《本城总右卫门觉书》又名《宽永十七年本城总右卫门自笔觉书》，"觉书"就是回忆录的意思，也就是说，这份史料是一位名为本城总右卫门（1551/1561—？）的人的回忆录。这个回忆录写在一卷由十六张纸拼贴而成的长纸上，原本藏在奈良县天理市的天理大学图书馆内，在二十世纪初才被史学家发现和研究。

《本城总右卫门觉书》原本是没有题名的。但是，史学家为了方便记录和说明，于是利用作者写在文末的落款，正式命名了这份原本无题的回忆录。

根据作者本城总右卫门的自述，这个回忆录是他在1640年，大约是他八九十岁时，趁自己行将就木之前写成的，要让子孙知道自己一生的事迹，特别是立下过的大小军功，当中就包括了本能寺之变。

按照他的说法，本城总右卫门生于1550或1560年代，正值战国时代战乱最激烈的一段时期。他来自丹波国（今京都府西北部、兵库县中部），又名"本城有介"，原本是当地籾井城主荒井氏纲的家臣。后来，明智光秀奉织田信长之命，率军平定丹波，打败荒井氏纲后，他就转投光秀的麾下,也因此参与了本能寺之变。

不过,《本城总右卫门觉书》并非只记载作者以明智军的士卒身份参与了事变的经过。从他在丹波的生活,到遇上明智光秀,然后经历光秀身败名裂,又先后成为丰臣家和藤堂家的家臣,各种军功总共十余个,包括同样影响日本史发展至深的关原之战、大坂夏之阵等,都予以记录。

客观来说,本能寺之变在《本城总右卫门觉书》里只占了不到十分之一的篇幅,而对于作者本身来说,除了一丝丝惊讶(详见文本部分)外,没有太大的重要性。就像他在回忆录里提到自己一生杀人无数,包括妇女、孺子,"(死后)必定下地狱的,我并不畏惧",本能寺之变里的杀戮也不过是无数个使他下地狱的罪孽之一罢了。

这与其说是他对历史的发展莫不关心、道德缺失,倒不如说这如实地反映了在战国时代,一般的下级武士重视打仗立功,多于反思战事背后的意义和罪孽。对于他们来说,能不能和怎么样立功,获得奖励,乃至借助自己的军功,帮助子孙获得旁人的肯定和工作机会,才是他们认为至关紧要的大事。

即便如此,由于一直以来记载本能寺之变经过的史料都是由织田信长或丰臣秀吉的家臣写就,又或者是住在京都和附近的贵族、僧侣,还有耶稣会传教士的日记和报告，但这些大多都不是身历其境的史料，而是作为旁观者去记载的当时和事后的见闻。发动这场惊天叛变的明智光秀的阵营里，除了不太可靠、故事性质浓厚的《明智军记》外，几乎就没有其他能代表光秀阵营的史料。

因此，本城总右卫门以明智军的一员参加了本能寺之变，到老后将脑海里的记忆呈现在纸上，而且幸运地留存至今，这一连串的巧合和偶然对研究本能寺之变带来的帮助和影响之大，可想而知。

不过，读者要留意的是，即便是事变当时的目击者、当事者之一，《本城总右卫门觉书》毕竟是作者老后的回忆，与本能寺之变时隔超过半个世纪，当中存在记忆错误、事后想象的风险。因此，在阅读这种"口述历史"时，理论上必须要配合其他史料来比对，谨慎判读回忆录的内容。

虽然如此，《本城总右卫门觉书》里提到作者身为明智军一员身临其境，然后回忆出他目击的本能寺之变，显然他的"口供"十分重要，而且具有莫大的分量。事实上，《本城总右卫门觉书》里记载的本能寺之变的确跟传统说法有很多不同之处，也提供了很多新线索，包括他是怎样被蒙在鼓里，跟其他明智军的士兵一起糊里糊涂地进攻本能寺。这种看起来十分纯粹、直白的记忆对我们就本能寺之变的诸多想象和浪漫化处理作出警示，时刻要以还原历史为首要的任务。所以，无论《本城总右卫门觉书》里提到的本能寺之变真假成分如何，都不能否定它的重要性和珍贵性，值得翻译给各位读者一阅。

文本

明智（光秀）谋反，迫令信长公自尽的时候，如果有人说比我更早冲进本能寺，我想那人肯定是在说假话。这是为什么呢？我是做梦都没有想过要迫令信长公切腹自尽的。在当时，我们收到太阁殿下（注：秀吉）在备中国跟毛利辉元对峙，需要明智大人前去支援的指令。当我们朝山崎的方向前进时，没想到突然转进京都了。那时候我想家康公正在京中，（这个转向）可能跟家康公有关，我也未曾听过本能寺这个地方。

行军时，有两个骑马的士兵朝我们这边走来，我在想那两人是谁，原来是斋藤内藏助（利三）的儿子和随从。他们说要前往本能寺的方向，我便跟在他们后面，然后进入京都市内。他们二人转向（本能寺的）北面去了，我和其他人去（本能寺）南面的护城河边，然后朝东面走。我来到寺的主道，走到路的尽头时，旁边出现了一个敌人，我斩取了他的首级。随后我走进寺里，门户是开着的，连一只老鼠都没有。

我拿着那个首级走进寺舍内。在这个时候，两名（明智）弥平次大人的母衣众（注：近卫骑兵）从北面进入寺内，跟我说："把首级扔了。"于是，我便把那头颅扔进本堂的下面。接着，我来到本堂正面的主厅。没有发现任何人，里面只挂着蚊帐，一个人都没有。

在这个时候，我抓到一名从库房（注：寺院的后厨）走过来查看情况，垂直发型，身穿白衣的女子，但还是没看到任何武士。那女子跟我说："主公穿着白色衣服。"但是那时候的我不知道她说的是信长公。后来我将那女子交给斋藤内藏助大人了。

两三名侍奉信长公，只身穿袴衣、衣衫不整的人闯进本堂来，我斩下其中一人的首级。那个人是从后面的房间来到本堂的，他连衣带都没有系好，佩刀也没带，穿着浅色的帷子（注：一种武士的常用服装）来到本堂。那时候我军纷纷杀进寺内，那个人已经很慌张了，我潜伏在蚊帐的背后，当他走近我这边时，我便从他背后挥刀，将其斩杀，砍掉他的首级。

那次行动（攻击本能寺）里，我总共斩获上述两个首级。事后我获得了一支长枪，作为军功的奖赏。

《乙夜之书物》

题解

《乙夜之书物》是日本江户时代加贺金泽（今石川县金泽市）城主前田利常的家臣兼军学者关屋政春（1615—1685）编辑的散文集。根据书里的记载，《乙夜之书物》三卷于1669年至1671年相继完成。不过在上卷的文末里，作者特意提到这套书"千万不能让他人阅读"，可以看出作者无意向他人展示。也正因如此，至今史学家还没有发现《乙夜之书物》的抄写本流传于世。

《乙夜之书物》收录了作者的各种见闻，内容繁多，所以早就被史学家留意和利用。但是，史学家一直没有对其进行全面调查，只是选取其中有利于自身研究的部分（毫不讳言地说，笔者也是其中的一人）。

可是，在2020年底，《乙夜之书物》突然成为日本的新闻焦点，备受日本战国史研究者和爱好者的关注。这是因为当地的历史学家萩原大辅，在书中发现了有关明智光秀发动本能寺之变以及后来山崎之战的记载，这是从前没有被留意过的新发现。

据书里的记载，关于本能寺之变的消息来自于光秀的重臣斋藤利三的三儿子斋藤利宗（1567—1647）。据文中所说，利宗本人也跟随父亲参与了本能寺之变，当时他年仅十六岁。

不过，这个消息不是作者关屋政春直接从利宗口中得知的。利宗将参与本能寺之变的经过告诉了自己的亲戚，也就是前田家的家臣井上重盛，关屋政春是从井上重盛那儿得知并作了笔录。

跟前面的《本城总右卫门觉书》一样，这份口供的提供者斋藤利宗是直接参与事变的当事人，而且他的身份算是决策层的边缘人士。因此，这份辗转记录下来的口供被发现后，获得研究人员的高度关注，也是在情理之中。

加上口供里讲述本能寺之变的部分内容与传统说法有些不同，例如利宗说事变发生时，光秀不在本能寺现场，而是在京外的鸟羽，带领士兵攻打本能寺的是明智秀满和斋藤利三。这都是不见于《信长公记》等著名史料的新信息（不过，除了《明智军记》外，其他史料大多没有直指光秀在现场）。

另外，又如利宗描述光秀在事变的前一天告诉家臣们谋反的决定，光秀和家臣的对话内容也因为利宗的立场关系，颇有临场感，让人难以简单地质疑。遗憾的是，关于信长的结局和寺内的战斗场面，利宗提及的并不多，也不具体，我们未能通过他的回忆得知更多当时的情况。

不过，这里需要留意的是，考虑到这份口供的记录过程十分曲折。而且，跟前面的《本城总右卫门觉书》一样，这是时隔事变八十年之后的记录，我们不能排除斋藤利宗和井上重盛之间，以及井上重盛和关屋政春之间在口述、听取和记录时存在误解、记错的可能性。

还有，所谓"孤证不立"，即便利宗曾在现场，以及积极参与了事变，但是他回顾这段历史为止的八十年内，各种提及本能寺之变的书籍开始出版和流传，利宗的回忆有没有受到这些书的影响，或者参考了这些资料，然后干扰了他对那段记忆的理解等等，都是需要史学家后续再详细考证的。

无论如何，在目前除了前面的《本城总右卫门觉书》外，就只有这份明智光秀家臣斋藤利宗的口供是站在明智家的立场，述说事变经过的，它的珍贵和重要程度不言而喻。当我们比对这些不同立场、角度的史料时，或许能进一步立体地重新梳理事变的原因、经过和结果。

文本

天正十年春以来，为了征服中国的毛利家，羽柴筑前守秀吉进入备中国，包围了该国的高松城。毛利辉元率领五万余人从后方赶来驰援，与秀吉对峙。因此，惟任（明智）日向守光秀奉信长公之命，作为援军前往备中国。信长公也将亲自出兵。另外,为了征服四国,(织田)三七郎信孝(信长的三儿子)以统帅的身份,率领织田七兵卫信澄、长冈越中守(忠兴)、筒井顺庆、丹羽五郎左卫门(长秀)、堀久太郎(秀政)、池田胜入(恒兴)等将领在这之前已经到达大坂,准备出发。

这时候,光秀决定反叛信长公。六月一日,为了准备出征,他召集家臣和士兵来到他的居城丹波国龟山城。斋藤内藏助(利三)当时在丹波国的笹山城(注:福知山城),他在当天正午时分到达龟山。那时光秀下令让利三尽快到达,说:"现在!现在来。"当利三在正午时分到达后,光秀亲自来到城门出迎,还手执利三的手,带他进入城内,其他重臣也一同进入城内的数寄屋。光秀在上座,对各人紧闭双眼,深吐一口气,然后说:"我现在思绪混乱……"各人听罢后,屋内突然沉寂下来。这时候,光秀接着说要反叛信长公。利三说:"这事您一直拖到现在,接下来的事由我们来做。"其他人异口同声地附和,光秀感到十分满意。光秀召唤在屋外等候的明智左马助,让他进来。左马助看到大家都同意反叛,说:"祝贺主公。"然后说天气热,要找点什么吃的。于是他拿来预先冷藏好的道明寺(注:用水浸泡后晒干的糯米饼)。

光秀命令左马助说:"把那个拿出来吧。"左马助拿来了砚台、纸张和熊野宝印(注:纪伊国熊野三社发明的印文，一般印在誓词用纸上）。屋内各人押上自己的血印后，于六月一日黄昏前率军从龟山出发，翻过大井山（老山）后，在深夜抵达京都的桂川。光秀让各军士兵在河边的平地停留和吃饭。所有人还不知道将要发生什么，从龟山出发，来到三里（约十二公里）外的地方，当大家在疑惑的时候，领军的将领们策马而至，跟士兵说："我们去包围本能寺，你们都给我记好了。"全军听罢后立即振奋起来。

明智弥平次（秀满）、斋藤内藏助率领两千余人前往本能寺，光秀则在鸟羽（今京都市伏见区）待机。

明智弥平次、斋藤内藏助率领两千余人进攻本能寺，夜幕渐渐明亮起来。一个从本能寺里担着水桶、出来取水的人看到大军杀来时，立即逃到寺内，打算关闭门户。"不能让那门关上。"（秀满和利三）下令士兵冲向本能寺的门户，将它冲破后，全军闯进寺内。本能寺的守卫听到嘈杂声后，想走出来一探究竟。这时候大军已经攻进本能寺的大门内，于是双方在寺舍外缘的走廊附近，用长枪展开战斗。信长公身穿白色的帷子，满头乱发，走了出来。信长公手执大弓射击庭院的敌人，当弓弦折断后，信长公把弓扔掉，改拿十文字枪战斗。但是，当时我看到信长公的手已经负伤，白色的帷子也被鲜血沾染了。后来，信长公扔掉十文字枪，走到寺内后方。不久后，我就看到后方冒火了。

虽然信长公的守卫们奋战不懈，但是由于这次行动太过突然，他们势单力薄，只能赤手空拳，而敌人们则全副武装，带着弓箭、长枪和火绳枪大举来袭。终于，（明智军）攻上廊道，斩杀所有守兵，拿下他们的首级。

《甫庵信长记》

题解

小濑甫庵（1564—1640）是日本历史上著名的军记小说作家，除了本项的《信长记》，还有《太阁记》等作品。一般为了区别他的作品和前项的太田牛一《信长记》（一般称为《信长公记》）和川角三郎右卫门《（川角）太阁记》，他的《信长记》《太阁记》一般被称为《甫庵信长记》《甫庵太阁记》。因此，这里也沿袭史学界的一贯做法，统一称为《甫庵信长记》。

甫庵出生于战国时代最盛期的1560年代，本能寺之变发生时他才十九岁，比《信长（公）记》的作者太田牛一和《（川角）太阁记》的作者川角三郎右卫门年轻。所以，甫庵写作《甫庵信长记》和《甫庵太阁记》前，有充分的时间和机会参考这两本书，再以这两本书为基础进行改写。

根据小濑甫庵的自述，他出生于尾张国春日井郡（今爱知县春日井市），年少时成为织田信长的家臣坂井下总守的养子，后来成为信长的重臣池田恒兴的侍医，恒兴在1584年的长久手之战中战死后，甫庵改投成为丰臣秀吉的外甥丰臣秀次的家臣。然而，秀次在1595年自杀后，甫庵在一段时间内利用活字印刷术出版医书，显示了他对印刷出版的关心和敏锐触觉，为他后来出版更为有名的《甫庵信长记》和《甫庵太阁记》打好基础。

1600年关原之战后，甫庵成为了出云国松江（今岛根县松江市）城主堀尾可晴的家臣。可晴于1611年去世后，甫庵暂时将精力放在写作上，在1622年左右出版了片假名汉字混合的活字本《甫庵信长记》，后来又转投加贺金泽城主前田利常麾下。虽然有迹象显示在这之前已有更早的《甫庵信长记》草稿版本，但1622年的版本被认为是《甫庵信长记》的正式初版。

从以上的概略来看，甫庵跟太田牛一一样，与织田信长和织田家有一定的渊源，多少刺激到他在中年以后决定写作本书。甫庵后来成为江户时代"最畅销的作家"之一，为后人所认识。这跟他写作时参考、改写《信长公记》，又大量加入儒学的道德概念，利用儒家思想的标准评判主角信长和其他角色。众所周知，在江户时代以后，儒家思想成为了社会的主流思想之一，故而我们可以说，《甫庵信长记》本身符合当时的社会价值观，助它成为长期的畅销作品。

值得留意的是，出身于战国时代的甫庵严格来说是兼带武士身份的医师。在战国时代，学习医术的大多是非武士出身的人群，但一些出身不高的武士为了谋生和求职顺利，也会学习医术（其他懂得医学知识的有名人物如明智光秀、德川家康和伊达政宗）。

由于当时日本在医学方面主要是学习和引进古代中国的医学典籍，然后加以改良和调整。因此，学医者首先需具备读解汉学和汉文的能力，然后才是医学知识。所以，甫庵能够大量利用儒学经典和思想去评述信长和秀吉的事迹，很大程度上有赖于他的汉学功底。而他大量利用儒家思想来述说信长的故事，对于江户时代的人来说，自然是"正确地"了解战国时代历史的最佳参考书。

除了医术外，写作史书也是一种谋生技能。特别是在江户时代初期，战乱刚刚成为过去式，各个武士家族乃至贵族开始思考领地的长治久安，以及整理家史、树立统治正统和权威。于是，能帮助统治者强化威信、证明统治者的家族"功勋卓著"的史书十分重要。甫庵提供史书之余，利用自身的经历和技能，强化《甫庵信长记》等著作的可靠性，协助他在各家之间找到稳定的工作。

还有一点值得一提。在《甫庵信长记》的自序中，甫庵明确说明："吾以此（《信长公记》）为本，且叹（信长）公之善尽有不备之事，且思当中虽有功勋，却漏记于其中之人，其遗憾之大，可想而知。且拾求之，重撰此书。"也就是说，甫庵参考《信长公记》之余，也以补充书中不足为根本目的。为此，甫庵也做了很多功夫，包括广泛收集其他的见闻和资料作为根据。

不过，甫庵承认"战场之事，人人言说不一，难以定夺"，各场跟信长有关的战事（包括本能寺之变）经过，每个说法真假难辨。甫庵面对这难题时，在记述上以《信长公记》为基础，佐以其他资料，然后通过自己的分析判断，敲定书中信长各个事迹的最终版本。这个手法造成《甫庵信长记》里除了有意图地加插跟战国时代的实情不太相符的儒家道德标准外，还混杂了一些真假难断的内容，使得这部著作的可信性和史料价值大打折扣。

尽管《甫庵信长记》在史学上的利用价值不高，但考虑到它的确是江户时代的日本人了解本能寺之变的人气作品之一。因此，仍然值得节录《甫庵信长记》里关于本能寺之变的部分供各位读者阅览。

文本

[惟任日向守谋叛]

天正十年五月六日,惟任(明智)日向守出征中国,从坂本回到丹波龟山城,翌日登上爱宕山,在神社殿前祈愿一夜,听说还占阄两三次。同月二十八日,光秀在爱宕山西坊举行连歌会,光秀发句:

时为今下雨之五月哉　光秀
(原句:とき八今あめか下知る五月哉)
更胜水上之庭中松山　西坊
止住这落花流水之末　绍巴

连咏百句结束后,光秀便回到龟山城。光秀之所以占阄,是因为他心有所思。从光秀的发句内容来看,可以想象这句连歌正是他给自己的阴谋做祈祷的。

信长公委任津田源十郎等人担当安土城本丸(注:主郭)的守卫,二之丸(注:副郭)的守卫则由蒲生右兵卫大夫等人负责。这次由于信长公即将出兵中国,命令其他的家臣士兵整装待发,等待那里的消息传来后,随时出发。同月二十九日,信长公仅带着随从一百五六十人上京。六月一日,光秀在龟山城召集明智左马助、明智次右卫门尉、藤田传五、斋藤内藏助和沟尾胜兵卫尉等家臣，然后悄悄地对众人说："我有一事要跟你们讨论，这事需要你们舍命相助，希望你们都支持我，不然的话现在就斩下我的首级吧。"

由于光秀直截了当地说出这番话，五名家臣听罢后不知如何是好，沉默了起来，面面相觑。这时候明智左马助上前说："到今天为止，我们都奉您为主君，如今大事当前，谁都不应该左顾右盼。不论是怎样的事情，我左马助都一定听您差遣。"左马助的响应让光秀感到满足，其余四人都表示一样的决心。光秀听到家臣的响应后，心里十分高兴。他说："无他，是关于我的身家性命的。以前发生过几件事，使信长公想诛杀我，情况已经十分紧急，既然已经被迫到避无可避的绝境，我想干脆反叛好了。你们同意的话，就在这牛王印纸后面写下誓词，奉纳于神社殿前。"

于是，光秀立即让家臣们当场签下誓词，然后扣留他们交出的人质，在第二天对外宣称要让信长公检阅出征的军队。在当日戌时初从龟山出发，光秀任命五名家臣为先锋大将，率兵翻过大江山（老山），直指京都。由于军情紧急，前锋部队在六月二日黎明时分已陆续抵达京都外围。于是，他们直扑信长公留宿的本能寺，将那里团团包围，士兵发出呼啸声，又用弓箭和火绳枪射击寺内。

这时，信长公问："这是有人谋反吗？是谁的阴谋？"森三左卫门尉（可成）的二儿子乱丸（注：俗称"森兰丸"）到门外察看究竟。乱丸回来跟信长公说："看来是惟任大人谋反了。""那就别无他法了。"信长公说罢，亲自拿起大弓，用尽各种箭矢射击敌人。在本堂的侍卫们都赶到信长公所在的御殿支援，矢田胜助、伴太郎左卫门尉、伴正林和村田吉五从马廐杀出来御敌，但他们都战死了。

……

高桥虎松在御台所（厨房）门口一时抵挡住众多敌人，但最终还是力尽而亡。信长公仍然利用弓箭射倒敌人。然而，他的运气似乎到头了，弓弦在这时候折断了，于是信长公爽快地扔掉大弓，拿起长枪继续击刺敌兵。经过激烈的战斗后，信长公右臂被敌兵的长枪刺伤，身体无法自由行动。因此，"就现在吧。"信长公说罢后走进殿内，对陪伴自己至今的妻妾、侍女说了三次："女人无须受累，赶快逃出去吧。"

接着，信长公来到殿内深处，不久后火焰从他的卧室冒起，整个御殿瞬间化为灰烬。后来，虽然光秀想取得信长公的首级，但还是没法找到。光秀觉得十分奇怪，又感到非常恐惧，于是命令士兵用尽任何方法去寻找。不过，结果连信长公的遗骸也没能看到。

〔羽林信忠卿之死〕

三位左近卫中将信忠卿当时身在妙觉寺，听闻本能寺出事后，打算赶去跟信长公会合。于是准备离开妙觉寺，连忙前往下京。但是在这个时候，村井春长轩（贞胜）父子三人赶到信忠面前，说："现在本能寺御殿已经被烧毁了，看来万事休矣。您还是去二条新御所据城固守吧。"于是，信忠卿进入二条后，对贞胜说："如今这里即将成为战场，你恭送亲王和王子到禁宫去吧。"这是信忠卿死前的道别，当时他的心中必定觉得十分哀苦吧。

这时候信忠卿和家臣们作了很多讨论，有家臣认为："应该趁敌人还没进攻前，尽一切可能逃到安土，然后在那里举旗反击，到时候主公您手上就有数万士兵，讨伐叛逆也是易如反掌的。"可是，也有不少家臣谏阻说："能有比孝养亡父尊君更加重要的事吗？"

信忠卿说："敌人策划这样的叛乱，一定在宇治势田以及其他要地分驻人手布防。既然是这样，就算现在逃出京外，结果还是难逃一死。与其自己的尸体被敌人弃于路边，不如就现在切腹，让骸骨化作青烟更好。"

毛利新左卫门等人说："主公所言极是""那就这样定了"。这时候在信忠卿身旁的，有野野村三十郎、赤座七郎右卫门尉等人。另外，小泽六郎三郎、猪子兵助等人寄宿在町内的民宅里，他们听闻事变后，立即冲了出去。

屋主拉着他们的衣袖说："我不认为你们能轻易闯入二条新御所里啊！你们还是先逃亡吧。"可是他们说："这样的话，君臣之义荡然无存。"他们誓死闯入二条的意志，就连京内的年轻人们都佩服不已。

时间到了午时，明智军一万余人攻向二条新御所，对它重重包围；守卫御所的不过二三百人。即便是这样，他们都是忠义重于金石，性命轻于尘芥，一骑当千的勇士。他们争相上前迎敌，敌进我逐，敌退我追，死守四面八方。有些人或战死，有些人杀退五或十个敌人，将他们一一斩杀。寺内庭院里血流成河，死者彷佛浮在血河之上。然而，终究敌众我寡，守方人数越来越少，而攻方人数众多，即便不少人战死，但没有大的影响。不过，守兵们为了留名后世，面上不露倦色，深呼吸后继续杀进敌人之中。他们的防御战恍如借助项羽的气势，宛如樊哙的武勇。

……

虽然是死不足惜的残兵，但他们每个人视死如归，拼死抵抗，即便是光秀也看到士兵们疲惫不堪，焦急地站了起来，但是他认为守兵们奋勇死战，的确更胜弓箭、火炮。于是他命令士兵登上近卫公（注：前关白近卫前久）的宅第屋檐上，从那里俯视御所，逐一射杀拼死防守的士兵们。到这个时候，守方已经无法防守下去，气势尽失。

御所内的御殿被火焚烧,有些人当场自尽而亡,也有些人冲进敌人中,被他们千刀万剐而死。

信忠卿看到这样的惨状,召唤镰田五郎左卫门来到跟前。他说:"我看到此为止了,就在现在切腹自尽吧!你来当介错(注:主君切腹后负责斩下首级的人,一般是家臣所为),然后把我的尸首扔到那火焰之中,再把我的骸骨给藏起来。"说罢,信忠卿脱下上衣,露出清如白雪的肌肤,拿出胁差(注:护身的小刀,也用来切腹)捅进自己的左腹,然后切向右边,再向上切至自己的心脏,最后再切向下腹,完成十文字切腹(注:在自己的腹部划出"十"字,被后世视为最悲壮的切腹方式)。就在这时候,信忠卿连叫两声:"镰田!镰田!"五郎左卫门立即挥刀斩下信忠卿的头颅,再按照他的遗言,将头颅扔进火焰之中。

这个时候,镰田五郎左卫门想即便只剩下他孤身一人,也要斩下敌人首级,报答信忠卿的恩情。于是他走出门外,跑到远处,发现敌人已经撤走,没有任何人在。就在这个时候,日前镰田五郎左卫门寄宿的民宅屋主父子二人找到了镰田,他们说:"这实在可喜可贺啊。"两人立即抱住镰田,拉着他的手,将他带回自宅。镰田跟他们说,打算明天到阿弥陀寺(注:信长的菩提寺)里切腹自尽。可是,屋主听罢后夺走了镰田的佩刀,对他谆谆规劝。过了十天后，镰田已经放弃自尽的想法了。

《明智物语》

题解

《明智物语》是鲜为人知的史料，其知名程度远远不能跟后面要讲的《明智军记》相比。但有趣的是，相对有名的《明智军记》的作者、成书时间都存在很多疑问；反观《明智物语》的作者和成书时间均有迹可寻。

《明智物语》是一个名叫森四郎左卫门秀利（1533—？）的武士口述的。按照书中的说法，他声称自己年轻时曾经侍奉美浓国长山（今岐阜县可儿市）明智城主明智定明（书中称他是光秀的长兄兼养父）旗下。不久后，明智定明被二弟远山定衡杀害，定衡又被定明的家臣报复杀害，明智家从此四分五裂，最终没落。

秀利经历了这场巨变后离开了美浓国，到了南方的远江国（今静冈县西部）定居。自此以后，他基本上跟明智光秀再没有任何瓜葛。然而，时隔数十年后的1615年，有人（书中没有透露详情）让当时八十二岁高龄的森秀利口述所见所闻，然后帮他笔记下来。这个不明来历的人在1647年将这份笔录传给子孙，然后辗转被收藏在江户的浅草文库里,即后来的内阁文库,一直到现在。

《明智物语》有关明智定明和他的儿子明智(土岐)定政(德川家康家臣,江户时代的沼田土岐家之祖)的动态均属森秀利的亲见亲闻,而关于明智光秀的动态则是秀利在远江国的时候通过一些渠道听闻而来的,也有可能是那位帮他整理的人后来补充的。

遗憾的是,无论是口述者森秀利,还是编撰者,在书中均没有交代为什么要加插明智光秀的事迹。不过,按照森秀利声称明智光秀是明智定明的兄弟,我们可以推断秀利或许考虑到光秀的事迹属于主君家历史故事的一个分支,所以一直留意他的动向,并记录下来。

作者在文中描写光秀的动向时,没有对光秀流露出特别的情感。描写到光秀在本能寺之变后瞬间身败名裂、家破人亡时,作者只是冷淡地点评说:光秀的失败是因为"忘记当年家臣的教导"。而且,作者在第二卷记述光秀的动向,包括本能寺之变的经过、结果时,除了明确批评织田信长的灭亡跟他的残忍无情有关外,内容大体跟其他相关书籍里的记载类似。

由此可见,作者将光秀的事迹收录到《明智物语》里,很可能只是因为光秀跟定明的血缘关系,还有光秀跟随信长展开统一天下的战争,继而杀主谋反的故事均具有值得一写的价值而已。

不过，书中唯独有一处描写跟其他书籍的说法迥然不同。作者说明智光秀发动事变前，打算在事成后借助侄子定政的关系，寻求德川家康的庇护。目前，我们无法确认森秀利或帮助他编撰《明智物语》的人是基于什么来描述这部分内容的。关于这部分的疑问，还有整个《明智物语》的来历等，都需要在今后继续深入研究。

《明智物语》长期没有被史学家重视，在讨论明智光秀和本能寺之变时，往往不会把它列入参考资料里。但是，《明智物语》提供了明智光秀早年的经历，包括其父亲、兄弟、家族来历等信息，使得史学家们也不能贸然无视它的存在和价值。

除了上述部分外，《明智物语》关于本能寺之变的描述没有其他特别大的惊喜，但是，我们通过阅读一名声称跟明智光秀有着些许关系的人所写的事变经过，以及他对光秀的态度，还有探讨文章背后一个武士对"忠"和"叛"的思考，均值得我们细细品味。

文本

〔明智日向守的功劳〕

[前略（注：这章前面的部分描述光秀身为信长的家臣转战各地，如征伐朝仓家、松永久秀和丹波国领主等，

结果获信长赐予丹波国，作为奖赏）]

然而，日向守（光秀）静观当今的世情，信长公生性凶恶，以至刚之武行事，毫无仁义之理，表里不一，居心叵测。讨灭朝仓义景和武田胜赖后，便流放安藤伊贺守等老臣，这让人联想起汉高祖消灭项羽后，诛杀忠战到底的韩信、损毁彭越尸体的往事。光秀发现当信长实现四海一统后，即便再有多大的忠功，自己和其他人终究难以安稳。再者，至今还没实现养父（兄长）明智定明的遗愿，而光秀也一直没能找到杀害信长公的时机。

就在这时候，羽柴筑前守（秀吉）奉命成为讨伐毛利辉元的统帅，获信长公赐予网代之轿和日伞（注：这里的两样对象具体不明，但指的是代表殊荣的贵重赏赐）。后来有一次，秀吉坐上这个网代之轿，带着日伞离开安土城，光秀刚好要登城谒见信长公，看到轿子和日伞，以为是信长公到来，赶紧下马行礼。不过，他发现原来坐在里面的不是信长公，而是秀吉。光秀心中抱怨道："要是柴田（胜家）那样的老臣也就罢了，没想到竟然是秀吉那样的人获得这种殊荣，实在让人意难平。"

〔信长公两父子自尽之事〕

到了天正十年春天，信长公消灭了（武田）胜赖，做好了战后处置后回到安土城（今滋贺县近江八幡市）。家康公为了表达谢意（注：信长在消灭武田家后，将原属武田家的骏河国赏给了家康),跟穴山梅雪一起来到安土。信长公指令光秀设宴接待家康公,光秀还赠送礼物给家康公。由于家康公打算从安土起程上京,没有在那里逗留,便转往堺(今大阪府堺市)了。信长公则要出兵讨伐毛利辉元,下令各军率先赶赴前线,自己则仅率领近卫队进入洛阳(京都)的本能寺。

明智认为这次家康公上京是大好机会,杀害信长公后,可以去恳求家康公庇护。家康公是(松平)广忠之子,而且这样做(杀害信长)也能完成养父明智定明的遗愿。因此,光秀在爱宕山上举行以祈求计划成功为目的的连歌会。幸好柴田(胜家)去了越中国(今富山县),羽柴(秀吉)前往备中国,光秀决定于这天晚上一举杀害信长和信忠两父子。于是,光秀召集手下将士来到丹波,在同年六月二日破晓时分攻击京都二条(新御所)和本能寺。

这时明智军的将士们呼啸声遍天,信长公召森乱丸问道:"是信忠谋反吗?"森乱丸走出去窥探后回禀信长公说:"似乎是明智日向守大人叛逆了。"信长公听到后说:"那就没什么好说的。"当信长公拿起长枪,走出房间时,被一直埋伏在外面的永沼喜兵卫用长枪刺中右臂,信长公扔掉手上的长枪,走进殿内深处,投身火海之中,被火烧死了。

此后,光秀进攻信忠卿所在的地方。由于信长公已经遇害，在京都内来不及前去救援的家臣们都改赴信忠卿所在的地方，跟他一起据城死守，寸步不让。这场攻防战非常激烈，火花四溅，守军奋力抵抗。但是，由于寡不敌众，信忠卿一方终究战败。信忠卿切腹自尽，于是光秀如愿以偿，可以安下心来，处理战后京都的事宜。

《明智军记》

题解

《明智军记》是描写明智光秀一生事迹的军记物语，初版时间大约是在1690年代，现存最早版本是1693年版。另外，《明智军记》的作者不详，有学者按照书中内容，推断作者可能是越前国（今福井县北部）的时宗僧侣。随着时代的发展，出现了几个抄写本。

比起前项的《明智物语》重点提到明智光秀的来历，《明智军记》则着重描写光秀成年后的经历，而且填补了光秀与信长见面前的空白部分。包括光秀离开出生地美浓国，来到邻近的越前国生活、求职的经过。虽然这些描述大多没有足够的根据，但是按照地理条件和大体的历史发展来说，逻辑上没有太大问题。

至于本能寺之变的部分，可以推断作者在写书时也只能参考既有的说法，然后加上了生动的对话，使故事更具可读性。不过，《明智军记》描述光秀是出于对信长的怨恨和为了自己的野心，而发动事变的，这在日后很长一段时间内，成为日本人家喻户晓的定论。

由此可见，《明智军记》的出版使明智光秀在江户时代中期（十八世纪）以后一直保持着人气，这是毋庸置疑的事实。只是，由于作者不详，成书时期距离光秀死去超过一百年，而且书里加插了很多来源不明的故事传闻，使该书的可信度打了很大的折扣。

不过在江户时代，《明智军记》作为少有的光秀专题作品，仍然有不少人，甚至当时的武士领主（即所谓的"藩"）编撰"藩史"、家史时，视它为不可或缺的参考材料，主要的抄写本也被收藏在德川政权的书库里。由此可见，江户时代的日本人对待《明智军记》的态度与现在的态度迥然不同。

虽然，站在历史学的角度，《明智军记》不适用于研究明智光秀和本能寺之变。可是，考虑到《明智军记》的作者本来就没有还原历史真相的企图，而是希望通过描写明智光秀的一生，彰显光秀的优秀，从而引起世人的关注。当然，光秀发动了惊天动地的叛变，改变了日本历史的走向，他波澜起伏的一生怎么说都是极具书写价值的。

众所周知，相比战国·织丰时代，江户幕府更着重培育人们，特别是武士的忠诚观念。明智光秀发动本能寺之变、杀害主君的行为自然成为江户时代主流价值观重点责难的对象和反面教材（不过，信长在江户时代的评价也不好）。然而，《明智军记》在十七世纪末得以顺利出版面世，反映出光秀死去百年之后，那个时代的日本人已经稍微放松对光秀弑主的批评，反而催生出人们想去了解光秀的好奇心和需求。

在这个背景下，《明智军记》帮助光秀再次成为江户时代的人们，特别是历史故事作家的关心对象。关于本能寺之变的各种说法也大约出现在《明智军记》出版前后，由此我们可以推断出两者之间存在一定的因果关系。

随着《明智军记》在江户时代中期以后越来越普及，配合当时的书籍出版事业越发蓬勃，各种跟明智光秀有关的传说和故事大量记载在不同书籍之中。而且在江户时代的后期（十八世纪）左右，在这些传说和故事提及过的部分地方里，陆续出现了各种跟光秀相关的纪念物，如石碑、各种遗迹，甚至还有祭祀光秀的活动，这些现象甚至一直影响到现在的日本，成为了个别旅游景点的特色。

加上近年来在日本的戏剧、现代文学和电子游戏的大力推广下，原本由《明智军记》作者杜撰出来的对白和人物设定，成为日本国内外的爱好者耳熟能详的内容。其中最著名的台词"敌人就在本能寺（敵は本能寺にあり）"

就是出自《明智军记》，甚至现在还有不少爱好者相信光秀真的在本能寺门前说过这句话。

因此，即便《明智军记》只是以历史故事为基础的文学作品，但是它对后世的影响力绝对不下于前述的《甫庵信长记》《甫庵太阁记》等军记物语。作为本书主角明智光秀的关连文学作品，加上上述的诸多因素，都值得笔者翻译《明智军记》的相关部分，让各位读者感受其魅力。

文本

〔光秀于爱宕山举行连歌会之事〕

惟任日向守光秀在（天正十年）五月二十七日率领三千余人从坂本（今滋贺县大津市）越过白河山谷，不进入京都，而是通过西京，来到嵯峨释迦堂。在这里，光秀跟士兵说："我有事需要向神明许愿，现在就去参拜爱宕山，在那里过夜后，明天回到丹波。你们从这里通过唐柜山谷，翻过大江山（老山），回龟山去吧。在这之前，我已经命人给了附近的乡里村民一些金银，让他们砍伐沿途的竹木，还扩阔了道路。"奥田宫内、村上和泉守等人奉光秀之命，带领士兵回到龟山。

光秀登上爱宕山，参拜神社后，在山上西坊的僧侣威德院行佑那里举行连歌会。而且，光秀还从京都请来连歌高手如绍巴、昌叱、兼如和心前等人上山，还请得上坊大善院宥源到来，举行百句连歌之会。咏句如下：

> 时为今下雨之五月哉　光秀
> 更胜水上之庭中松山　西坊
> 止住这落花流水之末　绍巴
> ……

这次光秀吟咏的连歌句子里，有一句"时为今下雨之五月哉"。光秀本来就是土岐家的后裔明智家出身的，他将苗字["土岐"（音：to-ki）]拟作时节["時"（音：to-ki）]，这次只要光秀达成心愿，便可亲自统治天下。他将这个愿景隐含在句子之中，也是因为事关重大，光秀一直将这事藏于心中，于是写出如此巧妙的歌句。从这事可以清楚想象到光秀的才华之高。

第二天的五月二十八日，光秀跟各人道别，出发前往丹波国龟山。

〔攻落本能寺与二条城之事〕

光秀回到龟山城后，得知儿子十兵卫光庆在日前得了重病，还发了高烧，十分不适。光秀立即赶去跟儿子见面，寻问医师治疗的情况。这时候，光秀跟家臣比田带刀、松田太郎左卫门等人说："我十分清楚你们的心思，所以我把所有事都跟你们商量。"接着，光秀将在安土发生的诸事都告知家臣。家臣知道后叩首贴地，高兴地跟光秀说："主公您实在太大意了，我们感到十分遗憾。您说的这些事情都足以让您赔上性命。幸然，您一直忍耐到现在，都是因为您念及信长公的恩情。"然而，据派到岐阜、安土和京都的探子回来报告说，信长父子只带着少数随从，于二十九日辰时入京。信长公在本能寺留宿，信忠卿则在二条城（注：二条新御所之误）。

五月三十一日，光秀领国内的家臣、士兵纷纷出发，与近江（坂本）的家臣们一起来到龟山城下。由于人数众多，连城外周围的驿馆都不够他们留宿。经过点名计算后，总共有一万零七百余人到达。翌日的六月一日，光秀号称即将出兵中国。在当天申时，光秀出发来到能条畑，竖起水蓝色的军旗，将军队兵分三路前进。一路由明智左马助、四王天但马守等人率领，另一路由明智治右卫门、藤田传五等人率领；光秀自己则率领明智十郎左卫门、荒木山城守等人为先锋，到了酉时下刻，从保津宿进入山中，经过水尾（清和）天皇陵，再利用那里此前秘密修好的山间道路，到达嵯峨野附近位于衣笠山麓的地藏院。

明智左马助率领的部队利用主道翻过大江山，到达桂川那里。明智治右卫门率领的部队从王子村翻过唐柜山谷的险道，穿过松尾的山田村后，与在附近设置大本营的光秀会合。

各部队的将士看到这种情况，认为如果去西面的话，应该利用播磨道（山阳道的主道之一）向西而走，现在却一路进京，实在是十分奇怪。于是，有人寻问率领部队的将领。知情的将领为了隐瞒谋反的计划，欺骗他们说："我们收到信长公的命令说，即便路程变得迂回，但当我家的军队整装待发后，便要上京供信长公检阅。"众将士听后，以为是真有其事，便再没有任何疑惑，反而快马加鞭地前往京都。

这时候光秀下令说："各部队就地煮食、整备武器！敌人在四条本能寺和二条城，我们要击溃他们。"这行动背后的真正企图光秀心知肚明，所以他安排了运粮部队，说是因为补给后勤做得不到位，但不曾让人察觉背后的真正意图。

翌日六月二日黎明时分，以明智左马助光春为首的三千五百余人的部队将本能寺重重包围。以明智治右卫门光忠为首的四千余人的部队则包围了二条城和妙觉寺。总帅光秀统筹各军的行动，率领两千余人驻扎在三条堀川附近。

本能寺里的人做梦也没想到会发生谋反。夜幕低垂后，门番打开大门的那一刻，敌人迫近门外附近，利用火绳枪进行射击，幸然门户刚好打开了，大军顺势蜂拥而上。这时寺内的守兵只有九十余人，其中，森兰丸长康穿着鹤丸纹样的深褐色帷子，提着信长公御用的太刀，从寺内后方来到外殿的廊道，看到有人影，以为有歹徒在搞事，大声喝止说"是谁在放肆"的时候，明智军的三宅孙十郎、四王天又兵卫和藁地甚九郎自报名堂，朝森兰丸的方向杀进来。三宅和藁地来到寺内的马厩，跟在那里的矢代庄助和伴太郎左卫门展开战斗；四王天又兵卫则挥刀斩向森兰丸。兰丸见状后大叫："大胆狂徒！"立即拔刀出鞘，奋勇应战。但是，最终他还是不敌而亡。攻方的大部队从四面八方发射火箭，毫不间断。在本能寺内，汤浅甚介、金森义人为首的守卫猝不及防，连拿取武器甲胄的时间都没有，只好手执太刀仓促与敌人交战。他们不论敌人强弱，只管拼命死斗，但结果——战死。汤浅甚介助俊与对手进士六郎大夫贞则对战，结果互刺之下，双双死亡。

信长公来到中亭，寻问左右敌人是谁，饭川宫松、小川爱平等人回答说："是惟任日向守谋反。"信长公听罢后命令左右："这样的话就回天乏术了。赶快放火烧掉御殿！我要在这里从容自尽。不过，女人无须受累，想办法活下去吧。"于是，女眷二十余人跳进本能寺庭院的水池里，浸湿身上的衣服，顺利逃出生天。这时候是天正十年壬午六月二日卯时中刻。在本能寺里与主君一同战死的家臣有金森义人、汤浅甚助、森兰丸等人。他们之中有些人被杀害，有些人自尽而亡，也有些人被火烧死，尸身不存，只留下名声。

另一方面，明智治右卫门等人分兵包围二条要塞（二条新御所）、妙觉寺，还有位于堀川的京都所司代村井长门入道春长轩的宅第。"咫尺之外的本能寺已经深陷包围之中，与这边隔绝了。那里的明智军已经杀害了信长公，高奏凯歌。各处的明智军知道消息后，一定会扑向这里的。"想到这个情况，信长公的四儿子织田源三郎胜长、他的叔父津田又十郎长利、村井春长轩，以及胜龙寺城将猪子兵助等人赶到秋田城介（织田）信忠卿所在的二条城，据城死守。这时候的攻方已经重重包围二条城，而且向城内实施猛攻。本能寺陷落的消息传开后，二条城内的人自知难逃一死。虽然只有五百余人死守，但他们准备了弓箭、火绳枪拼死抵抗。一时之间攻方难以拿下，而且不久后，负责攻坚的指挥明智治右卫门中枪重伤，生死未卜，刚巧攻方的士兵们也已经疲惫不堪。

总帅明智光秀收到这消息后，召见四王天但马守政孝，对他说："我将不少兵力分置在大津、山科、宇治、伏见、淀、唐桥、八濑、鞍马和鹰峰等地，以备不时之需。如今不在入夜前拿下这个二条城的话，情况将十分不利，恐怕会有不测。如果你有什么对策的话，拜托你尽快提出来。"政孝回答说："所谓命轻于义，纵使是有鬼神镇守的铁城,只要我方也不顾生死的话,便没有击败不了的敌人。"于是,政孝召集了三百余人,激励他们说:"今天的大战不是突如其来的,我们要做好舍弃生命的觉悟!"然后跟他们一起作为增援部队冲向前线。今峰赖母、尾石与三等明智家臣也跟着四王天政孝的部队一起行动。

刚好这时二条城的东门被打开,有守方士兵从门内走出来,遇上政孝的部队。双方随即展开混战,战斗的呼喊声震动山河。然而,四王天政孝为首的增援部队带着必死的觉悟前来,拼命战斗之下,终于将守方迫回城内,更协助后续部队攻入城中。这使城内的守方突然混乱起来,攻方的增援部队加入战斗后,守方陷入劣势,或被斩下首级,或跟敌人互刺而死,城内堆满了尸体。……

守方织田军有八十六名身经百战的勇士战死,另外还有以武勇著称的一百余名武士在城内阵亡。幸存的将兵已经疲惫不堪,正想逃出城外,又遇上攻方的明智军加派增援,随即双方再次展开战斗。

这时,在二条城北面,是近卫公的下居馆,主殿盖得十分高。攻方分派部分士兵登上主殿的屋顶,利用数十枝火绳枪和火箭向二条城内射击。主郭瞬间火光处处,烧了起来。而在二条城后门,明智十郎左卫门光近、柴田源左卫门胜定和斋藤内藏助利三等将领来到护城河边，打算利用藏在河底的五六十支大木锤敲破城的后门和土墙。为了阻止他们的计划，在城内的织田源三郎胜长、津田又十郎长利等人干脆打开快被敲破的后门门户，杀出去跟那里的攻方展开战斗。

可是，（攻击本能寺的）三宅、松田等人赶来协助攻击，守方陷入混乱而败，胜长等四十八人以及一百二十多名兵卒全数战死。二条城东面的村上和泉守清国等人也攻进城中，奋不顾身地与那里的守兵展开剧战，守方的猪子兵介等人战死。守方总帅信忠卿自知大势已去，他于当天未时下刻自尽而亡，享年二十八岁。剩下来的人或自杀，或被杀，二条城也化为灰烬。二条城之战的战死者有织田胜长等合共四百三十余人。

其中，在信忠卿切腹自尽时，负责担任介错的镰田五左卫门在信忠卿死后，不想就此死去。他跑到庭院里，跳进那里的石井，逃到一丈（约三米）下的石堆之中，把身体遮掩起来。到了当晚深夜，五左卫门才从石堆走了出来，总算捡回自己的狗命了。

附录

武家纵横

筒井顺庆
——首鼠两端,保家要紧

明智光秀最后身败名裂的原因之一,便是原本隶属于光秀的大和国领主筒井顺庆没有支持光秀的行动,反而在山崎之战前,便顺应家臣的决定,倒向秀吉,如此关键的人物究竟是怎样的一个人呢?

顺庆是大和国领主筒井顺昭之子。筒井氏代代侍奉大和国(今奈良县)的兴福寺一乘院,早在室町时代便已经十分活跃,更成为支撑兴福寺统治大和国的一支重要的武士家族。顺庆幼年丧父,居城筒井城在永禄八年(1565)被于当地崛起的松永久秀攻陷后一度流浪;后来顺庆和一族、家臣一直与松永久秀多番激战,又与其他跟久秀不和的势力联手,终于在永禄九年夺回了居城。然而,由于久秀很快便跟出兵上洛的织田信长及足利义昭交好,瞬间局势又有利于久秀一方。元龟二年（1571），松永久秀第一次反抗信长时，顺庆及他的家臣为复兴家族，于是主动接触联络信长阵营，后来与同样并仕于信长阵营的世仇松永久秀的关系处于暧昧状态。

几经波折，松永久秀因为再次背叛信长，被信长消灭后，顺庆成为信长在大和国内最值得倚重的势力之一，天正初年便有传闻说信长让顺庆成为自己的养女婿（详细不明，或为传言而已），以便顺势将支配范围扩大到大和，又派遣当时的重臣、山城守护塙直政兼任大和国守护，到大和国"协助"兴福寺主持大局。

天正三年（1575），时值长篠之战，筒井顺庆奉命派出五十名火绳枪手助战，同年夏天，直政于攻击本愿寺的三津川之战战死后，顺庆的地位得以进一步提升，虽然不至于成为大和国的一国之主，但确实成为信长政权下大和国的代表人物。而到了天正八年，本愿寺投降信长后，顺庆终于获得提拔的机会，成为信长手下大和国的暂代管理者，力压其他不满筒井家步步高升的势力。

到了天正八年（1580）至九年时，在信长的指示下，光秀介入了大和国的事务，顺庆也顺理成章地隶属于光秀的指挥，直至本能寺之变为止。然而，光秀及顺庆的交流其实早在天正四年便开始，那年光秀得了大病，众人四出奔走之中，顺庆也出力，命令大和国的一乘院为光秀祈福，后来顺庆开始跟随光秀的行动，在丹波平定战，以及其他织田家的战事中的贡献也越来越多，直到天正八年，信长终于将两人放在同一个作战系统之中。

可是，顺庆到了最后却没有响应光秀的行动，甚至倒向了秀吉。这是为什么呢？首先，顺庆的荣华富贵其实多数直接受信长所赐，而不是光秀，同时也是信长安排顺庆成为光秀的助将，因此，即使顺庆与光秀之间的私交的确存在，但顺庆获得的权力却与光秀没有直接关系。由此可见，虽然光秀打倒信长，并且向顺庆抛出橄榄枝，此举也无疑等同于让顺庆忘却信长的恩义，徇于与光秀的私交。

这样一来，大和国内早与顺庆不和、嫉妒他得到信长宠信的势力或会借机群起攻之，使自己成为众矢之的。或许是这个原因，在光秀要求支援时，顺庆以及筒井家都显得犹豫踌躇，后来更被秀吉责骂顺庆等人的态度首鼠两端。山崎之战后，忠实地为秀吉而战的顺庆终于在秀吉掌握天下大局后，得到了大和国的支配权，然而就在这个时候，顺庆便得了重病，最后在天正十二年（1584）八月十三日于大和郡山城病死，死时年仅三十六岁。顺庆死后，由养子筒井定次继位，但翌年秀吉便将定次转封到伊贺国，筒井家在大和国的舞台也就此拉下帷幕。

细川藤孝

——"成也藤孝,败也藤孝"

出身名门细川氏的藤孝自小便侍奉将军足利义辉,义辉将他的名字"藤"授予藤孝(注:义辉原名"义藤")。在义辉被杀后,藤孝一肩扛起挽救幕府的责任,极力扶持足利义昭成为新将军。为此,藤孝在很早的阶段便已经与信长联络,甚至亲赴尾张国,与信长讨论拥护义昭上京归位的计划。

那么,光秀与藤孝是怎样认识的呢?在可信的史料上很难找到线索,但一些史料以及后世的军记文学都指出,光秀在越前时,被保护义昭到该地的藤孝延揽为家臣。虽然没有更详细的佐证,但以两人的家族身份来说是合理的,而光秀也的确曾经在越前待过,所以两人也有可能是在越前相遇的。不过,前面的考证里已经推测两人结识的时间可能更早,甚至不在越前。

无论如何,藤孝后来跟光秀一样,从幕府重臣转型成为信长的家臣,这皆因元龟年间的战乱。在信长与义昭对立的情况下,藤孝得到了信长极大的器重。藤孝虽然一度保持中立,但是在元龟四年(1573)春天便毅然选择了信长作为新的主公,为此,藤孝更将家姓从"细川"改为"长冈"(不过,当时一些人仍称他"细川"),正式与义昭政权的自己诀别。

从属信长后,藤孝与光秀越来越亲密,作为曾经的主从,又是共仕幕府的同僚,信长顺理成章地安排两人负责守卫京畿的任务,光秀守住通往京都东路的坂本,藤孝则在长冈把守京师北面。经过多番战事后,信长又一次安排藤孝隶属光秀之下,一同负责丹波及丹后两国的平定战。光秀负责丹波,而藤孝与长子忠兴一同平定丹后。传说在光秀的推动下,藤孝为了更顺利地平定丹后,将女儿嫁给原本的丹后守护一色义定(义道之子),借此拉拢在丹后还有一些名望的一色家协助拿下丹后。

同时,在信长的推动下,光秀将女儿玉子嫁给了忠兴。在战国时代,主君让共事的家臣联姻,借以提升工作效率,是非常常见的政策。

从以上的关系可见,于公,藤孝是光秀昔日的上司、主公,后来成为隶属光秀指挥下的重要同僚;于私,在茶道、连歌的交流上,藤孝与光秀都是志同道合、实力相当的挚友、同志。不论从哪一个角度说,藤孝按道理都应该是光秀忠实的支持者,应该成为光秀整个行动中一个重要的角色及支柱,可惜事变甫始,整个事态的发展就与光秀所想的背道而驰。

光秀在为了让藤孝和忠兴回心转意所写的书信中,写道"我做的一切不是只为了自己,是为了忠兴和光庆",

而在这背后，暗示了光秀似乎并没有料到藤孝及忠兴会反对自己的行动，也就是说，其实细川父子对光秀的心事必定有一些了解，两人在最后关头决定与光秀一刀两断，着实将光秀的计划推到崩溃的边缘，估计当光秀本人知道细川父子的决定时，恐怕是既惊恐又心碎。

反观藤孝收到光秀报知本能寺之变后，《细川家记》说他一惊，二悲，三愤慨，是否真的如此并不重要。总之，决定与光秀断绝关系后，藤孝首先剃发出家，法号幽斋玄旨，也就是后来一等一的文化大师"细川幽斋"，然后将当主之位传给忠兴，自己搬到丹后田边城隐居。

忠兴则决定将光秀的女儿，也就是妻子玉子送到郊外软禁。光秀战死后，秀吉为了答谢藤孝及忠兴的大义灭亲，不仅保证了细川父子在丹后的领地，还将光秀在丹波的部分领土奖给了细川父子，又赦免了玉子的罪，让她回到忠兴身边。

藤孝在秀吉时代已经远离政坛，专心钻研茶道、歌道等，有很高的文化造诣，堪称当时的"活国宝"。庆长五年（1600）的关原之战，东军的藤孝在田边城被西军围攻，危在旦夕，后阳成天皇罕有地出面斡旋，并且安全地救出了藤孝，足见藤孝的分量之重。庆长十五年八月，藤孝病逝于京都，享年七十七岁。

织田信长

——与叛变如影随形的霸主

平心而论，本能寺之变的本质是家臣对主君发起叛变。然而，它不但终结了织田信长的生命，也骤然间把他的霸业强行地划上句号，更是影响了后来日本战国时代的历史发展，这是客观的事实。其实，回顾信长的一生，"背叛"总是如影随形，不但有不少家臣对信长发起过叛乱，他的亲人、家族也曾对他发动过一次又一次的叛变。

例如从信长继任成为当主开始，他的亲弟弟织田信胜，还有兄长织田信广都在很早的时期向信长发起反抗；到了上京争霸时，妹夫浅井长政也与信长恩断义绝，成为反信长的一个主要成员。

至于家臣的叛变，除了支持弟弟信胜，而与信长为敌的林秀贞、柴田胜家外，到了上京争霸时期，便有著名的松永久秀及荒木村重的叛变。

以上足见信长对"背叛"应该早就不陌生了。虽然说信长在大多数的情况下，对"叛徒"不一定都是宁枉无纵地加以铲除，在一定条件及情况下，还是会先尝试原谅和沟通。然而，当这些"诚意"得不到应有的回应时，信长的怒火及急性则不会再让背叛者有好下场。

最终，信胜中了信长的圈套，被信长手刃，而信广则得到信长的宽恕，至于长政则落得城破人亡的下场。松永久秀也在织田大军包围下自杀身亡，至于荒木村重虽然没有被杀，但一家上下都为此成为信长的刀下亡魂。

那么，为什么信长没法避开明智光秀的叛变呢？首先，光秀所在的丹波，距离信长所在的京都最近，而且信长自从稳住京都的控制权后，从安土上京时经常只率领小部队出入，尤其是到了天正十年（1582）前几年，信长除了分派手下几个主要的家臣到各战线外，又将尾张、美浓一大部分的兵力让给了长子织田信忠，让他也成为织田政权东边的一大军团。

在这种布局下，信长作为织田军团的大脑，只要到想去的战线进行最高的指挥，军事行动并不会有很大的问题，因为各军团的家臣们都以信长马首是瞻，并不存在信长之下、众臣之上的宠臣。

换句话说，信长这样的安排背后，基于自己对领国支配的自信，在某种程度上疏忽了"内鬼"在领国内出现的可能性，而这个"内鬼"却恰恰在距离信长最近的地方，光秀的计划又似乎毫无征兆，自然瞄准了信长的百密一疏，并且给予了一击绝杀。

从结果论而言，信长并没有忽略了家臣叛逆，也不怕他们会叛逆，但信长要求家臣的忠心之高，却给家臣带来巨大压力，倒是不言而喻的事实。例如当他将越前国夺下，赐给柴田胜家等家臣时，就下达了九条重要的指示，其中最为有名的，便是最后一条：

"无论是任何时候、任何事情，都要按我的指示去行动，然而，绝不容许你们阳奉阴违、巧取豪夺……总之，必须崇敬我，不可在我的背后想坏主意，要时刻记住不可违抗我。"

以上一节用现在的话来说，就是"唯我独尊、唯我命是从"，更有趣的是，信长在最后写明，只要做到以上的要求，家臣们便会"得到神明保佑，武运长久"。然而，讽刺的是，除了到最后力保信长遗产的柴田胜家及佐佐成政等少数家臣外，信长死后，为主君报仇的秀吉，还有与秀吉合作的丹羽长秀、池田恒兴、前田利家等人都不再守护信长的遗产，织田家也因此没落。这是信长对家臣要求严苛的反效果，还是战国武士本来就自私自利，自有各家论说，留待各位读者自行思索。

安艺毛利家
——塞翁失马，焉知非福？

"信长的时代大概还可以维持三五年吧……我看之后便会盛极而衰，至于藤吉郎秀吉，我看是个不寻常之辈……"这是负责担任毛利家外交事务的安国寺惠琼在天正元年（1573）年底第一次到京都视察后，写给毛利家的

"分析报告",惠琼的见解不算是神机妙算,毕竟信长倒下来是十年后的事,这十年让毛利家上下鸡犬不宁。纵然如此,他对秀吉的观察恰恰反映了后来的历史发展。

说实在,毛利家无疑是本能寺之变的最大得益者之一,因为本能寺之变时毛利家的战况可说是十分不乐观的。本来,最盛时期的毛利家,领地及势力圈西至九州的丰前国北部,南达四国伊予国东北,东至备前、伯耆,横跨整个山阳、山阴地区,论实力,可说是当时日本全国范围内,领国幅员以及实力都仅次于信长的战国大名。

然而,从天正五年开始,这两大势力终于走上兵锋相接的局面,这一切的缘由都来自足利义昭。天正元年,义昭被信长赶出京都后,辗转来到纪伊国,当时为了解决义昭的前途问题,信长、朝廷以及毛利家三方都派出代表与义昭对话。

可是,由于信长和义昭谈判破裂,义昭最终没办法回到京都,最后辗转来到了毛利家的领国。这件事使毛利家出现了很大的分歧,上面提到的安国寺惠琼强烈主张毛利家不要迎接义昭,但是毛利家的两大巨头小早川隆景及吉川元春最终还是决定恭迎义昭到来。

毛利家甘愿冒着和信长为敌的风险,主要是看上了将军义昭在西日本仍然有号召力,想利用他去对付主要敌人:九州丰后的大友氏及四国阿波的三好氏。不过,信长的远交近攻策略，成功拉拢了九州的大友宗麟及岛津义久，让他们转为从西边牵制毛利家。另外，信长又扶助了土佐的长宗我部元亲，让他能够打击毛利家旗下的伊予河野氏。因此，毛利家的算盘并没有打响。

与此同时，羽柴秀吉在天正五年（1577）便开始出兵播磨国，敲打毛利家东面的大门，最终目的就是要攻灭挟义昭自重的毛利家。毛利家甫开始时还是能够应付，而且与本愿寺联手夹击信长。

然而，一切都在三年后的天正八年（1580）发生转变。最大的关键便是在备前崛起的宇喜多直家。原本服属毛利家的直家接受了秀吉的招降后，倒过来成为攻打毛利的先锋，直插毛利家的心脏，让原本便习惯见风使舵的大小势力都不全力为毛利家卖命。不仅如此，同年盟友本愿寺也屈服于信长，还有三好康长和西园寺公广都服从信长，配合长宗我部元亲的崛起，毛利家在四国的经营也出现危机。

天正十年初，秀吉的兵锋终于来到备中国高松城，毛利家被阻挡在战场外束手无策，眼见高松城之后，秀吉大军快要闯进毛利家的大本营安艺国时，本能寺之变便发生了。如此看来，本能寺之变的确是毛利家的及时雨。但事实上，毛利家放秀吉回去反击光秀，断不是毛利家的计划，只是与秀吉作战多年，已经无力追击，加上被秀吉蒙骗，才造成这个"顺水人情"。

三年后，当秀吉成为信长的继任人之时，毛利家早已知道当日与秀吉达成的和约，不过是秀吉的诡计。然而，事过境迁，秀吉再度回到毛利家面前时早已是名震天下的关白，实力强大无比，而秀吉也不是过河拆桥的人，为了答谢当日毛利家的"人情"，给予了主张亲近秀吉的毛利辉元及小早川隆景极优厚的待遇，让他们拥有高等的地位，以及进入权力核心。毛利家在丰臣时代的实力仅次于德川家康。搁下关原之战的失误，总的来说，当日的"顺水人情"的确给了毛利家釜底抽薪、绝地翻盘的好机会，这再一次道出历史上总会有祸福相依的命运。

明智光秀相关逸话

（一）光秀之妻・熙子的内助之功

光秀年轻的时候，有客人要来家里，但当时光秀是个穷光蛋，根本拿不出好酒菜招待客人，这让光秀很烦恼。于是，光秀问他的妻子熙子有什么办法，熙子说："我尽量想办法。"

不久后，熙子买了酒菜回家，好好地招待了客人。客人走了之后，光秀拉着熙子问："明明我们家没有钱，为什么会有酒菜呢？"熙子说："我没有办法，只好剪下自己的头发卖了，然后把换来的钱拿去买酒菜了。"

说完后，熙子便把头巾摘下来，光秀一看吓一跳，原本妻子乌黑的长发完全没有了，变成一个尼姑似的。激动的光秀便对熙子说："我自己潦倒就算了，竟然还让自己的妻子这么委屈！这样下去我们都得饿死，给我再忍耐两三年，我一定出头给你看！"

之后，光秀离家求仕，终于找到机会效力越前朝仓家,后来更被织田信长招揽,跃升为丹波、近江的领主,光秀便回来接熙子去居城生活了。

熙子是一名叫妻木范贤的武士的姐姐,年轻的光秀在流浪时娶了熙子,当光秀出人头地后不久,熙子便去世了。光秀没有忘记熙子的功劳,在熙子的葬礼中,光秀在熙子的灵柩旁边寸步不离,直到最后。(《绘本太阁记》)

(二)安土城天守与光秀

信长在安土建城之时,问光秀的意见,光秀引用里见义弘、大内义兴建筑天守阁的故事,对信长说:"安土城是号令天下之城,必须表率五常五行,宜建五重天守。"信长听了光秀的说明后十分高兴,于是命光秀为监督,负责督建安土城。(《名将言行录》)

(三)光秀谋反的理由

自天正三年以来,光秀受信长之命进攻丹波八上城主波多野秀治。由于遭到秀治的拼死抵抗,光秀花了四年仍然攻不下八上城。于是光秀派人到城内,保证秀治可以保住领地,又以自己的母亲做人质,秀治答应后,光秀便邀请他跟弟弟秀尚到自己军营接受款待。光秀见两人到达后便借机将两人绑起来，送到安土城交给信长。但是，信长下令将秀治、秀尚处死，得知消息的八上城守兵便将光秀的母亲杀死，作为报复。因此，光秀便负上害死亲母的恶名。

有一次，信长在酒宴上让光秀喝一杯七杯分量的酒，光秀说："恕难从命。"信长听到后大怒，并拿起胁差（短刀）对光秀大喊："挨一刀，还是喝酒，你选吧！"光秀没有办法，只好无奈把酒喝了。（《常山纪谈》）

（四）光秀与津田信澄

天正七年正月，信长以去年平定丹后之功，命令光秀之女嫁给细川藤孝之子忠兴为妻。当晚，信长召见光秀及藤孝，信长说："对于你们两家的亲事，我十分满意，今后你二人按计划将山阴国悉数攻下，天下大定。"然后，信长赐酒给两人喝时对光秀说："我侄儿信澄虽然年轻，但现在看他年轻有为，志向远大，是个稳妥之人，这几年我想培养他成为一城之主，为我镇守一方；不如你就把你的小女儿嫁给信澄为妻，今后由你教导他处事，我也就放心了。"光秀听到后十分感动，含泪叩谢信长的厚爱。（《名将言行录》）

（五）光秀与斋藤利三

斋藤利三原本是稻叶贞通的家臣，光秀很赏识他，于是对贞通提出，想给利三高薪厚禄，把他招揽到自己旗下。贞通听到后很生气，并且向信长投诉。信长得知后，立即命令光秀将利三归还给贞通，但光秀坚拒不肯。信长大怒，抓住光秀的头发，将他按在地上，并且亲手责打光秀。

被打的光秀便对信长说："我蒙主公赐地，求仕不是为了自己，而是为国家养士惜才啊。"信长听到后虽然还是很生气，但不再责打光秀了。后来众人知道光秀如此爱惜人才，很多人都慕名求仕，光秀也乐于恤士抚民。（《名将言行录》）

（六）森兰丸用铁扇打光秀

天正十年（1582）五月初，德川家康应信长邀请上京，并在安土接受信长的款待，当晚住在安土城下的大宝院，信长命令光秀负责招待工作。

光秀一直觉得信长不重用自己，今次得到信长指示负责招待家康的工作，感到十分高兴，于是便小心翼翼地做好准备。首先在大宝院旁边建起一所临时的居馆，又命人在馆内画壁画，在梁柱上雕刻，庭院里种植珍贵种类的花草，更派人在大宝院周围设置哨岗，做好保安工作。所有人看到都觉得心服口服，莫不称道。

但是，信长知道后便召见光秀，信长责问说："今次的招待是怎么回事？如此极尽奢华实在太过分了！对家康都已经这样了，他日要款待朝廷派来的敕使时该怎么办？"

光秀听到信长的责备后感到被羞辱了，不慎露出了愤懑的脸色，被信长看到了。信长便对光秀说："你不反省自己的错误吗？来人啊！给我打光秀的头！"

周围的众人面面相觑，都不敢出面，就在这个时候，有一个信长的小侍卫走到光秀旁边，对光秀说："这是主公的命令！"说罢，便用铁扇狠狠地打光秀的头。这个小侍卫就是森兰丸。

光秀的乌帽子被打烂，光秀的额头也流血了。光秀努力忍着满心的屈辱默默退下了。

事隔半个月后，光秀便把信长给杀死了。（《绘本太阁记》）

（七）明智光秀决意谋反

天正十年六月一日黄昏，光秀召集一众家臣相谈谋反之事。他说:"信长公命我做好出兵备中的准备之后便上京,命你们立即准备装备,然后出发。"

光秀的军队分成三队,总数一万三千人,光秀走在最前,朝京都前进后不久便对家臣明智秀满说:"有一事想跟你们五人商谈。"于是,五名家臣都到齐后,光秀便对他们说:"我得到信长公的提拔,成为二十五万石的一方诸侯。但家臣人手不够,于是我便从其他同僚处招揽家臣,但因此事被信长公在众人面前叱责,后来在讨伐武田时又因事被信长公严厉教训;最近,我又被信长公解除接待家康公的任务,转而出兵备中。如此接二连三的恨事,虽说有可能因祸得福,但现今是变幻无常的世道,于是我决定,为了不让自己后悔,哪怕只有一天,我也要夺取天下。如果你们都一一反对,我便只身冲向本能寺,然后切腹谢罪,勿让自己死后后悔。"

秀满听后说:"这事已经天知地知人知,现在我们五人都已经知道主公的想法,已经回不了头了。"其他家臣都表示同意,说:"从明天起,我等定当恭拜主公为殿下,现在趁天色还未亮,我们赶快率兵袭击本能寺,攻下本能寺后,再攻陷妙觉寺。"妙觉寺就是信长长子信忠所在之地。说罢,光秀与一众家臣便率兵一万三千人转向京都,直扑本能寺,本能寺当时只有信长及伺候他的侍卫三十多人。(《常山纪谈》)

（八）秀吉的忠告

光秀因为将稻叶贞通的家臣斋藤利三招揽到自己旗下，引起信长的勃然大怒，信长用铁扇责打光秀后，秀吉悄悄对光秀说："我们的主公是个残忍之人，我们这么辛苦拼命，牵动千军万马去征战四方，而阁下明明攻下敌国，却落得这种下场，这样下去难保他日受奸人中伤，还是早作打算，确保安泰吧。"（《改正三河后风土记》）

（九）弗洛伊斯评光秀

织田信长手下有一名叫作明智的人，本来是出身卑微的人，靠着努力及才智得到信长的重用，但因此被诸位家臣讨厌。他好叛逆，善战，富谋略，虽然信长让他成为丹后国的领主，但他却想成为日本国的国王，于是杀害了信长，真是一个恐怖的人物。（《弗洛伊斯日本史》）

（十）小栗栖村的百姓作右卫门

小栗栖村有一个百姓叫作右卫门，跟其他村民没有分别，但是从某一天起，所有人提到他，看到他便会说："那个便是小栗栖村的作右卫门了！"

那是因为明智光秀在山崎被羽柴秀吉打败后，逃到小栗栖村附近，村民们以为有落难武士经过，于是出动抢夺他们身上的武器、金钱，作右卫门便在不知光秀身份的情况下袭击光秀等人，并用竹枪三次刺中光秀的侧腰，使光秀最终失血而死。

后来，所有人知道作右卫门杀死的是光秀，都很羡慕作右卫门，大家都啧啧称奇。作右卫门知道自己杀害了光秀后，觉得自己武功高强，每当听到村里内外有人捣乱时，他都自告奋勇出动除暴安良，他儿子喜兵卫也因此成为正式的武士。(《醍醐随笔》)

明智光秀的家族及家臣

（一）斋藤浓姬

美浓国的战国大名斋藤道三的女儿，真实名字不详，一般称"浓姬""归蝶"或"鹭夫人"。传说"浓姬"之名因其出生地"美浓"而得名；另外，传说浓姬的母亲是明智光秀的姑母"小见之方"，按这个说法，浓姬跟光秀是表亲关系。不过，这只是传说而已，没有明证。

浓姬与信长通过政治协商而结婚是人所共知的事实，但现在已不知道浓姬在婚后究竟过得怎么样，有人说信长夺取美浓国之后便与没有利用价值的浓姬离婚，也有人说她在本能寺之变前已经病死，等等。

至于浓姬与光秀的关系，有说法指出光秀与信长是通过浓姬进行接触，后世的军记小说则指称浓姬协助光秀叛变信长，或者说光秀叛变的其中一个原因是光秀与浓姬本有一段情，被道三棒打鸳鸯，于是怀恨在心云云，当然这些都是没有根据的。

现在已没有办法证实两人是否有任何关系，顶多能说他们是老乡。

（二）妻木熙子

光秀的妻子出身不明，名字"熙子"也只是传说而已，真名不详。《细川家记》说熙子之父名叫妻木范熙，是美浓国妻木城主，也是光秀的同族远房亲戚。关于熙子的故事倒是有不少，有说熙子因为早年得了天花，留下了疤痕，父亲原本不想女儿出嫁，但被光秀说服了；也有说熙子是美貌绝伦的贤妻，但这些都无法得以引证。

当然，史料上还是能确认光秀与熙子的事迹的。天正四年（1576）春天，光秀在进行本愿寺攻略时，一度传出死讯，当时熙子便到光秀好友、阴阳师吉田兼见的家里，希望兼见能为光秀祈福。后来光秀康复后，同年冬天熙子得病，光秀又去找兼见为妻子祈福，从这件事上可见夫妇两人的关系应该是很不错的。

至于熙子之死，埋葬明智光秀一家的西教寺（滋贺县大津市）账册里记载她在本能寺之变的前几年已经病死，而《明智军记》则说她是在光秀死后，于坂本城遣散城内上下家臣后，便命明智秀满终结自己的生命，死后葬在西教寺里。

(三)玉子(伽罗奢)

初名"玉"(俗称"玉子"),明智光秀二女儿(也有说法认为是三女儿或四女儿)。天正六年(1578),阿玉十六岁时在织田信长的指示下与细川藤孝长子细川忠兴结婚。四年后的天正十年爆发本能寺之变,夫婿忠兴拒绝支持光秀的叛变,并与玉子离婚,将玉子软禁在丹后国三户野的一个山上。光秀死后,同年底秀吉指示忠兴与玉子复合,不追究玉子的罪责。

本能寺之变后,玉子开始潜心于基督教,在侍女清原玛利亚的熏陶下受洗,教名"伽罗奢"(Gracia)。后来更是钻研拉丁语及葡萄牙语的原教典,忠兴也因此受到影响而成为教徒。庆长五年关原之战前夕,石田三成派意图抓住诸大名的妻小作人质,玉子拒绝屈服,最终命家臣为其了断,终年三十六岁。死后葬在大阪市崇禅寺,后来忠兴死后改葬到熊本县熊本市的泰胜寺。

阿玉的悲剧不仅成为著名的故事,到了明治维新时,她的牺牲更被政府利用为教育妇女忠贞为家,不惜牺牲的蓝本。也由于这个缘故,阿玉也被描绘成一个拥有倾城美貌的贤惠妇人。

（四）明智光庆

光庆是明智光秀长子，通称（类似中国古人的"表字"）"十五郎"或"十兵卫"，天正十年的本能寺之变发生时，他在坂本城。事变后，据说他在秀吉军攻击坂本城时于城内自杀身亡。根据传教士的记载，光庆死时才十三岁，换言之，光庆是光秀老来得子。另外，传教士形容光庆是"如欧洲王侯一样优雅的贵人"，也有说这其实是光秀的次子自然丸，详细不明，一般认为光秀有二子四女（光庆、自然丸、玉、明智秀满妻、津田信重妻、伊势贞兴妻）。

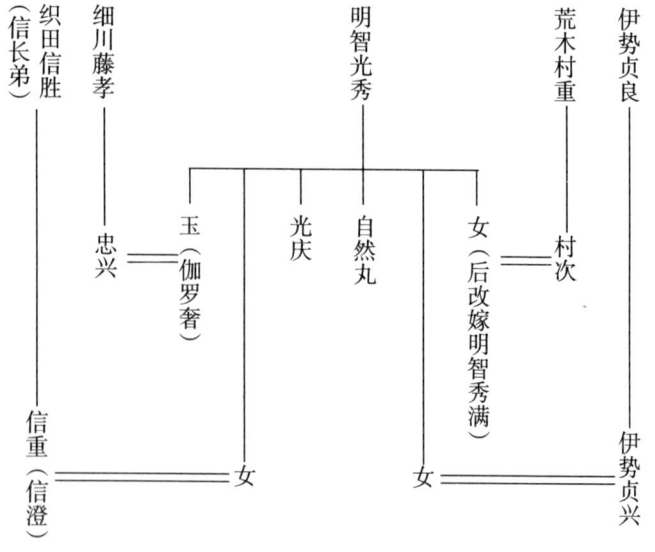

明智光秀的姻亲关系

（五）津田信重

织田信长的弟弟织田信胜之子，通称"七兵卫"，俗名"信澄"。父亲信胜因与伯父信长争夺当家之位失败被杀，但信重没有被牵连，反而得到信长悉心培养。传说天正二年（1574），信长让信重迎娶光秀的三女为妻后，封信重为东近江的大沟城主，事后信重拜托光秀帮忙设计城池。此外，信重也被信长指派不少任务，在织田家亲族中位列第五。

后来，光秀平定丹波失利，信重立即带兵支援，但为时已晚。丹波平定后，信重被指派去协助织田信孝出兵四国，适逢发生本能寺之变，信孝等人以信重与光秀的关系为由，在没有证据的情况下出兵突袭信重，信重寡不敌众被杀。

信重死后，与信重有交情的大和国兴福寺的僧侣多闻院英俊感叹信重之死，并赞赏信重为"出类拔萃的人才"。

（六）斋藤利三

官名内藏助，光秀的第一重臣，传说利三的母亲是光秀之妹，但详细不明。利三原本是斋藤义龙家臣，斋藤氏灭亡后效力"美浓三人众"之一的稻叶一铁。根据稻叶家的史料说，光秀十分赏识利三的才能，同时利三又不想待在稻叶家，于是暗地里转投到光秀的门下。这事惹来稻叶家的不满，于是便向信长投诉，间接成为本能寺之变的远因。

据说利三除了武力卓著外，同时也跟当时京阪的茶人、文化人有不错的交流，足见利三其实是文武兼备之人。山崎之战战败后，利三在逃走途中被捕，在京都六条河原被斩首。利三的女儿是后来德川幕府第三代将军德川家光的乳母春日局（阿福）。

明智光秀、织田信长概略年表

公历	年号	纪年	光秀	信长	战国大事（主要）
1528	享禄	元年	出生（存疑），父为美浓国大名斋藤道三家臣明知城主明智光隆（传说），或者明智定明		大内义兴病死，子义隆继任
1534	天文	三年	不明	出生，父为尾张国胜幡城主织田信秀，幼名"吉法师"	
1546		十五年		十三岁，于古渡城行成人礼，改名织田三郎信长	北条氏康征服武藏国

附录 · 423

(续表)

年份	年号			事件	
1548		十七年		与斋藤道三之女浓姬结婚	十二月,长尾景虎(上杉谦信)继任当主
1551	天文	二十年	不明	父亲信秀病死后,继承当主	丰后国大友家发生"二阶崩变",大友义镇(宗麟)继任当主
1553		二十二年		于圣德寺会见斋藤道三	三好长庆平定畿内
1555		元年		夺取清洲城,统一南尾张	严岛之战,毛利元就击杀陶晴贤
1556	弘治	二年	斋藤道三战死,斋藤义龙攻陷支持道三的明知城,光秀出逃成为浪人(传说)	道三战死,信长来不及救援	斋藤义龙与父亲斋藤道三大战于长良川,道三战死
1557		三年	四处流浪后,到达越前国,效力朝仓家(传说)	弟信胜谋叛,信长于清洲城诱杀信胜	毛利元就平定周防、长门两国
1559	永禄	二年		上京觐见将军足利义辉	第三次门司城之战

(续表)

1560	三年			于桶狭间之战击杀今川义元	松平元康与今川家决裂
1561	四年			宿敌斋藤义龙病猝，子龙兴继位	长尾景虎助上杉宪政攻击小田原城（小田原之战）
1564	七年			将妹妹阿市嫁与浅井长政	第二次国府台之战
		永禄	光秀成为足利义昭的足轻众（诸说）	夺取北伊势，让三子信孝当神户具盛的养子	
				拥戴足利义昭上京，平定南近江	
1568	十一年		十一月，光秀与明院良政、细川藤孝等举行连歌会	将军义昭任命信长为副将军及管领，但信长固辞，信长仅求草津、大津与堺的代官职（管理官）	十月，足利义昭成为第十五代将军

(续表)

1568		十一年	此年，长子光庆出生	将军义昭下赐足利家家纹"桐纹""二引两纹"	十二月，武田信玄入侵骏河国
1569	永禄	十二年	正月五日，三好三人众围攻本国寺，光秀等拼死抵抗	三好三人众围攻本国寺，信长上洛，完成改建二条城	四月，立花山城之战
			四月，光秀作为幕臣，与织田家臣共同管理京都政务	进攻伊势北畠氏，使子信雄成为北畠具教养子	八月，武田信玄攻击小田原城
			此年，光秀次子自然丸出生	赐大河内城予信雄、上野城予信包，命泷川一益为安浓津城主	十月，武田信玄击退北条氏政（三增峠之战）
1570	元龟	元年	正月，光秀与朝山日乘居中调停，促使义昭接受《五条申诚书》	迫使将军义昭接受《五条申诚书》	葡萄牙商船开始于长崎通商

(续表)

1570	元龟	元年		攻击越前国朝仓义景,浅井长政倒戈,撤兵回京都(金崎之战)	一月,长岛一向一揆爆发
				于姊川(龙鼻)与家康共同击退朝仓、浅井联军(龙鼻之战,俗称"姊川之战")	
			"姊川之战"后,被信长任命担任京都警备之职	命木下秀吉为近江横山城将,监视浅井长政	
				本愿寺与三好、根来、杂贺联合举兵,大坂十年战争开始	
				浅井、朝仓再次举兵。弟信治、家臣森可成战死	

(续表)

1570	元年		信长率兵包围了容纳浅井、朝仓军的比叡山	
			遵照将军义昭及天皇的命令与朝仓、浅井和解	
1571	元龟	七月,光秀成为宇佐山城城将	讨伐伊势长岛一揆失败,家臣氏家直元战死、柴田胜家负伤	六月,毛利元就病逝没
	二年	九月,明智光秀因攻击比叡山有功,受封近江志贺郡	信长成功促使浅井方的矶野员昌投降倒戈	
		年底,光秀离开幕府	攻击比叡山	
1572	三年		松永久秀于信贵山城举兵谋反	五月,岛津义弘大破伊东军(木崎原之战)

(续表)

1572	元龟	三年	七月，光秀随信长进攻小谷城	再攻小谷城，命羽柴秀吉于虎御前山寨防备	
				向将军义昭提出《十七条异见书》，两人关系破裂	
				德川家康于三方原被武田信玄大败（三方原之战）	十二月，武田信玄侵入三河
1573	天正	元年	二月，义昭举兵反抗信长，光秀属信长军，攻下石山城、今坚田城	松永久秀赴岐阜谢罪，信长赦免久秀之罪	
			三月，平定志贺郡	与将军义昭敌对，信长率兵包围二条城，放火烧毁上京，迫使义昭停战	四月，武田信玄殁

附录 · 429 ·

(续表)

1573	天正	元年	六月，于坂本城举办连歌会		
			七月，随信长进攻槙岛城	将军义昭再度举兵反抗，信长放逐义昭出京	
			进攻越前国一乘谷城时立功	攻击一乘谷城，朝仓义景自杀，信长任命前波（桂田）长俊为越前守护代	
			九月，光秀与泷川一益等处理越前国事务	攻破小谷城，浅井久政、长政父子自杀	
1574		二年	正月中旬，光秀进攻大和国多闻山城	本愿寺再次举兵，越前守护代桂田长俊被本愿寺门徒杀死	六月，第一次高天神城之战
			二月，光秀随信长进攻东美浓	武田胜赖攻陷美浓明知城	

· 430 ·　明智光秀与本能寺之变

(续表)

1574	二年			任命原田直政为山城守护,赐摄津有冈城予荒木村重	
				屠杀伊势长岛本愿寺门徒二万人,织田信广战中被杀	
1575	天正	三年		于三河国长篠,织田、德川联军大败武田胜赖	四万十川之战,长宗我部元亲统一土佐
			六月,奉信长之命筹备出击丹波	命令原田直政兼任大和守护,任命筒井顺庆为助将	
			七月,受赐惟任之姓,官拜日向守	信长进攻本愿寺、三好氏,三好康长投降	
			八月,随信长进攻越前一向一揆众	镇压越前一揆,屠杀二万人	

附录 ·431·

(续表)

1575	天正	三年	十一月，进攻丹波黑井城，丹波国诸势力闻风效命	赐越前予柴田胜家、前田利家、佐佐成政及不破光治，北陆军团成立	
				嫡长子信忠攻陷美浓岩村城，捉拿秋山虎繁后，将之处死	
				让信忠继任当主，让其统治尾张及美浓两国	
1576		四年	正月，因波多野秀治倒戈，攻击黑井城失败，光秀退回坂本	于近江安土，修筑居城，称"安土城"	上杉谦信进攻加贺
			二月，再攻丹波	攻击大坂本愿寺不果，原田直政战死	

(续表)

1576	天正	四年	四月，奉信长之命参与围攻大坂本愿寺	任命佐久间信盛为攻击大坂本愿寺的主帅	
			五月，光秀得病，回坂本休养		
			七月，传出光秀病死的消息		
			同年于丹波国建筑龟山城；同年冬，正室熙子病死	于木津川河口，织田水军被毛利水军大败	
1577		五年		柴田胜家于加贺手取川被上杉谦信大败（手取川之战）	十二月，伊东义祐被岛津家驱逐出日向国
				赐播磨予羽柴秀吉	
			十月，随信长进攻信贵山城	十月中，松永久秀再度谋反，信忠等人进攻信贵山城，松永久秀战死	

附录 ·433·

(续表)

1578	天正	六年	三月，攻击丹波	播磨国别所长治反抗信长，于三木城抗战	三月十三日，上杉谦信暴毙，享年四十八岁
			四月，出兵摄津及播磨		四月，上杉景胜攻击上杉景虎，史称"御馆之乱"
			七月，随织田信忠攻陷播磨神吉城	四月，命信忠等人出兵播磨，支援上月城的尼子军	四月，毛利军入侵播磨，攻击上月城
			八月，女儿阿玉嫁与细川忠兴	五月，信长命信忠等人再攻大坂本愿寺	六月，毛利军攻陷上月城，山中幸盛事后被杀
			九月，再攻丹波	六月，水军大将九鬼嘉隆于和泉湾大破杂贺水军	十一月，岛津义久于耳川（高城川）大败大友军（耳川之战）

(续表)

1578	天正	六年	十一月九日,随信长进攻摄津国有冈城	十月,荒木村重谋反,于摄津国有冈城举兵,信长亲自率兵到摄津,荒木村重的助将高山重友、中川清秀投降信长	
				十一月下旬,九鬼嘉隆率水军于木津川口大破毛利水军(第二次木津川口之战)	
1579		七年	二月,出兵丹波国		三月,上杉宪政、上杉景虎兵败被杀,御馆之乱结束
			五月五日,进攻冰上城	五月二十七日,于安土进行日莲宗与净土宗的佛法辩论	

(续表)

1579	天正	七年	六月二日，押解兵败的波多野秀治到安土	六月，信长于安土处死波多野秀治等人	七月，"信康事件"，家康命长子德川信康服罪自杀
			七月十九日，攻陷丹波国宇津城	九月二日，荒木村重突破信长包围，逃到伊丹城	九月五日，德川家康与北条氏政协定同攻武田胜赖
			八月九日，攻陷黑井城	十月三十日，接受宇喜多直家投诚	
			十一月二十二日，与村井贞胜协助诚仁亲王移居二条城	十一月四日上京，命令改建二条城	
1580		八年	四月，奉信长之命出兵备中，支援秀吉	闰三月，信长与本愿寺显如和解	闰三月下旬，本愿寺显如退出大坂教坊，"十年战争"结束

· 436 ·　明智光秀与本能寺之变

(续表)

1580		八年	八月二日,受赐丹波国	八月,信长赐予细川藤孝、筒井顺庆丹后国及大和国的管理权	三木城之战,别所家灭亡
			九月二十五日,与泷川一益等赴大和国进行检地	八月下旬,信长放逐佐久间信盛到高野山	柴田胜家等人镇压加贺一向一揆
1581	天正	九年	二月二十八日,京都检行军事检阅,光秀任统筹者		三月二十二日,德川家康攻陷远江高天神城
			六月二日,光秀发布明智军法		六月下旬,信长命秀吉入侵因幡国
			八月上旬,胞妹妻木姬死去	九月中旬,与长子信忠等出兵平定伊贺之乱	
			是年,与细川藤孝于丹后国进行检地	十月二日,信长赐能登国予前田利家	十月二十五日,秀吉攻陷鸟取城,吉川经家自杀

(续表)

1582	天正	十年	五月十四日，受信长之命接待上京的德川家康、穴山梅雪	三月一日，穴山信君投降织田家	天正遣欧使节于长崎出航前往罗马
			五月十七日，受信长之命，与细川藤孝等人支援羽柴秀吉	三月中，信忠率先锋军入侵信浓、甲斐，武田胜赖、信胜切腹自杀，武田家灭亡	
			五月二十六日，明智光秀于京都爱宕山举行连歌会，咏出疑似吐露谋反之意的名句	赐予泷川一益上野国为领地	
				五月七日，命令三子信孝出兵讨伐四国	柴田胜家等人攻击越中国鱼津城（鱼津城之战）
				五月，羽柴秀吉进攻备中高松城，向信长求援	

(续表)

1582	天正	十年	六月二日,光秀谋反,攻击京都本能寺,信长自杀(本能寺之变),享年四十九岁	信长长子织田信忠与光秀军激战不敌,死于二条新御所	
			六月十三日,光秀大败于京都山崎		六月,北条氏直大败泷川一益于上野国神流川(神流川之战)
			六月十三日,光秀于山科小栗栖被土民所杀		七月,甲斐国壬午之乱
			六月十七日,光秀被秀吉枭首于京都		八月,长宗我部元亲于阿波国中富川打败三好康俊,征服阿波国(中富川之战)

附录 ·439·

主要参考资料

史料类

『惟任退治记』(史籍集覧第拾叁册、近藤出版社、一九二六年)

『信長公記』(史籍集覧第拾玖册、近藤出版社、一九二六年)

『川角太閤記』(史籍集覧第拾玖册、近藤出版社、一九二六年)

『イエズス会一五八二年日本年報追加』(东京：拓文堂出版，一九四三年)

『本城総右衛門覚書』(天理大学『天理図書館報』五十七号収録)

『乙夜の書物』(日本石川県金沢市玉川図書館所蔵)

『甫庵信長記』(日本国立国会図書館蔵本、

一六二二年版）

『细川家记（绵考辑录）』（日本国立国会図書館藏本）

『立入宗継文書』（東京：日本国民精神文化研究所、一九三七年）

『毛利家文書』（大日本古文書第八、一九九七年）

『上杉家文書』（大日本古文書第十二、一九七三年）

『言継卿記』（東京：国書刊行会、一九一四年）

『続群書類従』第二〇輯（続群書類従完成会、一九二六年）

『黑田家文書』（福岡：福岡市博物館藏本、一九九九年版）

『南海通紀』（史籍集覽第七冊、近藤出版社、一九〇六年）

『兼見卿記』（史料纂集古記録、二〇一四年）

『尋憲記』（日本国立公文書館藏本）

专著类

一、學習研究社

歷史群像シリーズ（二十）——激鬥・織田軍團——天下布武への新戰略

歷史群像シリーズ（二十七）——風雲・信長記——激情と烈日の四十九年

歷史群像シリーズ（五十一）——戰國合戰大全（下卷）——天下一統と三英傑の偉業

歷史群像シリーズ戰國セレクション——激震 織田信長

歷史群像シリーズ戰國セレクション——驀進 豊臣秀吉

歷史群像シリーズ戰國セレクション——俊英 明智光秀

戰史ドキュメント・元龜信長戰記——學研編集部・編

戰史ドキュメント・秀吉戰記——穀口克廣・著

戰史ドキュメント・本能寺の變——高柳光壽・著

日本戰史・戰國史編——河合秀郎・著

真說・本能寺——桐野作人・著

歷史群像一九九二年十二月號——特集・明智光秀の野望

二、新人物往來社

歷史讀本月刊——二〇〇六年六月號——書き換えられた戰國時代の謎

三、吉川弘文館

　戰爭の日本史（十三）・信長の天下布武への道——穀口克廣・著

四、中央公論新社

　　真說・豊臣秀吉——池波正太郎・著

　　信長軍の司令官——穀口克廣・著

　　織田信長合戰全錄——穀口克廣・著

　　完譯フロイス日本史（3）織田信長篇 III——松田毅一・川崎桃太譯

　　日本の歷史（十二）・天下一統——林屋辰三郎・著

五、講談社

　　旋風陣信長——變革者の戰略——津本陽・著

　　信長の戰爭・『信長公記』に見る戰國軍事學——藤本正行・著

　　謎とき本能寺の變——藤田達生・著

　　信長と天皇——今穀明・著

　　戰國大名と天皇——今穀明・著

六、PHP 出版

　　明智光秀・つくられた謀反人——小和田哲男・著

七、洋泉社

　　天下人史觀を疑う——英雄神話と日本人——鈴木真哉・著

信長は謀略で殺されたのか——本能寺の變・謀略說を嗤う——鈴木真哉、藤本正行・著

八、三笠書房
　　　歷史おもしろかくれ話——小和田哲男・著
　　　日本の歷史がわかる本——室町・戰國・江戶時代編——小和田哲男・著
　　　日本の歷史・合戰おもしろ話——小和田哲男・著

九、集英社
　　　信長と十字架・「天下布武」の真實を追う——立花京子・著
　　　國際情報人・信長——小和田哲男・著

十、新潮出版
　　　下天は夢か・信長公記——津本陽・著
　　　集中講義・織田信長——小和田哲男・著

十一、廣濟堂
　　　織田信長ものしり讀本——桑田忠親・著

十二、勉誠社出版
　　　日本合戰騷動叢書・元親記——泉淳・譯著

十三、教育社（ニュートンフレス）
　　　原本現代譯——信長公記（上）——太田牛一・原著、榊山潤・譯
　　　原本現代譯——信長公記（下）——太田牛一・原

著、榊山潤・譯

　　原本現代譯──三河物語（上）──大久保忠教・原著、小林賢章・譯

　　原本現代譯──三河物語（下）──大久保忠教・原著、小林賢章・譯

　　原本現代譯──陰德太平記（下）──香川正矩、香川景繼・合著、松田修、下房俊一・譯

十四、岩田書院

　　織田・德川同盟と王權──小林正信・著

十五、雄山閣出版

　　幕藩體制史全集系列・第一期・支配體制と外交・貿易──第一卷・織豊政權の成立──藤野保・編

十六、東京大學出版會

　　織豊政權の分析Ⅰ──織田政權の基礎構造──脅田修・著

　　織豊政權の分析Ⅱ──近世封建制成立史論──脅田修・著

十七、校倉書房

　　淺野長政とその時代──黑田和子・著

十八、吉川弘文館

　　足利義昭──奧野高廣・著（香港大學圖書館所藏）

十九、小學館

逆說の日本史（十）戰國霸王編・井澤元彦・著

二十、角川書店

新版角川古語辭典——久松潛一・佐藤謙三編

论文类

堀新・「織田信長と三職推任」——一九九七年八月刊・戰國史研究第卅四號——戰國史研究會・編

池享・「戰國・織豊期の朝廷政治」——一橋大學研究年報・經濟學研究卅三

藤木久志・「織田政權の成立」「織田信長の政治地位」——『戰國大名の權力構造』所收——吉川弘文館

藤田達生・「織田政權から豊臣政權へ—本能寺の變の歷史的背景」——年報中世史研究二十一号、一九九六年

后记

这次出版《明智光秀与本能寺之变》（以下简称为"本书"）的简体中文版，可以说是圆了我数年来的心愿。

本书在 2017 年于中国台湾首次出版，至今已经有四年多的光景。这几年里，我除了继续写书外，学业上在日本的一桥大学获得了博士学位；在工作方面，回国后很荣幸地获得山东大学历史文化学院的聘任，如愿地从事日本史的教学和研究工作，推进科普日本史和中日关系史。

虽然这部作品已经在几年前出版了繁体中文版，但是我一直留意着这个课题在日本的后续研究进展，如各种新观点和新史料，自己也一直思考着这个课题，毕竟要解开个中谜团，实在是不容易的。因此，繁体中文版出版后，我很希望能够在出简体中文版的时候添加新的元素和内容，作为推进给国人科普日本战国史（以及日本史）的一个小贡献。

回想起来，初次接触"明智光秀和本能寺之变"已然是十多年前的事，也就是我高中的时候。后来在2008年，我获得日本文部科学省国费留学经费，第一次前往日本国立广岛大学进行为期一年的交流。交流学习结束前，我提交学术报告的题目是分析织田信长"天下布武"的成败。其中也重新剖析了明智光秀这个人物以及本能寺之变的各个问题。

毫不讳言，如今看来那份报告的内容火候未到，每次重读时都有种笑哭不得的感觉。然而，正因为那一次的留学经历，丰富了自身对这个课题的了解，还有在导师指点下，加深了对日本史学和历史学的认识，从阅读、分析史料开始，再到如何使用这些材料立论，那一次所接受的学术训练是不可多得的经验。也坚定了我研究日本战国史的决心。换句话说，"明智光秀与本能寺之变"是我决定从一名自命"日本历史爱好者"，更进一步地成为"日本历史研究者"的一个阶梯。这对我后来在日本攻读硕博课程时，有很大的帮助。

虽然因为各种缘故，我在硕博期间做选题时，不得不暂时放下这个课题。但在那个时候，我仍然继续收集与"明智光秀与本能寺之变"相关的各种史料、论文和著作，还跟部分研究这个课题的日本学者交流和讨论，所得匪浅。

后来在读博士期间，经友人的举荐，终于把这些成果出版成书。出版前，出版社原本担心这题材太小众，可能不好销售，勉励我到时候不要气馁。但是结果有点出乎意料，虽说不能跟热门的书籍相提并论，总算是超出了出版社的预期。

繁体中文版出版后，获得了不少读者的认可，也收到了很多宝贵的建议和意见，到现在我仍然十分感激。当时，我收到了一些读者的反馈，期待这本书可以推出简体中文版。现在，这个机会终于到来，既如愿以偿，也算是回应了读者们的期待。

这次借助出版简体中文版的机会，除了重新修订原稿内容外，还特意将日本史学界后续的研究成果和笔者本人的研究、新见解，包括附论和与本能寺之变相关的史料集都一一增补到书里，让各位读者可以了解这个课题的最新动态。希望第一次接触这本书的读者能觉得满意，也希望已经读过繁体中文版的读者在读完这次的增补新版后，能够获得关于这个主题的更具体的信息，有更多的启发。当然，如果这本书能够让各位读者对日本史、日本战国史产生更大的兴趣，那就算是很成功了。

最后，想借这个机会感谢华文出版社编辑南洋先生的鼓励，还有在出版本书的过程里，给与笔者很多建议和帮助。当然父母和妻儿，还有山东大学历史文化学院的各位同事，以及初版以来一直支持至今的读者们，各位的鼓励都是我努力的源泉。各种恩情，感激不尽。

期待在教研之余，继续写作，用心科普，以书会友。

胡炜权

2021 年 8 月 15 日

写于济南大明湖畔